Marseille

Ralf Nestmeyer

1. Auflage 2018

Inhalt

Wege durch Marseille

Die Keimzelle der Stadt
Tour 1: Nördlich des Vieux Port

Die Keimzelle und der ideelle Mittelpunkt von Marseille ist der Alte Hafen. Hier gründeten die Griechen ihre Kolonie Massalia. An der Nordseite steht nicht nur das Rathaus, sondern mit dem MuCEM auch das Symbol für den Wandel der Stadt.

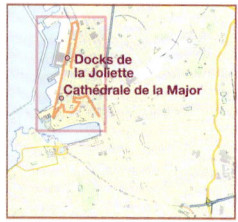

Ursprünglich und bunt
Tour 2: Panier und La Joliette

Die Altstadt und der Hafenanlagen von La Joliette bieten einen interessanten Querschnitt der Stadt. Es gilt enge Gassen, bunte Häuserfassaden mit Graffitis und die wunderbar restaurierten alten Dockanlagen zu erkunden.

Aussichtsreich
Tour 3: Südlich des Vieux Port

Das Südufer des Vieux Port erstreckt sich hinauf bis zur Wallfahrtskirche Notre-Dame de la Garde. Ein abwechslungsreiches und lebendiges Viertel mit vielen Restaurants und Einkaufsmöglichkeiten. Kulturelles Highlight ist das Musée Cantini.

Canebière und mehr
Tour 4: Links und rechts der Canebière

Die Stadtteile östlich des Alten Hafens, durch die die Canebière als Hauptachse bis zum Palais de Longchamp führt, sind vielschichtig und heterogen. Es gibt arabische Quartiere genauso wie das Szene-Viertel rund um den Cours Julien.

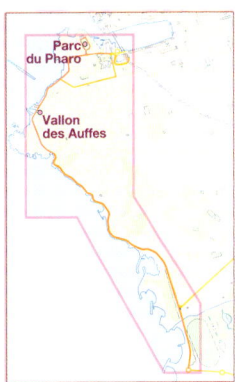

Am Meer entlang
Tour 5: La Corniche

Auf der vom Vieux Port nach Süden führenden Küstenstraße präsentiert sich Marseille von seiner mediterranen Seite. Man kann wunderbar joggen, am Meer entlang bummeln oder zusammen mit den Einheimischen an einem der sandigen Strände baden gehen. Lohnende und leicht zu erreichende Ziele sind die Fischerdörfer Malmousque, Les Goudes und Callelongue, wo sich Marseille von seiner idyllischen Seite zeigt. Wer will, kann von hier aus auch zu einer Wanderung in die Calanques starten. Herrliche Ausblicke und glasklares Wasser sind garantiert!

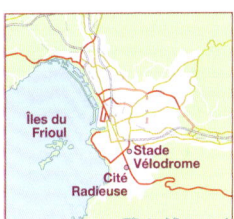

Jenseits des Vieux Port
Tour 6: Abseits des Zentrums

Die Sehenswürdigkeiten von Marseille konzentrieren sich nicht nur auf die Innenstadt und die Küstenstraße. Ein Highlight ist sicherlich die Cité Radieuse von Le Corbusier oder das Stadt Vélodrome. Toll ist ein Bootsausflug zu den Îles du Frioul.

Nachlesen & Nachschlagen

Kompakt / Auf einen Blick

Verzeichnisse

Was haben Sie entdeckt?

Haben Sie ein besonderes Restaurant, ein neues Museum oder ein nettes Hotel entdeckt? Wenn Sie Ergänzungen, Verbesserungen oder Tipps zum Buch haben, lassen Sie es uns bitte wissen!

Schreiben Sie an: Ralf Nestmeyer, Stichwort „Marseille"
c/o Michael Müller Verlag GmbH | Gerberei 19, D – 91054 Erlangen
ralf.nestmeyer@michael-mueller-verlag.de

🌿 nachhaltig, ökologisch, regional

Mein Tipp Die besondere Empfehlung unseres Autors

Orientiert in

Marseille

Orientiert in Marseille

Stadt und Stadtviertel

Trotz der enormen Ausdehnung fällt es erstaunlich leicht, sich in der Millionenmetropole Marseille zu orientieren: Die meisten Sehenswürdigkeiten liegen im Zentrum und sind bequem zu Fuß zu erreichen. Einzig der Aufstieg zur Basilika Notre-Dame de la Garde ist etwas beschwerlich.

111 Dörfer

In Marseille gibt es 111 *Villages*, behaupten die Einheimischen. Gemeint sind damit die 111 Stadtviertel (*Quartiers*), die verwaltungstechnisch in 16. Arrondissements zusammengefasst sind.

Stadt der Gegensätze

Marseille ist mit 860.000 Einwohnern die zweitgrößte Stadt Frankreichs, wobei im Großraum von Marseille mehr als doppelt so viele Menschen leben. Keine Frage: Der größte europäische Mittelmeerhafen ist ein gigantischer Moloch, der sich mit seinen Banlieues weit in das hügelige Hinterland hineingefressen hat. Aber davon bekommen die meisten Besucher eigentlich gar nichts mit, da sich der touristische Fokus auf das Zentrum und die Mittelmeerküste konzentriert. Kaum eine andere französische Stadt verkörpert auf so engem Raum so viele Gegensätze wie Marseille. Im klassischen Sinne ist Marseille sicherlich keine schöne Stadt, aber gerade die vielen Gegensätze machen den Reiz der Mittelmeermetropole aus. Marseille präsentiert sich ungeschminkt, filterlos, authentisch.

Das Herz der Stadt schlägt am Vieux Port

Der zentrale „Platz" von Marseille ist der Vieux Port, da auf ihn auch alle wichtigen Straßen zulaufen. Daher ist das Hafenbecken ein idealer Ausgangspunkt für die Stadterkundung. Schon Siegfried Kracauer wusste: „Marseille, ein blendendes Amphitheater, baut sich um das Rechteck des Alten Hafens auf." Eingerahmt von zwei mächtigen Forts ist der Vieux Port der historische Kern und der touristische Magnet von Marseille. Hier endet auch die alte Prachtstraße Canebière, die von stattlichen Bürgerhäusern gesäumt wird. Die langen Quais des Alten Hafens, die in den letzten Jahren wiederbelebt und architektonisch aufgepeppt wurden, laden regelrecht zum Bummeln ein. Nur ein Katzensprung ist es von hier hinauf zum verträumten Panier-Viertel, das sich an der Nordseite des Hafens über

einen Hügel stülpt. Das an der West-spitze des Alten Hafens gelegene MuCEM fungiert seit Jahren als kultureller Leuchtturm und sig-nalisiert Aufbruchstimmung. Noch ein Stück weiter in Rich-tung Norden passiert man die historischen Dockanlagen und gelangt zum modernen Hafen, den auch die Kreuz-fahrtschiffe ansteuern.

Südlich des Vieux Port

Die Gegend südlich des Alten Hafens ist ein beliebter Treffpunkt. Mittags wie abends sind die vielen Restaurants am Cours Estienne d'Orves sowie in der Rue Grignan und in der Rue Sainte gut besucht. Dort findet man auch immer eine Bar oder eine Kneipe, die noch bis tief in die Nacht geöffnet hat. Shoppingfreunde werden vor allem in den Straßen südöstlich des Hafens fündig. Dort gibt es neben edlen Boutiquen auch die bekannten Ein-kaufsketten, die sich vor allem entlang der Fußgängerzone in der Rue Saint-Ferréol aneinanderreihen. Auf einem Hügel südlich des Vieux Port thront dann die nicht zu übersehende Wall-fahrtskirche Notre-Dame de la Garde.

Entlang der Canebière

Der heute von einfachen Kaufhäusern geprägte Canebière ist eine wichtige Achse, die vom Vieux Port theoretisch ins Landesinnere führt. Früher war die Canebière eine Hauptverkehrsstraße, heute ist der Autoverkehr zu Gunsten einer Straßenbahnlinie verdrängt wor-den, mit der man bequem zum Palais Longchamp gelangt. Die Pläne für den Palast stammen von demselben Archi-tekten, der auch die Basilika Notre-Dame de la Garde geplant hat. Ein

Stück südlich der Canèbiere erstreckt sich der Cours Julien, der als das Zen-trum des hippen Marseille gilt. Graffiti-wände, Szenekneipen und schrille Bou-tiquen prägen das Bild und die Gassen des Viertels. Ideal auch, um unkompli-ziert in das Nachtleben einzutauchen.

Meereshunger

Große Parkanlagen hat Marseille zwar nicht zu bieten, sieht man vom Parc Borély ab, dafür liegt aber mit dem *Parc National des Calanques* ein National-park gewissermaßen direkt vor der Haustür. Egal, ob mit dem Schiff oder auf Schusters Rappen: Eine Erkundung der Calanques sollte man keinesfalls versäumen. Es locken eine einzigartige Küstenlandschaft, felsige Buchten so-wie glasklares Wasser, das noch bis Ende Oktober angenehme Temperatu-ren aufweist. Das Ziel eines weiteren lohnenswerten Bootsausflug sind die in der Bucht von Marseille gelegenen Îles du Frioul, zu denen auch das berühmte Château d'If gehört. Und auch ein Spaziergang entlang der Küstenstraße (Corniche) gehört zum Pflichtpro-gramm für Meereshungrige.

Orientiert in Marseille

Sightseeing-Klassiker

Vieux-Port, MuCEM und Notre-Dame de la Garde – das sind die Klassiker von Marseille. Je nach persönlichen Vorlieben kann man die Mittelmeermetropole von Highlight zu Highlight erkunden. Selbstverständlich gilt: Man muss sich nicht für jeden touristischen Hotspot interessieren.

Die größte Sehenswürdigkeit von Marseille kostet keinen Eintritt: Die Faszination des Vieux Port mit seinen Schiffen und Hafenkais ist ungebrochen.

Im Museumsrausch

■ **MuCEM:** Als kultureller Leuchtturm dient der auf einer Hafenmole errichtete Neubau des Musée des Civilisations de l'Europe et de la Méditerranée (MuCEM). Der Architekt Rudy Ricciotti hat das Museum der Mittelmeerzivilisation mit einer löchrigen Betonfassade umkleidet und mit einer luftigen Metallbrücke eine Verbindung zu den alten Hafenbastionen samt Panoramaterrasse hergestellt. Im Inneren begeistert das erste französische Nationalmuseum, das nicht in Paris beheimatet ist, durch seine luziden Raumfolgen. → Tour 1, S. 25

■ **Musée Cantini:** Ein ganzer Stadtpalast für die moderne Kunst. Das Spektrum reicht vom Fauvismus über den Surrealismus bis zum Kubismus. Zur Sammlung gehören Werke von Derain, Picasso, Matisse, Arp, Balthus, Giacometti und Francis Bacon. → Tour 3, S. 48

■ **Musée d'Histoire de Marseille:** Marseille ist die älteste Stadt Frankreichs. Einen überaus ansprechenden Einblick in die mehr als 2600-jährige Stadtgeschichte gewährt das historische Stadtmuseum. Von den griechischen Anfängen bis zum Zweiten Weltkrieg wird ein breites Geschichtspanorama ausgebreitet. Der Schwerpunkt liegt auf der Antike (spektakulär ist das 20 m lange Wrack eines römischen Handelsschiffes), aber auch Themen wie die verheerende Pestepidemie von 1720 sowie die lange Handelstradition der Hafenstadt werden dargestellt. → Tour 4, S. 64

Bauwerke

■ **Vieille Charité:** Das mitten im bunten Panier-Viertel 1670 errichtete Armenspital ist ein wuchtiger vierflügeliger Bau, der fast an ein Barockschloss erinnert. Eindrucksvoll sind die dreistöcki-

gen Galerien, die den Innenhof um-
rahmen, in dessen Mitte eine fili-
grane Kapelle steht. Fast abgerissen
und erst spät unter Denkmalschutz gestellt, werden die
Räumlichkeiten heute von zwei
interessanten Museen genutzt.
→ Tour 2, S. 35

■ Cité Radieuse: Wie kein anderes Gebäude verkörpert die
1951 entworfene Cité Ra-
dieuse Corbusiers architektonische Vorstellungen vom Leben in einer modernen Stadt. Die
auf Stelzen errichtete Cité Radieuse – sie gehört zum UNESCO-
Weltkulturerbe – ist 165 m lang, 24 m
breit und 56 m hoch! Das an einen
Ozeandampfer erinnernde Gebäude ist
für 1500 Bewohner konzipiert und beherbergt 337 unterschiedlich große
Wohnungen sowie eine Ladenpassage
mit Hotel. Genial ist die frei zugäng-
liche Dachterrasse mit Wasserbassin.
→ Abseits des Zentrums, S. 88

■ Notre-Dame de la Garde: Auch wenn
der Aufstieg beschwerlich ist: Marseille
ohne Notre-Dame de la Garde – das
geht nicht. Allerdings weniger wegen
der Wallfahrtskapelle selbst, sondern
viel mehr wegen des grandiosen Pano-
ramablicks von der Aussichtsterrasse.
In der Krypta sind zahlreiche Votivgaben zu bewundern. → Tour 3, S. 47

Ausflugsziele

■ Château d'If: Dank des 1845 erstmals
erschienenen Romans „Der Graf von
Monte Christo" von Alexandre Dumas
gehört das Château d'If zum Pflichtpro-
gramm eines Marseilleurlaubs, auch
wenn das Buch ein reines Fantasieprodukt ist. Ein Edmond Dantès bzw. ein
Graf von Monte Christo war niemals in
den Verliesen des Château d'If inhaftiert, wenngleich das berühmte „Aus-
bruchsloch" noch immer „seine" Zelle
ziert. Zudem kann man bei einer Boots-

fahrt herrlich die Meeresluft schnup-
pern. → Abseits des Zentrums, S. 92

■ Aix-en-Provence: Aix-en-Provence
gilt als die provenzalische Traumstadt.
Prächtige Boulevards wie der Cours
Mirabeau, herrschaftliche Stadtpaläste
und ein lockeres studentisches Flair
haben dazu beigetragen, dass Aix wiederholt von den Franzosen zur beliebtesten Stadt des Landes gewählt wurde.
Aix – das ist Lebenskunst und Tradition. Die „bürgerliche" Alternative zu
Marseille. Ein weiteres Plus: nur 20
Zugminuten entfernt. → Ausflüge in die
Umgebung, S. 112

■ Cassis: Cassis ist der bekannteste
und beliebteste Badeort an der provenzalischen Mittelmeerküste. Glücklicherweise hat sich das am Ende einer
tief eingeschnittenen Bucht gelegene
Cassis seinen Charme bewahren können. Cassis besitzt einen noblen Touch,
aber es ist nicht so elitär wie Saint-
Tropez. Im Hafen liegen neben den
Ausflugsbooten noch immer ein Dutzend Fischerboote vor Anker, die jeden
Tag ihre Netze auswerfen. Zahlreiche,
auf Fisch spezialisierte Restaurants
säumen den Hafenquai. Wer will, kann
eine Wanderung zu den Calanques unternehmen. → Ausflüge in die Umgebung, S. 105

Orientiert in Marseille

Sightseeing-Alternativen

Glücklicherweise hat Marseille viel mehr zu bieten als den Vieux Port. In der Mittelmeermetropole locken viele unbekannte Ecken und Sehenswürdigkeiten, die abseits der Haupttourismuspfade liegen, so die historischen Dockanlagen oder die Krypta der Abbaye Saint-Victor.

Entlang der Küste lassen sich noch schmucke kleine Dörfer wie Malmousque, Les Goudes oder Callelongue entdecken. Kleine Buchten eignen sich zum Baden.

Altes Mauerwerk

■ **Abbaye Saint-Victor**: Mit ihren Zinnen und Türmen ist die Abtei einer Festung ähnlicher als einer Kirche. Noch beeindruckender als die Oberkirche ist die Krypta mit ihrer faszinierenden Atmosphäre. Es handelt sich nicht etwa um einen kleinen düsteren Raum, sondern um eine verschachtelte, tief in den Fels hineingetriebene Anlage von beachtlicher Größe. In den Nischen und Kammern stehen kostbare Sarkophage aus der Spätantike. → Tour 3, S. 50

■ **Docks de la Joliette**: Ähnlich der Hamburger Speicherstadt wurden die ehemaligen Hafenanlagen vorbildlich renoviert und einer neuen Nutzung zugeführt. Gruppiert um mehrere Innenhöfe, finden sich in dem sechsstöckigen Speicherkomplex ansprechende Boutiquen, Restaurants und Büros. → Tour 2, S. 39

■ **Musée des Docks Romains**: Die bei Grabungen entdeckten Grundmauern des römischen Hafens erinnern an die Bedeutung von Marseille in der antiken Welt. Ein authentischer Spaziergang durch die Geschichte. → Tour 1, S. 25

Abseits

■ **Cimetière Saint-Pierre**: Paris ist berühmt für seinen größten Friedhof Père Lachaise, Marseille für seinen Cimetière Saint-Pierre. Am Ostrand der Stadt erstreckt sich die riesige Totenstadt mit ihrer phantastisch-verspielten Symbolik. Eine Oase in der Hektik der Großstadt. → Abseits des Zentrums, S. 86

■ **Mémorial de la Marseillaise**: Ein Museum für die Revolutionshymne. Mit Hilfe moderner Technik werden die damaligen Geschehnisse ausführlich beleuchtet. → Tour 4, S. 66

■ **Villa Valmer**: Der Garten der schmucken Villa ist ein kleiner öffentlicher Park und bietet nicht nur Ruhe, sondern auch traumhafte Blicke auf das Meer und die Küste. → Tour 5, S. 80

Parc du Pharo: Die Parkanlage in unmittelbarer Meeresnähe lockt mit einem herrlichen Blick auf den Vieux Port. Und eine tolle Kunstinstallation gibt es auch zu bewundern. → Tour 5, S. 78

Skurriles

Maison du Boule: Die Boulekugeln klackern in ganz Südfrankreich. Und Marseille gilt als die Hauptstadt des Pétanques-Sports. Das Museum besitzt sogar eine kleine Boulebahn. Da kann man auch bei Regen die Metallkugeln werfen. → Tour 2, S. 37

Blindé Jeanne d'Arc: Ein Panzer unterhalb der Wallfahrtskirche Notre-Dame de la Garde erinnert noch immer daran, dass die Deutschen sich im Zweiten Weltkrieg auf dem La-Garde-Hügel verschanzt hatten. → Tour 3, S. 47

Monument aux morts des armées d'Orient et des terres lointaines: Hinter dem langen Namen verbirgt sich ein imposantes Denkmal für die Toten der Orientarmee. Es steht direkt an der Corniche und blickt auf das Meer. → Tour 5, S. 78

Am Puls der Zeit

FRAC: Zeitgenössische Kunst in einem ungewöhnlichen modernen Gebäude. Je nach dem Schwerpunkt der aktuellen Wechselausstellung wird der Besucher aufgefordert, sich mit neuen Positionen der provenzalischen Kunstszene auseinanderzusetzen. → Tour 2, S. 40

Belle de Mai: Eine ehemalige Tabakfabrik beherbergt ein lebendiges Kulturzentrum mit Ateliers, Ausstellungsräumen und Theatersälen. Die Dachterrasse wird im Sommer als Freilichtkinospielstätte genutzt. Zwischen bunt bemalten Häuserfassaden vergnügt sich die Jugend auf einem Spielplatz mit Kletterwand, einem Basketballfeld und in einem Skatepark. Ein Restaurant sowie ein Café mit angeschlossener Buchhandlung gibt es auch. → Abseits des Zentrums, S. 85

Cours Julien: Der „Cours Ju" mit seinen Szenebars und schrillen Läden ist ein Hotspot der Alternativkultur. Auf den Häuserwänden im In-Viertel leuchten bunte Graffitis, hier gibt es einen Tattoo-Shop, dort ein algerisches Delikatessengeschäft. Cool, cooler, Cours Julien. → Tour 4, S. 61

Pack die Badehose ein

Plage des Catalans: Eine Badepause am Stadtstrand von Marseille muss sein. Nicht allzu weit vom Alten Hafen entfernt, begeistert an der Plage des Catalans nicht nur das glasklare Wasser, sondern auch ein ungewöhnliches Unterwassermuseum. → Tour 5, S. 78

Calanque de Morgiou: Wie eine smaragdgrüne Zunge hat sich die schmale Calanque de Morgiou zwischen die Felsen hineingeschoben. Neben Badefreuden lockt ein gutes Restaurant. Zusammen mit der benachbarten Calanque de Sormiou lässt sich die Bucht auch im Rahmen einer herrlichen Küstenwanderung erkunden. → Abseits des Zentrums, S. 96

Orientiert in Marseille

Essen gehen

Marseille und seine Bouillabaisse werden oft in einem Atemzug genannt. Mehr als 2000 Restaurants gibt es in Marseille, darunter auch zahlreiche Lokale mit asiatischer oder nordafrikanischer Küche. Neben erlesenen Gourmettempeln findet man einfache Bistros, in denen man für vergleichsweise wenig Geld verwöhnt wird.

Frankreichliebhaber haben es schon immer gewusst: Die französische Küche ist etwas ganz Besonderes! Im November 2010 wurde die stilbildende Folge von Apéritif, Vorspeise, Hauptgericht, Nachtisch, Käse und Kaffee von der UNESCO als „immaterielles Weltkulturerbe" geadelt.

Mehr als eine Fischsuppe

Marseilles hat sich mit der Bouillabaisse ein kulinarisches Denkmal gesetzt. Die Bouillabaisse gehört zu Marseille wie die Pizza zu Italien. Und obwohl das Risiko, in einem Touristenlokal über den Tisch gezogen zu werden, groß ist, wäre eine Reise nach Marseille ohne Bouillabaisse unvollständig. Sie gehört zur Stadt wie die Wallfahrtskirche Notre-Dame de la Garde. Wolfgang Koeppen mokierte sich über „ein mildes, dem Allerweltsgeschmack angepasstes Fischsuppengericht, in dem ein einsames Langustenbein schamrot den Preis von 1000 Francs zu rechtfertigen versucht". Doch ist die Bouillabaisse richtig zubereitet, käme es einem Frevel gleich, sie als „Fischsuppe" zu bezeichnen. Respekt ist angebracht, schließlich soll die Liebesgöttin Aphrodite die Bouillabaisse erfunden haben, um ihren Gatten Hephaistos mit Hilfe des Safrans einzuschläfern, damit sie sich ungestört mit ihrem Liebhaber Ares vergnügen konnte. Selbst unter den Einheimischen werden die besten Adressen nur engen Freunden verraten. Der Journalist und Krimiautor Jean-Claude Izzo (1945–2000), der für Marseille eine ähnliche Bedeutung wie Léo Malet für Paris hatte, liebte es, „zu spüren, wie Marseille unter meiner Zunge vibriert". Glücklicherweise kann man in Marseille aber auch jenseits der Bouillabaisse hervorragende Fischgerichte in allen Variationen genießen.

Ein Tipp für alle, die mit einer eher knapp bemessenen Reisekasse unterwegs sind, aber anspruchsvolle Gaumenfreuden nicht missen möchten: Statt 25 € für ein langweiliges 08/15-Menü ohne Wein zu zahlen, empfiehlt es sich, zur Mittagszeit in einem kulinarisch anspruchsvollen Restaurant zu tafeln – die Rechnung für ein Mittagsmenü oder Tagesgericht (*Plat du jour*) fällt dann nur unwesentlich höher aus, die Qualitätsunterschiede können jedoch beachtlich sein.

Andere Länder, andere Sitten

Das Frühstück (*petit déjeuner*) fällt eher karg aus, eine Schale Milchkaffee (*café crème*) und ein Croissant genügen den meisten Franzosen bis zum Mittagessen (*déjeuner*). Mittags füllen sich die Restaurants erst ab 12.30 Uhr, mit dem Abendessen (*dîner*) wird kaum vor 19.30 Uhr begonnen. Zum Essen sollte man viel Zeit mitbringen; wer mittags nur schnell eine Kleinigkeit zu sich nehmen will, ist in Café, Bistro oder Brasserie besser aufgehoben.

Am Wochenende und in beliebten Restaurants empfiehlt es sich, einen Tisch vorzubestellen, selbst wenn es nur eine Stunde vorher ist. Auch ohne Reservierung gebietet die französische Höflichkeit, dass der Gast sich am Eingang geduldet, bis ihm ein Platz angeboten wird. Die Bedienung wird mit *Madame* bzw. *Monsieur* angesprochen.

Die Rechnung wird nach Aufforderung gebracht (*L'addition, s'il vous plaît!*). Es ist nicht üblich, getrennt zu bezahlen. Die Bedienung ist im Restaurant zwar ausnahmslos im Preis inbegriffen (*service compris*), zwischen 5 und 10 Prozent **Trinkgeld** (*pourboire*) sind je nach Zufriedenheit dennoch angemessen; sich Minimalbeträge herausgeben zu lassen, gilt als unhöflich. Das Bedienungspersonal ist wegen seines geringen Grundlohns auf Trinkgeld angewiesen, das man üblicherweise nach der Bezahlung auf dem Tisch zurücklässt.

7 Tage kulinarisch

■ **Miramar**: Obwohl direkt am Vieux Port gelegen, ist das Lokal keine Touristenfalle, sondern eine hervorragende Adresse, um eine Bouillabaisse zu versuchen. → Tour 1, S. 27

■ **La Passarelle**: Ein Restaurant mit eigenem Gemüsegarten! Neben der guten Küche begeisert noch eine herrliche Terrasse. → Tour 3, S. 52

■ **Les Akolytes**: Internationale Tapas auf hohem Niveau, serviert in einer lockeren Atmosphäre. → Tour 5, S. 81

■ **Les Mets des Saintes**: Zur Abwechslung gibt es hier neben französischen Gerichten eine exotische Küche aus den Antillen, Réunion und Tahiti. → Tour 3, S. 55

■ **L'Arôme**: Unweit des Cours Julien wird eine raffinierte Küche mit einem guten Preis-Leistungs-Verhältnis geboten. → Tour 4, S. 69

■ **Le Relais 50**: Ansprechende französische Küche mit asiatischen Einflüssen in schönem Ambiente. → Tour 1, S. 27

■ **Etienne**: Die Pizzeria im Panier-Viertel genießt Kultstatus. Reservierungen werden genauso wenig akzeptiert wie Kreditkarten. → Tour 2, S. 41

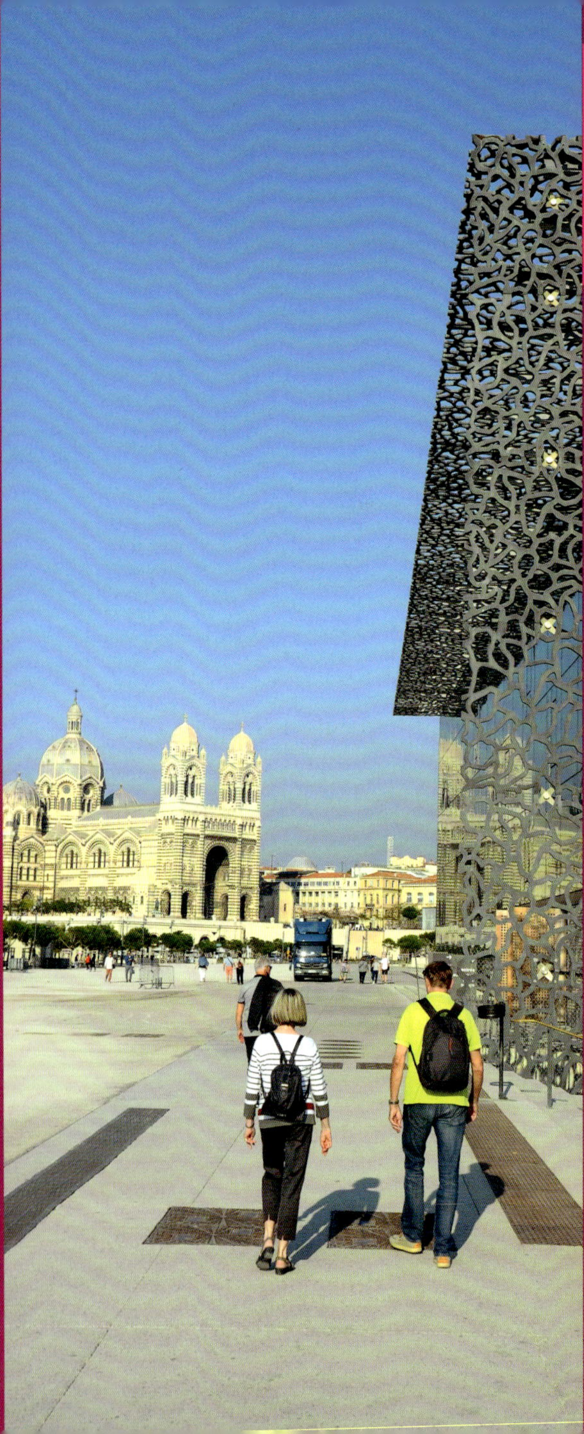

Kontrastreich: Cathédrale und Villa Méditerranée

Wege durch
Marseille

Hafenblicke

Tour 1

Die Keimzelle und der ideelle Mittelpunkt von Marseille ist der Alte Hafen. An seiner Nordseite steht nicht nur das barocke Rathaus, sondern mit dem MuCEM auch das Symbol für den Wandel der Stadt.

Entlang des Vieux Port bis zum MuCEM

Nördlich des Vieux Port

Mit seinen von Hafenkais eingefassten Rändern bildet der Alte Hafen gewissermaßen den größten Platz der Stadt. An seiner Nordseite gründeten die aus Phokaia stammenden Griechen ihre Kolonie *Massalia.* Die Griechen hatten den Platz mit Sorgfalt ausgewählt und ihre Stadt an einem hervorragend geschützten, Calanque-ähnlichen Naturhafen errichtet. Der Erfolg sollte ihnen Recht geben. Mehr als zwei Jahrtausende war Marseille einer der größten Warenumschlagplätze am Mittelmeer und zugleich die wichtigste Handelsdrehscheibe Südfrankreichs. Seine Bedeutung als Handelshafen verlor der Vieux Port aber schon im 19. Jh., als im Norden von Marseille ein künstlicher Hafen entstanden war, der vom Meer durch eine parallel zur Küste ausgerichtete Mole geschützt wurde. Heute liegen an den Anlegestegen des Vieux Port ausnahmslos zahllose Privatjachten und ein paar Ausflugsboote. An das Flair vergangener Zeiten erinnert allmorgendlich die kleine Schar der Fischhändler.

Marseille hat ein ambivalentes Verhältnis zu seinem Hafen. Auf den Vieux Port gründet sich der Wohlstand und Reichtum der Stadt, doch auch der Tod kam über das Meer. Ein aus Syrien kommendes Schiff mit dem Namen Le Grand Saint Antoine brachte 1720 die Pest mit. Der Kapitän hatte zwar die Hafenverwaltung vor den an Bord befindlichen Kranken gewarnt, doch machten sich einflussreiche Kaufleute für die Umgehung der Quarantäne stark, da sie sehnlichst auf die Fracht des Schiffes warteten.

Hafenviertel sind auf der ganzen Welt schlecht beleumundet, einen besonders üblen Ruf hatte aber schon immer jenes von Marseille. In den engen Gassen waren seit jeher Armut, Kriminalität und Prostitution zu Hause. Vor allem zu Beginn des 20. Jh. zeigten sich von Vladimir Nabokov bis zu Ernst Jünger zahlreiche Schriftsteller von dem Gestank und den Geräuschen gleichermaßen fasziniert wie abgestoßen: streunende Hunde und halbnackte Kinder, die zwischen Müllbergen spielten, während sich hinter den zerschlissenen Gardinen ganze Bootsbesatzungen mit der käuflichen Damenwelt vergnügten.

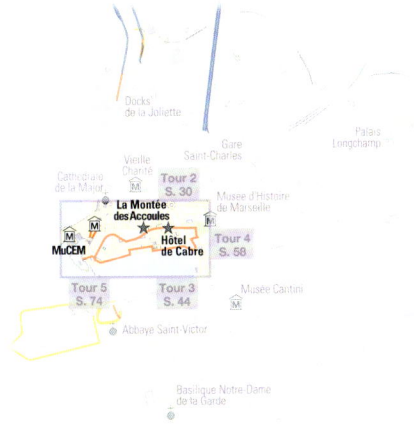

Dann kam der Zweite Weltkrieg: Nachdem die Deutschen in das bis dahin unbesetzte Südfrankreich eingerückt waren, befahl SS-Reichsführer Heinrich Himmler die „Ausräumung dieses französischen Verbrechernestes" und wies eine „radikale Sprengung" an. Innerhalb von 17 Tagen wurde im Februar 1943 nach der Evakuierung der Bewohner das gesamte Hafenviertel mit seinen knapp 1500 Häusern in Schutt und Asche gelegt, um dieses „Geschwür" zu vernichten und eines der ältesten urbanen Siedlungsgebiete Europas in eine Ruinenlandschaft zu verwandeln. Einzig die Hafenfront sparte man aus, doch diese Häuserzeile fiel dann dem planmäßigen Wiederaufbau nach Kriegsende zum Opfer. Aus diesem Grund wurde der Nordfront des Vieux Port von fünf lang gestreckten Nachkriegsbauten mit einer durchgehenden Traufhöhe dominiert, die sich durch große Balkone und ein von Arkadengängen geprägtes Erdgeschoss auszeichnen. Es handelt sich um Stahlbetonskelettbauten, deren Fassaden mit Kalkstein verkleidet wurden. Der Architekt Fernand Pouillon war ein Schüler von Auguste Perret, der für den zum UNESCO-Weltkulturerbe geadelten Wiederaufbau von Le Havre verantwortlich war und als Lichtgestalt der französischen Architektur galt. Die Bebauung des Hafennordrands kann als gelungenes Projekt bezeichnet werden, denn es ermöglichte, den Vieux Port wieder als urbane Raumfigur erlebbar zu machen. Der alte Straßenverlauf hinter der Hafenfront ging hingegen vollständig verloren. Sein heutiges Erscheinungsbild erhielt der Quai du Port durch die Umbaumaßnahmen für die Wahl von Marseille zur Europäischen Kulturhauptstadt im Jahr 2013.

Spaziergang

Direkt bei den Fischhändlern, die am Vormittag ihren Fang in bunten Plastikwannen feilbieten, beginnt die Erkundung des nördlichen Ufers des **Vieux Port**. Der *Quai du Port*, der direkt am Nordufer verläuft, wurde weitgehend verkehrsberuhigt, sodass man gemütlich an der Häuserseite oder an der Wasserfront mit direktem Blick auf die Jachten entlangschlendern kann. Die gleichförmigen Häuserfronten im Stil der 1950er-Jahre erinnern daran, dass das Hafenviertel 1943 bis auf wenige Gebäude zerstört wurde. Längst gehören die lichtdurchfluteten Wohnungen mit ihren großen Balkonen aufgrund ihres Hafenblickes zu den begehrtesten und teuersten Wohnlagen der Stadt.

Eines der wenigen historischen Bauwerke, die von den Sprengungen verschont geblieben sind, ist das barocke **Hôtel de Ville** (Rathaus), an dessen gegenüberliegender Seite auch die Hafenfähre anlegt. Rechter Hand führt die kleine Rue de la Prison zur *Maison Diamantée*, die zu den ältesten Häusern Marseilles gehört. Das stattliche Renaissancepalais, das seinen Namen der in Diamantenform behauenen Fassade verdankt, beherbergte früher das Musée du Vieux Marseille. Heute ist es nur noch von außen zu besichtigen. Die angrenzende Place Jules Verne wurde unlängst mit 26 großen, dekorativen Blumentöpfen mit Olivenbäumen aufgepeppt, die die 26 Jahrhunderte der Stadtgeschichte symbolisieren sollen. Ein gut gewählter Ort, wurden hier doch die Reste eines antiken Schiffes ausgegraben, das im Musée d'Histoire de Marseille (→ Tour 4, S. 64) zu bewundern ist. Der Freiraum zwischen den Blumentöpfen wird als Restaurantterrasse genutzt und lädt zu einer Pause ein.

Ein kleines Stück weiter trifft man im Untergeschoss eines Hauses auf das **Musée des Docks Romains** mit seinen antiken Funden der einstigen römischen Hafenanlage. Ehedem befand sich hier das im Krieg zerstörte Quartier Saint-Jean mit seinen schmalen Gassen, in dem die einfachen Fischer und Seeleute lebten sowie Prostituierte das Bild prägten. Wir gehen wieder hinunter zum Hafenkai und laufen in Richtung Fort Saint-Jean, eine mächtige Hafenfestung, die auf den Grundmauern eines von den Johannitern errichteten Wehrturms steht. Im Zweiten Weltkrieg war im Fort die Fremdenlegion untergebracht. Der deutsche Industrielle Philip Rosenthal ließ sich hier als Nazigegner im September 1939 von der Fremdenlegion rekrutieren, wurde aber zu seinem Unmut nach Südmarokko geschickt.

Nach dem letzten Wohnhaus geht es über mehrere Treppen hinauf zum Vorplatz der Seemannskirche **Saint-Laurent**, ein sehenswertes Beispiel für den romanisch-provenzalischen Baustil. Direkt hinter der Kirche befindet sich das um einen rechteckigen Platz gruppierte Wohnviertel La Tourette, das in der Nachkriegszeit ebenfalls von dem Architekten Fernand Pouillon geplant worden war. Unterhalb der Kirche befinden sich zwei lang gestreckte, eingeschossige Gebäude, die einst die *Consignes Sanitaires* beherbergten. Die Aufgabe der Sanitärverwaltung war es, die einlaufenden Schiffe unter Quarantäne zu stellen, um die Bevölkerung Marseilles vor ansteckenden Krankheiten zu schützen. Über eine schmale dunkle Metallfußgängerbrücke erreicht man von Saint-Laurent das **MuCEM**, das 2013 eröffnete Museum zur Kulturgeschichte Europas und des Mittelmeerraums. Direkt unterhalb der Brücke befindet sich am Quai de la Tourette die in Würfelform errichtete Gedenkstätte *Mémorial des Camps de la Mort*, die an

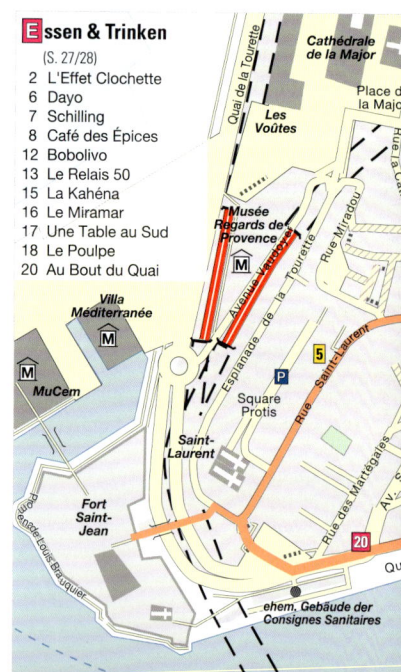

die Todeslager der Nationalsozialisten erinnert. Am Eingang zum MuCEM muss man eine Sicherheitskontrolle passieren, doch ist der Eintritt zum Areal mit den Festungsmauern und den zugehörigen Gartenanlagen ebenso kostenlos wie der Zutritt zur Dachterrasse des Museums, die man über eine weitere spektakuläre Fußgängerbrücke erreicht.

Nach einer Besichtigung des MuCEM gehen wir wieder auf demselben Weg über die Brücke zurück zur Kirche Saint-Laurent. Wir folgen der Rue Saint-Laurent – an einem kleinen Abhang rechter Hand befand sich ehedem das griechische Theater – und erkunden mit der Rue Caisserie das historische Hafenviertel bzw. das, was davon noch übrig geblieben ist. Alle Gebäude rechter Hand unterhalb der Straße fielen der deutschen Zerstörungswut zum Opfer, links hinauf zum Panier-Viertel blieb die historische Bausubstanz weitgehend erhalten. In einer Kurve öffnet sich die Straße auf der linken Seite zu einem Platz. Die rechteckige Place de Lenche mit ihren Restaurants markiert wahrscheinlich die Lage des griechischen Marktplatzes, der antiken Agora, südlich davon wurden Reste des griechischen Theaters ausgegraben. Wir laufen weiter geradeaus auf der Rue Caisserie, die zusammen mit der Grand Rue noch heute den Verlauf der antiken Hauptstraße markiert. Allerdings lag das damalige Straßenniveau rund drei Meter unter dem heutigen. Durch ein paar Durchgänge kann man zwischen den Nachkriegswohnblöcken durch die offenen Treppen hinab zum Alten Hafen blicken. Linker Hand zweigt die zum Panier-Viertel führende Treppe *La Montée des Accoules* ab, die mit ihren eisernen Handläufen bereits von vielen Malern festgehalten wurde und von der sich ein Ausblick auf den Glockenturm der Église Notre-Dame-des-Accoules bietet. Ganz oben befand sich im frühen 17. Jh. im Maison de Sainte Croix eine Sternwarte.

Marseille im Kasten
Über dem Hafen schweben

Ein ehemaliges Wahrzeichen von Marseille war der Pont Transbordeur. Es handelte sich dabei um eine 1905 eröffnete Schwebefähre, mit der man die Einfahrt zum Alten Hafen überqueren konnte. Dieses ungewöhnliche Gefährt war eine Art Gondel, die an einer Auslegerbrücke befestigt war und das Südmit dem Nordufer des Hafens in 90 Sekunden überbrücken und 200 Passagiere befördern konnte. Für die Einwohner von Marseille war die eiserne Konstruktion mit ihren 86 m hohen Pylonen ein städtisches Denkmal wie der Eiffelturm. Um die Zufahrt zum Hafen zu blockieren, sprengten die deutschen Truppen am 22. August 1944 die Brücke. Seither gab es mehrfach Projektstudien, doch bisher wurde die Brücke nicht rekonstruiert.

Wir gehen weiter geradeaus und kommen am Pavillon Daviel vorbei. Der ehemalige Justizpalast ist ein wohlproportionierter Bau mit einem allegorischen Giebeldreieck. Er stammt aus dem 18. Jh. und besitzt schöne schmiedeeiserne Geländer, deren Stil eigentlich typisch für Pariser Bauten ist. Während der Revolution stand hier übrigens die Guillotine. Die Straße verbreitert sich zu einem größeren Platz. Rechter Hand wurden an der Place de Bargemon noch die Grundmauern römischer Bäder gefunden. Nicht übersehen kann man das mächtige *Hôtel-Dieu*. Das älteste Krankenhaus der Stadt (es wurde 1593 eingerichtet) war bis 1993 in Betrieb, der Haupttrakt wurde 1753 nach Plänen von Jacques Hardouin-Mansart errichtet. Mit seinen später hinzugefügten Terrassen und schmiedeeisernen Geländern erinnert es an ein Schloss. Nachdem das Hôtel-Dieu ein paar Jahre lang leer gestanden war, wurde es in ein Fünf-Sterne-Luxushotel umgewandelt und gilt als Symbol für die voranschreitende Gentrifizierung des Viertels. Rechts neben dem Aufgang zum Hotel erinnert das *Mémorial de la Déportation* mit einer hingestreckten Figur an die Opfer des Nationalsozialismus. Schräg gegenüber gibt es in der Grand Rue 33 eine Gedenktafel, die an die tragische Evakuierung des Vieux Port im Jahr 1943 erinnert.

An einem großen Wohnblock vorbei steht an der Ecke zur Rue de la Bonneterie das *Hôtel de Cabre*. Das nach dem Konsul Louis de Cabre benannte Gebäude (es gilt als ältestes Haus der Stadt) stammt aus dem frühen 16. Jh. und besitzt ebenso Gotik- wie Renaissance-Elemente. Aufgrund seiner historischen Bedeutung blieb es von den Sprengungen des Alten Hafens verschont.

Èglise Saint-Ferréol

Kurios: Das Hôtel de Cabre wurde 1954 um 90 Grad gedreht und versetzt zur Grand Rue ausgerichtet. Gut hundert Meter weiter erreicht man die Rue de la République, an deren unterem Ende man auf die Kirche **Saint-Ferréol les Augustins** mit neobarocker Fassade und gotischem Innenraum trifft. Dort kann man den Spaziergang mit der Tour 2 (→ S. 33) fortsetzen.

Sehenswertes

Keimzelle und Herz der Stadt
Vieux Port

Immer im Blick: Notre-Dame de la Garde

Der Alte Hafen von Marseille war nicht nur die Keimzelle der Stadt, bis heute schlägt hier ihr Herz. Der 300 m breite und 800 m lange Hafen bietet Ankerplätze für 3500 Boote. Seine ursprüngliche Bedeutung als Handelshafen verlor der Vieux Port allerdings bereits im 19. Jh. Heute stapeln sich an den Anlegestegen die Jachten wie Sardinen; an das Flair vergangener Zeiten erinnert allmorgendlich die kleine Schar der Fischhändler. Berühmt haben ihn die Dichter gemacht: „Marseille ist ganz nach meinem Herzen, und wenn ich in einem der schönen Stühle am Mittelmeerufer sitze, gefällt mir, wie es dem Meer den Rücken zuzukehren scheint, als ob es schmolle", schrieb beispielsweise Blaise Cendrars. Wer den Vieux Port einmal durchschippern möchte, dem sei die Hafenfähre empfohlen, deren Vorgängerschiff schon Marcel Pagnol literarisch verewigt hat – der Hafen ist der Schauplatz seiner Bühnenstücke *Marius* und *Fanny*. Die Fähre pendelt beständig zwischen den beiden Hafenkais hin und her. Im Zuge der Umgestaltung Marseilles zur Europäischen Kulturhauptstadt im Jahr 2013 wurde auch das Areal um den Vieux Port aufgepeppt, der britische Stararchitekt Lord Norman Foster verwandelte den Quai des Belges in eine verkehrsberuhigte Zone. Am auffälligsten ist sicherlich Fosters L'Ombrière, ein 1080 m² großes Spiegeldach auf schmalen Stützen.

http://vieuxportdemarseille.fr

Barockes Rathaus
Hôtel de Ville

Das Rathaus von Marseille gehört zu den wenigen Gebäuden, die von den Sprengungen der deutschen Wehrmacht verschont geblieben sind. Von 1665 bis 1674 nach den Plänen des Marseiller Stadtbaumeisters Gaspard Puget und des Bildhauers Mathieu Portal anstelle eines Vorgängerbaus errichtet, war das repräsentative Hôtel de Ville das erste Barockbauwerk der Stadt. Durch eine Galerie ist das Rathaus mit einem dahinterliegenden Gebäude verbunden. Nur von dort aus gelangt man in den ersten Stock des Hôtel de Ville, da dieses kein Treppenhaus besitzt. Der Grund für diesen ungewöhnlichen

Grundriss erklärt sich aus der Tatsache, dass man eine strikte Trennung zwischen den sich im Erdgeschoss treffenden Kaufleuten und den im ersten Stock tagenden Magistrat herstellen wollte. Die ursprüngliche Holzbrücke wurde 1786 durch die mit Fenstern gegliederte Porche à l'italienne ersetzt.

Quai du Port. Das Rathaus kann von innen nicht besichtigt werden.

Marseille im Kasten

Marseille – Stadt der Laster und des Verbrechens

Seit jeher hat die französische Mittelmeermetropole einen zwiespältigen Ruf. Schon vor gut 300 Jahren stellte Madame de Sévigné fest, „die Luft" in Marseille sei „im großen und ganzen ein wenig schurkisch". Und Johanna Schopenhauer bemängelte bei aller Liebe zu Marseille das Fehlen von Kultur, da sich das Streben nach Industrie und Verdienst mit dem „größten Hang zu rauschendem Vergnügen und niedrigst ausschweifendem Leben" vereine. Bewusst wählte Bruno Frank 1928 den Alten Hafen von Marseille als Schauplatz für das grandiose Finale seiner von Thomas Mann hoch gelobten *Politischen Novelle*. Kurz vor seiner Abreise nach Deutschland bummelt Carl Ferdinand Carmer – Frank führt ihn als dreimaligen Minister der Weimarer Republik ein – noch durch das schlecht beleumundete Viertel: „Elend und Krankheit waren zu sehen, wie sie so gnadenlos Europa nicht hervorbringt." Carmer glaubt sich in die Hölle versetzt, verirrt sich in dem Gewirr der Gassen, „halbnackte oder schaurig grotesk kostümierte" Dirnen stehen vor dunklen Häusern, deren Erdgeschoss sich wie eine Wunde öffnet. „Menschenunwürdiger konnte kein Lebenslos sein. [...] Höhle lag an Höhle, viele mit offenem Vorhang, so daß man Gekaufte und Käufer in der Paarung beisammen sah." Plötzlich findet sich Carmer an den nackten Brüsten einer madagassischen Schönheit wieder, während er den „dunklen Mund" sucht, stößt ihm ein Afrikaner ein Messer in den Rücken, „nur ein Splitter der furchtbaren Waffe, mit der Europa seinen Selbstmord beging." Und Erika und Klaus Mann warnten in ihrem 1931 erschienenen Reiseführer über die *Riviera* bei einem Spaziergang durch das Hafenviertel Schmuck zu tragen: „Einer Dame mit zu auffallenden Ohrringen freilich sind unlängst, zugleich mit dem Geschmeide, die Ohren abgeschnitten worden. Das ist authentisch."

Marseille war zum Synonym für Kriminalität geworden. Im Jahr 1935 ereignete sich in der Mittelmeermetropole das erste Kidnapping auf europäischem Boden, die Mafia hatte die „Stadt der Gangster" (Hans Sahl) jahrzehntelang fest im Griff, und seit Ende des Zweiten Weltkrieges galt Marseille als der europäische Drogenumschlagplatz schlechthin. Blutige Revierkämpfe und Exekutionen gehörten zum Alltag. Der Mythos der Gangstermetropole wucherte auch mit medialer Hilfe, denn das zwielichtige Milieu der 1960er- und 1970er-Jahre erschien den Filmproduzenten als ideale Kulisse für Kriminalfilme wie *Borsalino* und *French Connection*. Die meisten Touristen haben die Geschichten von Matrosen, Mafiosi und Hafenhuren noch immer im Hinterkopf und nehmen ihren Geldbeutel vorsichtshalber aus der Gesäßtasche, wenn sie über die Märkte und durch die Altstadt bummeln. Handtaschen und Schmuck – haben alle Erika und Klaus Mann gelesen? – lassen sie gleich im Hotel, das Auto in der Tiefgarage.

Isoliert: Saint-Laurent

Römische Hafenanlage
Musée des Docks Romains

Der Naturhafen, den die Griechen und Römer einst vorgefunden hatten, ist mit der Größe des heutigen Hafenbeckens nicht identisch. Das bezeugt das weit hinter den Kaianlagen gelegene Musée des Docks Romains, das über Teilen der nach dem Zweiten Weltkrieg ausgegrabenen römischen Hafenanlagen mit ihren Vorratslagern errichtet wurde. Zur Lagerung von Wein, Öl und Getreide verwendeten die Römer riesige, in die Erde gelassene Tonkrüge (*dolia*), die u. a. Herzstücke des Museums sind.

28, place Vivaux. Tgl. außer Mo 10–18/19 Uhr. Eintritt frei.

Kirche aus rosa Kalkstein
Église Saint-Laurent

Die romanische Kirche gehört zu den ältesten Gotteshäusern der Stadt. Sie wurde, wie viele christliche Kirchen, auf den Grundmauern eines antiken Tempels errichtet und präsentiert sich als einfaches, aber schmuckes Bauwerk im romanisch-provenzalischen Stil. Ungewöhnlich ist der auf einem oktogonalen Grundriss errichtete Glockenturm. Das Innere gefällt mit seiner schlichten Formensprache.

Esplanade de la Tourette. Di–Sa 14–18.30 Uhr.

Ein Zivilisationsmuseum für das 21. Jh.
MuCEM (Musée des Civilisations de l'Europe et de la Méditerranée)

Im Jahr 2013 wurde neben dem Fort Saint-Jean das Museum für die Kulturen des Mittelmeerraums eröffnet. Der von dem in Algier geborenen Architekten Rudy Ricciotti entworfene Neubau ist ein gleichmäßiges Viereck mit 72 m Seitenlänge aus vibriertem Beton; der Museumsquader ist von einem Betonnetz umgeben und mit dem Fort durch eine 130 m lange, mit Glas umkleidete Fußgängerpassage verbunden. Der Museumsbau scheint allein durch seine Lage an der Uferpromenade

Marseille mit dem Meer zu verbinden. Zudem ist es perfekt gelungen, das alte Fort Saint-Jean mit dem Neubau als Einheit erscheinen zu lassen und dieses über eine weitere, 19 m hohe Fußgängerbrücke mit dem historischen Panier-Viertel zusammenzuführen. Es gibt sogar einen kleinen „Migrationskulturen-Garten" mit heimisch gewordenen Mittelmeerpflanzen. Der gesamte Komplex ermöglicht immer wieder spektakuläre Blicke auf Marseille – so von der Tour du Roi René, einem Turm des Fort Saint-Jean, oder von der Dachterrasse des MuCEM, auf der sich auch ein Café befindet. Zudem gibt es dort das ausgezeichnete Restaurant Le Môle Passédat. Man kann das Gebäude auch ohne Museumseintritt betreten und mit dem Aufzug zur Dachterrasse hinauffahren. Auch der Zugang zum Fort Saint-Jean ist kostenlos.

Durch den 200 Millionen Euro teuren Neubau des ersten französischen Nationalmuseums außerhalb von Paris wollten die Verantwortlichen auch eine andere, weniger eurozentrische Sicht auf die Mittelmeerkulturen vermitteln. Mit dem Prestigeobjekt soll eine neue intellektuelle Öffnung zu den afrikanischen Mittelmeerstaaten einhergehen. Neben einer Dauerausstellung zur Mittelmeerzivilisation in der Galerie de la Méditerranée im Erdgeschoss, die sich mit den landwirtschaftlichen Grundlagen (Getreide, Oliven, Wein) beschäftigt, stehen zwei Ebenen für Wechselausstellungen zur Verfügung: Anthropologie, Geschichte, Architektur, Kunstgeschichte, aber auch zeitgenössische Kunst treffen im MuCEM interdisziplinär aufeinander. Mit jährlich 500.000 Besuchern ist es das mit Abstand beliebteste Museum der Stadt.

7, promenade Robert Laffont. Juli und Aug. tgl. außer Di 10–20, sonst tgl. außer Di 11–18/19, Mai–Okt. Fr bis 22 Uhr. Eintritt 9,50 €, erm. 5 € (inkl. Sonderausstellungen). http://mucem.org.

Kirche mit strahlend weißer Fassade
Èglise Saint-Ferréol les Augustins

Die ehemalige Augustinerkirche wurde auf einem Grundstück errichtet, das einst dem Templerorden gehörte. Das Gotteshaus selbst stammt aus dem 16. Jh. und besaß ursprünglich fünf Kirchenschiffe, doch wurde die Kirche

Faszination MuCEM

infolge der städtebaulichen Maßnahmen des Zweiten Kaiserreichs verkleinert und erhielt eine neue, strahlend weiße Fassade im neobarocken Stil. Das weitgehend schlichte Innere der Kirche birgt einen schönen Hochaltar von Dominique Fossaty sowie drei Gemälde von Michel Serre.

Quai des Belges. Tgl. 9–18.30 Uhr. http://saintferreolmarseille.fr.

Praktische Infos

→ Karte S. 20/21

Restaurants

Une Table au Sud **17**, das klassische gastronomische Highlight, direkt am Vieux Port im ersten Stock gelegen. Die einfallsreiche Küche von Ludovic Turac wurde mit einem Michelin-Stern ausgezeichnet und begeistert mit einer stark mediterranen, von Zitrusfrüchten und Olivenöl geprägten Note. Keine Terrasse, dafür stilvolle Räumlichkeiten mit großer Fensterfront. Menüs zu 34 € (mittags mit einem hervorragenden Preis-Leistungs-Verhältnis, 51 € mit zwei Glas Wein und einem Café), abends 58 bzw. 135 € für acht Gänge. Sonntagabend und Mo geschl. 2, quai du Port. ℘ 0491906353, http://unetableausud.com.

Le Miramar 16, direkt am Vieux Port gelegen, ist das Restaurant trotz seiner altertümlichen Einrichtung (im Sommer sitzt man aber sowieso auf der Terrasse) eine empfehlenswerte Adresse für alle, die in Marseille gerne die berühmte (echte!) Bouillabaisse (63 €) probieren möchten, wobei einem die zubereiteten Fische (*St-Pierre, galinette, lotte, chapon, fielas* etc.) vor dem Filetieren von einem der zahlreichen Kellner noch einmal präsentiert werden. Leider sind die Preise für die Flaschenweine übeteuert. Große beheizbare Straßenterrasse. Mo sowie die ersten drei Wochen im Aug. geschl. 12, quai du Port. ℘ 0491911040, http://lemiramar.fr.

Mein Tipp **Le Relais 50 13**, zwei Häuser weiter verführt Noël Baudrand (im Erdgeschoss des Hôtel La Résidence du Vieux-Port) die Gäste mit seinen Kochkünsten, für die ihn Gault&Millau als „Jeune talent 2017" auszeichnete. Und er versteht sein Handwerk: Egal, ob bei der marinierten Makrele oder beim mit Blumenkohl servierten Kabeljau, Baudrand setzt gekonnt asiatische Akzente, sei es mit einem Wasabi-Eis oder einer Curry-Emulsion. Mittagsmenü 20 und 25 €, abends 31, 50 oder 65 €. Straßenterrasse. So und Mo Ruhetag. 18, quai du Port. ℘ 0491525250, http://hotel-residence-marseille.com.

Dayo 6, das von Damien und Lionel, zwei Schulfreunden, geführte Restaurant bietet eine gute lokale Küche. Bodenständig und ohne Firlefanz, wobei auf frische regionale Produkte Wert gelegt wird. Freundlicher Service. Im Inneren Bistroatmosphäre. Straßenterrasse. Hauptgerichte 20–25 €. Sonntagabend und Mo geschl. 40, rue Caisserie. ℘ 0491931337, http://restaurant-panier-marseille.fr.

Bobolivo 12, ein paar Schritte weiter auf der anderen Straßenseite in einem Laden mit halbrunder Fassade. Gute provenzalische Küche, viele Grillgerichte, so *Emincé de bavette en persillade*, aber auch einen *Babobacon burger* (16 €). Straßenterrasse. So und Mo Ruhetag. 29, rue Caisserie. ℘ 0491313821, http://bobolivo.fr.

Schilling 7, ein einfaches, aber trotzdem ansprechendes Restaurant mit Schwerpunkt Fisch. Mittagsmenü 21,50 € (zwei Gänge), abends 31 €. Straßenterrasse. Di und Mi Ruhetag. 37, rue Caisserie. ℘ 0491018139.

Au Bout du Quai 20, ganz am Ende des nördlichen Hafenkais (daher verirren sich nicht so viele Touristen hierher) liegt dieses empfehlenswerte Restaurant. Serviert wird eine leichte moderne Küche. Viele Fischgerichte, Lachscarpaccio, Schwertfischtartar oder Ceviche von der Dorade. Hauptgerichte 25 €. Große, ansprechende Straßenterrasse. Sonntagabend geschl. 1, avenue Saint-Jean. ℘ 0491995336.

Eine Bouillabaisse im Miramar

La Kahéna , eine Leserin befand, dass man in Marseille Couscous unbedingt im nordafrikanisch anmutenden „La Kahéna" essen muss: „Serviert wird es von ausgesprochen freundlichen Kellnern. Besonders zu empfehlen: *Couscous complèt* zu 19 €." Billigster Couscous ab 10 €. Reservierung für abends empfohlen. Kein Ruhetag. 2, rue de la République. 0491906193, http://lakahena.fr.

Le Poulpe 🔢, direkt am Alten Hafen führt Zwei-Sterne-Koch Michel Portos seit 2014 ein Bistro im Stil der 1950er-Jahre. Trotz seiner Lage ist das Lokal keine Touristenfalle, sondern auch bei den Einheimischen recht beliebt. Geboten wird eine regionale mediterrane Küche. Alle Zutaten stammen aus einem Umkreis von 200 km. Der Service ist zwar schnell, dafür ein wenig lax. Die Portionen sind üppig, so beim leckeren *Tartare de bœuf*, das *Tartare de poisson* vom Schwertfisch schmeckte allerdings leider recht langweilig. Fazit: Da ist noch Luft nach oben! Mittagsmenü 22 €, abends 37 €. Große Terrasse mit Hafenblick. Kein Ruhetag. 84, quai du Port. 0495091591, http://le poulpe-marseille.com.

Café des Épices 🔢, nur einen kleinen Sprung vom Alten Hafen entfernt, begeistert dieses auch bei den Einheimischen beliebte Restaurant mit seiner großen, von riesigen Blumentöpfen eingerahmten Terrasse. Ideal auch nur für einen Aperitif! So und Mo Ruhetag. 4, rue du Lacydon. 0491912269, http://lecafedes epices-by-acdg.com.

L'Effet Clochette 🔢, nettes, kleines Lokal, hundert Meter oberhalb des Alten Hafens. Straßenterrasse. Tgl. 9–17 Uhr, Fr und Sa auch abends geöffnet. 2, place des Augustines. 0620930024.

Jeden Morgen gibt es frischen Fisch

Cafés und Eisdielen

Cup of Tea 🔢, eine nette Mischung aus Salon de thé und Buchhandlung. Hervorragende Teeauswahl! Dazu werden kleine Häppchen gereicht. Selbstverständlich gibt es aber auch Kaffee. Straßenterrasse. Mo–Fr 8.30–19, Sa ab 9.30 Uhr. 1, rue Caisserie. 0491908402.

Vanille Noire 🔢, eine kleine Eisdiele mit wunderbarem Eis ohne künstliche Aroma- und Konservierungsstoffe. Probieren sollte man das namensgebende schwarze Vanilleeis. Tgl. 12.30–19 Uhr. 13, rue Caisserie. 0777336819, http://vanillenoire.com.

Le Glacier du Roi 🔢, hier gibt es nicht nur herrliches selbst gemachtes Eis, sondern auch verführerische Desserts in kleinen Portionen sowie köstliche selbst gemachte Pralinen. Tgl. außer Di 9–18 U hr. 4, place de Lenche. 0491910116, http://leglacierduroi.com.

Maison Geney 🔢, ein kleiner, liebevoll geführter Imbiss. Tolle Auswahl an selbst gemachten Kuchen, Salaten, Focaccia und Sandwiches. Mini-Straßenterrasse. Di–Sa 8–19.30, So bis 18.30 Uhr. 38, rue Caisserie. http://facebook.com/maisongeney.

Einkaufen

🛍️ **La Maison du Pastis** 🔢, für alle Liebhaber von Pastis und Absinth. Knapp 100 Sorten sind im Angebot, selbstverständlich auch „Ricard" und „51". Mo–Sa 10–19, So 10.30–17 Uhr. 108, quai du Port. http://lamaisondu pastis.com.

🛍️ **La Navette Marseillaise** 🔢, im Panier-Viertel werden traditionelle *biscuits* verkauft, deren Teig nicht nur mit Butter und Ei, sondern auch mit Olivenöl und Weißwein verfeinert wird. Mo–Sa 9.30–19, So 10–18 Uhr. 68, rue Caisserie. http://les-navettes-des-accoules.fr.

La Boutique Marcel Pagnol 🔢, die vom Enkel des Schriftstellers Marcel Pagnol geführte Fan-Boutique verkauft nicht nur Bücher, sondern auch Comics, T-Shirts und andere Devotionalien. Tgl. 10–19, Mo ab 14 Uhr. 15, rue Caisserie. http://marcel-pagnol.com.

Tranquille 🔢, zwischen Panier und MuCEM findet sich unter den Arkaden eine ungewöhnliche Mischung aus Boutique, Galerie und einem Slow-Food-Lokal mit Bioküche. Tgl. außer Mo, im Winter nur am Wochenende. 34, rue Saint-Laurent. http://tranquille.club.

Die Montée des Accoules führt hinauf ins Panier-Viertel

Charmantes Viertel
Tour 2

Im Gegensatz zu dem von der Deutschen Wehrmacht in Schutt und Asche gelegten Hafenviertel blieben die etwas erhöht hinter dem Hafen gelegenen Teile des Quartier du Panier glücklicherweise von dem barbarischen Akt verschont.

Der historische Kern von Marseille
Panier und La Joliette

Die engen Straßen des sich zwischen Vieux Port und Vieille Charité erstreckenden Quartier erinnern noch stark an das mittelalterliche Marseille. Das von den Einheimischen nur kurz *panier* („Korb") genannte Viertel begeistert heute durch seine Ursprünglichkeit und seinen maritimen Charakter. Auf dem Hügel des Panier-Viertels liegt das gefühlte Herz von Marseille, das Einwanderungswellen aufgesogen hat wie ein Schwamm. In den weitgehend autofreien Gassen herrscht eine beschauliche Atmosphäre. In den schmalen Häusern finden sich noch viele kleine Trödel- und Lebensmittelgeschäfte sowie zahlreiche, auch von Einheimischen bevölkerte Cafés und Bars. Es gibt versteckte Durchgänge wie die Passage de Lorette, hier und da öffnet sich die Szenerie zu kleinen Plätzen wie die ehedem für ihre Windmühlen bekannte Place des Moulins. Wenn die Kinder in den Gassen umhertollen und die Wäsche auf Leinen, die sich von Hauswand zu Hauswand spannen, im Wind flattert, könnte man meinen, die Zeit sei stehen geblieben.

Seit den 1920er-Jahren ließen sich im Viertel verstärkt Korsen nieder, da Marseille für sie gewissermaßen das natürliche Einfallstor nach Frankreich darstellte. Gleichzeitig entwickelte sich Marseille zum Drehpunkt des Schwarzhandels und Klientelismus. Das korsische Netzwerk war weitverzweigt bis in die Kolonien. Die Korsen wie auch die italienischen Einwanderer schätzten das dörfliche Flair und die mediterran verwinkelte Architektur des Viertels. Auch der Schriftsteller Jean-Claude Izzo war ein Kind des Panier. Er wurde 1945 als Sohn einer in der Rue des

Pistoles aufgewachsenen Näherin und eines italienischen Immigranten geboren, der sein Geld in einem Lokal an der Place de Lenche als Kellner verdiente.

Zwar gibt es im verwinkelten Panier noch streunende Katzen, aber es ist unübersehbar, dass das Viertel einem starken Wandel unterworfen ist. Die Zeiten, als man sich als Tourist im Panier unwohl fühlte, sind schon lange vorbei. Graffitis und Zeitgeist sind eingezogen, die Mieten haben spürbar angezogen. Die Wohnungen werden nicht mehr an Immigranten, sondern über Airbnb an Touristen vermietet. Die Gentrifizierung ist nicht zu übersehen, auch wenn noch die eine oder andere Ratte durch die Gasse huscht. Viele Einheimische fürchten, dass aus dem Panier ein zweites Montmartre werden könnte.

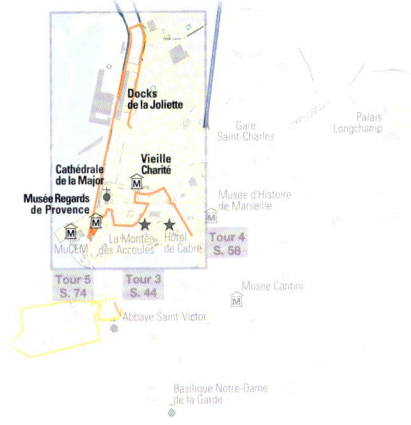

Am westlichen Rand des Panier erhebt sich nicht nur die mächtige Kathedrale, sondern erstrecken sich mit den Docks de la Joliette die ehemaligen Hafenanlagen, die Einblick in die maritime Vergangenheit der Stadt gewähren.

Marseille im Kasten

Euroméditerranée – Marseille baut um

Der französische Staat investierte seit Ende der 1990er-Jahre die gigantische Summe von sieben Milliarden Euro, um das heruntergekommene Hafenviertel La Joliette aufzupeppen und Marseille zu helfen, seine traditionelle Mittlerfunktion zwischen Europa und Afrika zurückzugewinnen. Euroméditerranée gilt damit als das größte Stadtentwicklungsprojekt Europas. Im Rahmen der Arbeiten wurden die alten Speicherhäuser renoviert und die gesamte Küstenfront umgestaltet. Industriegebiete wurden restauriert, ein neues Einkaufszentrum namens Les Terrasses du Port entstand und ein Getreidesilo wurde in eine Konzerthalle umgewandelt, Wohnraum wurde ebenso geschaffen wie Büroflächen. Die Neugestaltung des Vieux Port durch Norman Foster und der Ausbau der Friche de Belle de Mai – einer ehemaligen Tabakmanufaktur – in ein Kunst- und Kulturzentrum sind ebenfalls Teil dieses Projektes. Investiert wurde aber auch in die Verkehrsinfrastruktur, in Grünzonen sowie Freizeit- und Erholungseinrichtungen. Optisch besonders markant ist der von der britisch-irakischen Architektin Zaha Hadid für eine Reederei errichtete 147 m hohe Wolkenkratzer CMA CGM Tower mit seiner an ein zugeknöpftes Jackett erinnernden Glasfassade. Weitere moderne Hochhäuser folgten, zuletzt die von Stararchitekt Jean Nouvel entworfene 135 m hohe Tour La Marseillaise.

www.euromediterranee.fr

Tour 2: Panier und La Joliette

100 m.

Spaziergang

Wir beginnen den Spaziergang am unteren Ende der *Rue de la République*. Dieser auf dem Reißbrett geplante und im Pariser Haussmann-Stil errichtete Straßenzug wurde 1864 unter dem Namen „Rue Impériale" eröffnet und schuf eine schnurgerade Verbindung zwischen dem Vieux Port und dem neuen Hafen La Joliette. Dafür wurde eine Schneise durch das damals aufmüpfige und baufällige Arbeiterviertel Saint Martin geschlagen: 16.000 Menschen mussten umgesiedelt, 935 Häuser zerstört, der historische Straßenverlauf verändert und ein Teil des Hügels abgetragen werden. Innerhalb weniger Jahre entstand nach Pariser Vorbild eine prächtige Wohnstraße mit repräsentativen Häusern samt umlaufenden schmiedeeisernen Balkonen. Die Wohnungen waren jedoch anfangs schwer zu vermieten, da das Bürgertum den Süden von Marseille favorisierte. Noch zu Beginn des 21. Jh. gab es daher viel Leerstand zu beklagen, die Wohnungen waren zudem in einem schlechten Zustand. Erst im Zuge des Euroméditerranée-Projektes (→ *Euroméditerranée – Marseille baut um*, S. 31) setzte ein Wandel ein, wobei Investoren die Mieter im Zuge der Renovierungsmaßnahmen teilweise gezielt verdrängten. Die Bürgerinitiative „Centre Ville Pour Tous" verhinderte Schlimmeres. Heute befinden sich im Erdgeschoss der Häuser Boutiquen und Filialen von internationalen Modeketten. An einer Stelle verbreitert sich die Straße zur Place des Prêcheurs und gibt den Blick auf die Fassade der Kirche *Saint-Cannat* frei. Das 1619 geweihte Gotteshaus mit seiner barocken Fassade überstand die städtebaulichen Veränderungen unbeschadet und blieb erhalten.

Bei der Hausnummer 51 verlassen wir die Rue de la République und gehen durch die *Passage de Lorette* – man sollte sich von dem etwas muffigen Geruch nicht irritieren lassen. Wir durchqueren den dunklen, heruntergekommenen Innenhof mit den sechsstöckigen Häusern und steigen die Treppe zur Rue de Lorette hinauf. Schon Walter Benjamin bezeichnete die Passage 1930 als „Totenkammer der Stadt". Der Name der Straße und der Passage erinnert noch an das 1785 abgerissene Kloster Notre-Dame de Lorette.

In der Rue de Lorette befindet man sich am östlichen Rand des Panier-Viertels. Hier herrscht eine ganz andere Stimmung als unten in der Rue de la République. Das Viertel mit seinen schmalen Gassen und den vielen kleinen Geschäften und Lokalen lässt sich wunderbar individuell erkunden. Die Rue de Lorette führt vorbei am etwas zurückversetzten Tour du Couvent, dem 1547 errichteten Glockenturm eines ehemaligen Klosters, zur Rue de la Charité. Mit der 1986 abgeschlossenen Renovierung der **Vieille Charité** begann die Wiederentdeckung des Panier-Viertels. Das ehemalige Armenspital beherbergt mit dem **Musée d'Archéologie Méditerranéenne** und dem **Musée d'Arts Africains, Océaniens, Amérindiens** zwei sehenswerte Museen, die immer wieder ansprechende Sonderausstellungen zeigen.

Panier und La Joliette → Karte S. 32

Bunte Fassaden

Schnurgerade: die Rue de la République

Gegenüber der Vieille Charité gibt es einen großen Platz, doch wir gehen halb rechts durch die nette Rue de Petit Puits, die direkt zu der an einer Ecke gelegenen „Bar des 13 Coins" führt. Die Kneipe kennt fast jeder Franzose aus dem Fernsehen, da in dem auch „Bar du Mistral" genanntem Lokal viele Protagonisten der französischen Fernsehserie *Plus belle la vie* aufeinandertreffen. Diese beliebte, seit 2004 großteils in einem Studio in Marseille gedrehte Seifenoper – sie wird täglich von Montag bis Freitag auf *France 3* ausgestrahlt und ähnelt der deutschen *Lindenstraße* – spielt in einem fiktiven Marseiller Stadtteil namens Le Mistral, hinter dem sich aber unverkennbar das Panier-Viertel verbirgt. Nicht nur für Boulefreunde lohnt sich deshalb ein Besuch der der Bar gegenüberliegenden **Maison de la Boule**, die in ihrem Souvenirladen auch diversen Nippes zur Serie verkauft. Die Gegend rund um das Panier-Viertel ist darüber hinaus Schau-

platz der Netflix-Serie *Marseille*, in der Gérard Depardieu als korrupter und machtverliebter Bürgermeister brilliert.

Hier, an der Place des 13 Cantons, stößt man auch auf das westliche Ende der Rue du Panier, die dem Viertel seinen Namen gab und als inoffizielle „Hauptstraße" gilt. Wir gehen die Straße entlang, bis rechter Hand die Treppen der Rue des Moulins zur Place des Moulins hinaufführen, dem höchsten Punkt des Viertels. Hier drehten sich einst 15 Windmühlen, von denen heute noch zwei erkennbar sind. Über die Montée des Accoules, wo sich auch das Kindermuseum **Préau des Accoules** befindet, das einen bemerkenswerten kunstpädagogischen Ansatz verfolgt, geht es hinunter zur Place de Lenche mit ihren zahlreichen Restaurants. Der Name des Platzes geht übrigens auf eine korsische Familie zurück, die durch den Handel mit Korallen zu Wohlstand gekommen war und sich hier einen Stadtpalast errichten ließ.

Über die Rue de la Cathédrale geht es zur Kathedrale von Marseille. Schon bald schiebt sich das mächtige Kirchenschiff der **Cathédrale de la Major** in den Blick. Die Kirche ist umgeben von einer großen Terrasse, die auf einem Gewölbe ruht. Seit 2014 befinden sich in den zum Hafen hin geöffneten Arkaden, die früher als Lagerräume dienten, Restaurants und Boutiquen. Durch diese Baumaßnahmen wurde der Boulevard du Littoral, den man über eine moderne Treppe erreicht, belebt und ist zur kleinen Flaniermeile geworden. In unmittelbarer Nachbarschaft befinden sich das **Musée Regards de Provence** in der früheren Gesundheitsstation des Marseiller Hafens, das sich mit Wechselausstellungen regionaler Künstler seit der Eröffnung 2013 einen Namen macht, sowie die ebenfalls 2013 eröffnete futuristische **Villa Méditerranée**, ein dem Mittelmeerraum gewidmetes Kulturzentrum, die von Weitem einem überdimensionalen Sprungbrett gleicht.

Wer will, kann natürlich auch das MuCEM (→ Tour 1, S. 25) besichtigen und zum Alten Hafen zurückkehren. Interessant ist aber ein Spaziergang weiter nach Norden zur Place de la Joliette, auf der an Werktagen vormittags ein Wochenmarkt abgehalten wird, und zu den zwischen 1858 und 1863 erbauten, heute renovierten **Docks**

de la Joliette mit ihren beeindruckenden Speicherhäusern, in die Büros, Galerien, Modeboutiquen und Restaurants eingezogen sind. Direkt gegenüber befindet sich das ultramoderne Einkaufszentrum *Les Terrasses du Port*, das sich mit seinem Angebot an die hohe Kaufkraft der Kreuzfahrttouristen richtet. Ein Abstecher auf die 260 m lange Aussichtsterrasse der Shoppingmall lohnt sich, da es dort nicht nur Restaurants, sondern vor allem einen tollen Hafenblick gibt. Deutlich zu erkennen ist auch die Mehrzweckhalle und Konzertbühne namens *Le Silo*: Der 1927 errichtete Getreidesilo erinnert daran, dass es in Marseille einst 45 Nudelfabriken gab, und beherbergt heute 2000 Zuschauerplätze.

Ein kleines Stück weiter auf der anderen Seite befindet sich der **FRAC**, ein Zentrum für regionale zeitgenössische Kunst, der in einem bemerkenswerten, auf einem außergewöhnlichen Grundriss errichteten Galeriebau untergebracht ist. Auf dem Weg dorthin passiert man die 18 m hohe orangefarbene Skulptur „Second Nature" von Miguel Chevalier und Charles Bové. Der ganze nördliche Hafenbereich wurde im Rahmen des städtebaulichen Großprojektes Euroméditerranée architektonisch und strukturell aufgewertet. Über die Rue de la République kommt man schnell ins Zentrum zurück.

Panier und La Joliette → Karte S. 32

Sehenswertes

Vom Armenhaus zum Kulturzentrum

Vieille Charité

Im 17. Jh. sah sich Marseille mit einer ständig zunehmenden Zahl von Armen und Bettlern konfrontiert. Die Stadt entschloss sich zum Bau eines Armenspitals und erwarb hierzu unweit der Kathedrale ein Grundstück. Nach diversen Anlaufschwierigkeiten wurde

1670 der aus Marseille stammende Pierre Puget mit dem Bau beauftragt. Puget, einer der renommiertesten zeitgenössischen Architekten, schuf einen imposanten, nach außen hin abgeschlossenen vierflügeligen Komplex, der sich zum Innenhof mit drei übereinanderliegenden Reihen von Arkaden öffnet. Der Innenhof wird von einer prachtvollen Barockkapelle mit elliptischer Kuppel ausgefüllt; der

Der Innenhof der Vieille Charité

Kapelle wurde 1863 allerdings noch eine Fassade im klassizistischen Stil vorgeblendet.

Nach der Revolution diente die Vieille Charité ein Jahrhundert lang als Alters- und Kinderheim, nach einer kurzen Nutzung als eine Art Lager für schwarze Kolonialtruppen im Ersten Weltkrieg wurde der Bau als Notunterkunft für die Opfer der Zerstörung des Hafenviertels sowie als Unterkunft für sozial schwache Familien verwendet. Auf Initiative des berühmten Architekten Le Corbusier wurde die Charité, die mehr und mehr zu verfallen drohte, 1951 unter Denkmalschutz gestellt. Es sollten allerdings nochmals zwei Jahrzehnte vergehen, bis die umfangreichen Renovierungsarbeiten aufgenommen und 1986 abgeschlossen werden konnten. Heute dient das Gebäude als interdisziplinäres Zentrum für Kultur und Wissenschaft, die Kapelle wird für Sonderausstellungen genutzt. Der Seitenflügel birgt das Musée d'Arts Africains, Océaniens, Amérindiens sowie das Musée d'Archéologie Méditerranéenne, im Innenhof gibt es zudem ein schö-

nes Café sowie eine gut sortierte Fachbuchhandlung.

2, rue de la Charité. http://vieille-charite-marseille.com.

Antike Kunst aus dem Mittelmeerraum

Musée d'Archéologie Méditerranéenne

Die früher im Château Borély beheimatete Sammlung zählt zu den wichtigsten ihrer Art. Seit dem Umzug in den ersten Stock der Charité hat das Museum durch die attraktive Präsentation noch an Anziehungskraft gewonnen. Besonders eindrucksvoll sind die Exponate der ägyptischen Abteilung – es handelt sich um die nach dem Louvre bedeutendste Sammlung in Frankreich –, darunter auch schaurig-faszinierende Mumien. Vervollständigt wird die Dauerausstellung durch Objekte aus der griechischen, etruskischen und keltoligurischen Vergangenheit des Mittelmeerraums.

2, rue de la Charité. Juni–Sept. tgl. außer Mo 10–19, sonst tgl. außer Mo 10–18 Uhr. Eintritt 5 €, erm. 3 €.

Drei Kontinente in einem Museum

Musée d'Arts Africains, Océaniens, Amérindiens

Neben Paris ist Marseille die einzige Stadt Frankreichs, die Kunstwerke aus dem ozeanischen, afrikanischen und amerikanischen Kulturraum in einem Museum präsentiert. Erst im 20. Jh. begann man in Europa, diese drei Kontinente als Ort künstlerischen Schaffens wahrzunehmen. Die Dauerausstellung zeigt zahlreiche Exponate, darunter Totenmasken, Schmuck und Schrumpfköpfe. Zudem gibt es eine Sammlung populärer mexikanischer Kunst.

2, rue de la Charité. Juni–Sept. tgl. außer Mo 10–19, sonst tgl. außer Mo 10–18 Uhr. Eintritt 5 €, erm. 3 €.

Ein Museum für Boulefans

Maison de la Boule

Hinter einer blauen Fassade dreht sich alles um die beliebten Metallkugeln. Boule – bzw. *pétanque* oder *jeu provençal* – genießt nicht nur in Marseille Kultstatus. Das Museum wird von dem Boulehersteller La Boule Bleue betrieben und beherbergt eine ansprechende Ausstellung. Und wer Lust auf eine Partie Boule bekommt: Es gibt sogar eine kleine Boulebahn.

4, place des 13 Cantons. Mi–So 10–18 Uhr. Eintritt frei. http://museedelaboule.com.

Spielraum für die Kunst

Préau des Accoules

Untergebracht im neoklassizistischen Saal der alten Académie de Marseille ist ein spezielles Kindermuseum, das jährlich nicht nur zwei pädagogisch interessante Ausstellungen präsentiert, sondern die jugendlichen Besucher mit unkonventionellen Mitmachaktionen und jeder Menge Spaß spielerisch an wechselnde Kunstthemen heranführt.

29, montée des Accoules. Di–Fr nur nach Voranmeldung. Eintritt frei. ☎ 0491915206.

Monumentale Vorzeigekirche

Cathédrale de la Major

Als sich die katholische Kirche im 19. Jh. entschloss, einen imposanten, repräsentativen Neubau neben der alten Kathedrale in Auftrag zu geben, geschah dies weniger, um einer gestiegenen Bevölkerungszahl Rechnung zu tragen, vielmehr versprachen sich die Kirchenoberen von dem im romanisch-byzantinischen Stil ausgeführten Bau eine Signalwirkung in doppelter Hinsicht: Zum einen sollte den aus dem Orient und Asien kommenden Schiffen deutlich gemacht werden, dass sie in Marseille christlichen Boden betreten. Zum anderen wollte man nach den antiklerikalen Stürmen der Revolution wieder die katholische Kirche fest in der Gesellschaft verankern, weswegen auch Kaiser Napoléon III. 1852 selbst den Grundstein legte. Seit dem Mittelalter war dies der größte französische Kirchenbau, für dessen Fundamente eine riesige Terrasse errichtet wurde.

Panier und La Joliette → Karte S. 32

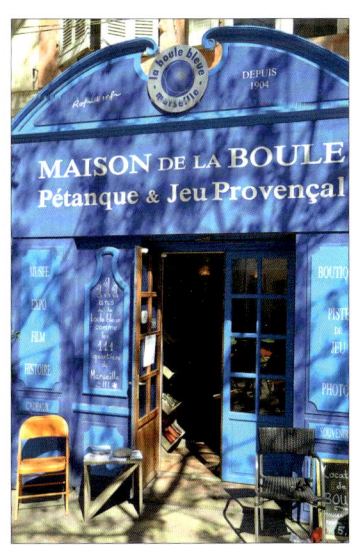

Das Mekka der Boule-Freunde

Allerdings fand das überdimensionale Bauwerk nicht die ungeteilte Zustimmung; Walter Benjamin sprach angesichts der 142 m langen Kirche von einem „Religionsbahnhof" und befand: „Schlafzüge in die Ewigkeit werden zur Messezeit hier abgefertigt." Zur Seite gedrückt – fast könnte man von „erdrückt" sprechen – wurde der romanische Vorgängerbau, ein kunstgeschichtlich nicht unbedeutender Sakralbau aus dem 12. Jh., der auf ein spätantikes Baptisterium zurückgeht. Im Zuge des Neubaus scherte sich niemand um das „wertlose" Relikt vergangener Zeiten und verkürzte das Gebäude kurzerhand um zwei Joche.

Die Kathedrale selbst ist eine dreischiffige Emporenbasilika, deren mächtige Vierungskuppel rund 60 m in die Höhe ragt. Ungewöhnlich ist die von einem Kapellenkranz umrahmte Apsis, die typisch für Pilgerkirchen ist. Die vielen Kuppeln erwecken einen byzantinischen Gesamteindruck. Ebenso ungewöhnlich für Südfrankreich ist der streifenweise angeordnete Wechsel von hellen und dunklen Steinen, der sich im Inneren fortsetzt.

Place de la Major. Tgl. außer Di 10–17.30/ 18.30 Uhr.

Provenzalische Kunst

Musée Regards de Provence

In unmittelbarer Nähe zum MuCEM (→ Tour 1, S. 25) wurde das ehemalige Militärlazarett zu einem Museum für moderne und zeitgenössische Kunst umgebaut. Das Gebäude wurde 1948 von dem bekannten französischen Architekten Fernand Pouillon errichtet und zählt inzwischen zum Kulturerbe des 20. Jh. Zum rund 850 Exponate umfassenden Fundus des Museums gehören Werke von Dufy, Friesz, Joseph Garibaldi, Guigou, Henry d'Arles, Lacroix de Marseille, Lhote und Monticelli. Gezeigt wird aber nicht die eigene Sammlung, das Museumskonzept sieht vielmehr Sonderausstellungen vor, die die Arbeiten regionaler Künstler präsentieren oder die Provence zum Thema haben. Die Bedeutung, die das Gebäude als *station sanitaire* (Quarantänestation) hatte, würdigt eine 45-minütige szenografische Dauerausstellung der beiden Künstler Dominik Barbier und Anne Van den Steen. Sie beschäftigt sich mit der Zeit, als hier noch die Immigranten medizinisch untersucht und ihre Kleider vorsorglich gewaschen wurden. Auf dem Dach gibt es ein schönes Panoramacafé.

Allée Regards de Provence. Tgl. außer Mo 10–18 Uhr. Eintritt 6,50 €, erm. 5,50 €. http:// museeregardsdeprovence.com.

Imposant: Cathédrale de la Major

Kühne Statik

Villa Méditerranée

Das markante Gebäude neben dem MuCEM spannt sich in einem spektakulären Überhang über ein künstliches Wasserbecken. Herausgefordert durch die Nachbarschaft des MuCEM, entwarf der italienische Architekt Stefano Boeri dieses 70 Millionen Euro teure Prestigeobjekt als Kultur- und Kongresszentrum, das sich dem „internationalen Dialog und Austausch im Mittelmeerraum" widmet. Es beherbergt neben Ausstellungsflächen und Konferenzräumen ein sensationelles Unterwasserauditorium mit 400 Plätzen.

Esplanade du J4. Di–Fr 12–18, Sa und So 10–18 Uhr. Eintritt frei. http://villa-mediterranee.org.

Die renovierten Dockanlagen

Glanzstück der neuen Hafenfront

Docks de la Joliette

Zu Beginn des 19. Jh. geriet der Vieux Port an seine Kapazitätsgrenzen. Da der Handelsumsatz zunahm und die Dampfschiffe immer größer wurden, beschloss man, im Norden der Stadt einen modernen Hafen zu errichten. Im Jahr 1853 fand die Eröffnung der neuen Hafenanlagen statt. Die Schiffe wurden nun nicht mehr mit Schubkarren und Lastenträgern gelöscht, sondern mit beweglichen Kränen, die ihre Fracht auf Eisenbahnwagons verluden. Ende des 19. Jh. besaß Marseille den viertgrößten Hafen der Welt!

Der 365 m lange, sechsstöckige Speicherkomplex schiebt sich wie ein langer Riegel vor die Meeresfront. Er wurde von 1858 bis 1863 von Gustave Desplaces errichtet, der sich an englischen Vorbildern orientierte, wobei er die fünf Lagerhäuser jeweils um einen zentralen Innenhof gruppierte. Hinzu kam ein imposantes Verwaltungsgebäude im Stil Louis XIII. Weltweit wurden dann aber die Lagerhäuser in der zweiten Hälfte des 20. Jh. durch den zunehmenden Containerverkehr obsolet – ein Schicksal, das auch die Docks de la Joliette ereilte. Ab 1991 erfolgte der sehr gelungene Umbau der leer stehenden Docks durch den Architekten Éric Castaldi, der die Lagerhallen entkernte und in einen modernen Bürokomplex mit Läden, Cafés und Restaurants verwandelte. Dabei bewahrte er die alte Ziegelsteinarchitektur und schloss die vier Innenhöfe jeweils mit einem Glasdach ab. Die unterschiedlich gestalteten, einem der vier Elemente zugeordneten Höfe vermitteln Atriumsatmosphäre.

Quai du Lazaret. Métro 2: La Joliette. Tgl. ab 10 Uhr. http://lesdocks-marseille.com.

Museum mit Wiedererkennungswert

FRAC

Ein ungewöhnliches Forum für die zeitgenössische Kunst, das mit Wechselausstellungen bespielt wird, ist der FRAC. Die Abkürzung steht für Fonds Régional d'Art Contemporain, eine 1982 gegründete Initiative für die regionale Kunst in Frankreich. Landesweit gibt es rund zwei Dutzend dieser Kunstzentren, die sich dem Ankauf und Aufbau einer Kunstsammlung sowie deren Präsentation widmen.

Um das außergewöhnliche Ausstellungsgebäude der Marseiller Filiale richtig würdigen zu können, muss man einen gewissen Abstand halten. Der Entwurf des 2013 eröffneten Galeriebaus stammt von dem japanischen Architekten Kengo Kuma, der sich von Le Corbusier inspirieren und das auf einem ungewöhnlichen Grundriss errichtete Bauwerk durch schwebende Gänge verbinden ließ. Er verzichtete zudem weitgehend auf trennende Innenmauern. Auffallend sind die in das Gebäude eingeschnittene Terrasse sowie die unruhige Pailletten-Fassade aus Glastafeln. Das FRAC beherbergt neben zwei Galerien eine Cafeteria und eine Buchhandlung.

Skulptur "Second Nature" und FRAC

20, boulevard de Dunkerque. Métro 2: La Joliette. Di–Sa 12–19, So 14–18 Uhr. Eintritt 5 €, erm. 2,50 €, sonntags Eintritt frei. http://fracpaca.org.

Praktische Infos

→ Karte S. 32

Restaurants

Bar aux 13 Coins 🔢, eine für das Panier-Viertel typische Vorstadtkneipe mit schattiger, großer Terrasse, die durch die französische Fernsehserie *Plus belle la vie* bekannt wurde. Zu essen gibt es nur kleine Speisen, neben warmen und kalten Bruschette auch diverse Salate und Burger für 10–14 €. Tgl. 7–22 Uhr. 45, rue Sainte-Françoise. ☎ 0491915649.

Rita & L'Encre Noire 🔢, ein etwas schräg anmutender Coworking-Shop mit einem Café-Restaurant und einem Tattoo-Shop. Hauptgerichte 11 €. Kleine Straßenterrasse. Mi–Sa 10.30–18.30 Uhr. 36, rue Sainte-Françoise. ☎ 0649459252.

Au Coeur du Panier 🔢, „Name und Adresse verraten bereits die Lage mitten in einer der typischen, schmalen Gassen des Panier-Viertels, auf der bei entsprechender Witterung einige Tische ‚eingedeckt' werden. Ob der überschaubaren Anzahl an Plätzen und guten Auslastung ist eine Tischreservierung dringend erforderlich. Höfliches, unaufdringliches Personal (mit Englischkenntnissen), vergleichsweise überschaubare Karte mit Speisen von wirkliche hervorragender Qualität. Preis der Portionsgröße und vor allem der Qualität angemessen, aber keinesfalls überteuert", schrieb uns ein Leser. So und Montagabend geschl. 18, rue du Panier. ☎ 0491916580.

Entre Terre & Mer 🔢, direkt gegenüber findet sich hinter einer mehr als pittoresken Fassade mit der Aufschrift „Au Vieux Panier" eine nette kleine Adresse für Liebhaber von Meeresfrüchten. *Assiette de mer* 17 €, zwölf

Austern 18 €. Mo, Dienstag- und Mittwochmittag geschl., im Juli und Aug. kein Ruhetag. 13, rue Panier. ☏ 0491351159.

Ahwash , dieser Concept-Store nennt sich Cantine, Shop & Galerie. In dem bunt zusammengewürfelten Ambiente wird eine arabisch inspirierte Kost serviert, so beim *Tajine de poulet aux olives et citrons confits* für 14 €. Witzige Straßenterrasse, im Inneren dominiert das Mobiliar im Vintage-Style. Sonntagabend und Mo geschl. 54, rue de la Lorette. ☏ 0491440460, http://ahwash-marseille.com.

L'Ave Maria , Laure und Jeff führen diese beliebte Weinbar mit der bunten Fassade. Zu essen gibt es meist kleinere Gerichte. Am Donnerstagabend finden häufig Jazzevents statt. Di und Mi 11–21, Do–Sa 11–23 Uhr. 34, rue du Petit Puits. ☏ 0488643382, https://de-de.facebook.com/avemariamassilia.

Marafiki , der große Pluspunkt des mitten im Panier-Viertel gelegenen kongolesischen Lokals sind die große Außenterrasse und das afrikanische Flair. Lecker war der gegarte Wolfsbarsch mit Zwiebeln und Paprika, dazu gab es Kochbananen. Bei anderen Gerichten, so beim *Liboké*, wird in Bananenblättern zubereitetes Kalbfleisch mit Yamspüree gereicht. Vernünftige Preise. Mo Ruhetag. 24, rue de Refuge. ☏ 0609764652.

Refuge , direkt nebenan gibt es noch ein Lokal mit französischer Küche und der gleichen Aussichtsterrasse. Wie wäre es mit einem *Salade de poulpe* (Tintenfischsalat) als Vorspeise und danach einem Lamm mit Rosmarin? Mittagsmenü 12 €, Hauptgerichte 15 €, Vorspeise und Dessert je 6 €. Tgl. außer Di mittags, Do–Sa auch abends geöffnet. 22, rue de Refuge. ☏ 0981064648, http://lerefugedupanier.com.

Mein Tipp **Etienne** , nicht weit von der Vieille Charité entfernt, begeistert die Pizzeria mit einem Ambiente, das an einfache italienische Trattorien erinnert. Die Küche ist von außerordentlicher Qualität, die hausgemachten Cannelloni lassen einen dahinschmelzen. Pizzen ab 10 €, *Plat du jour* 15 €. Es gibt kein Telefon, Reservierungen sind nicht möglich, Kreditkarten werden nicht akzeptiert. So Ruhetag, im Aug. Betriebsferien. 43, rue de la Lorette. Hinweis: Das Lokal ist von der Rue de la République aus über die Passage de Lorette zu erreichen.

Le Palais de la Major , ein modernes Restaurant, in den Gewölben eines neobarocken Gebäudes unterhalb der Kathedrale. Es gibt eine anspruchsvolle Bistroküche (Hauptgerichte 20–30 €), bevor sich das Lokal am späten Abend zu einem Hotspot mit DJ und Livemusik-Acts verwandelt. Wer will, kann tagsüber aber auch nur einen Kaffee trinken. Große Straßenterrasse. Mo–Mi 8.30–2, Do–So 8.30–5 Uhr. 2, place Albert Londres. ☏ 0491441313, http://palais-de-la-major-restaurant-marseille.com.

Au Lamparo , auf Fischgerichte spezialisiertes Restaurant im Panier-Viertel, seit 1973 in Familienbesitz. Große Straßenterrasse mit Blick hinunter zum Vieux Port. Menüs zu 25 und 36 €. Mo Ruhetag, in der NS abends geschl. 4, place du Lenche. ☏ 0491909029, http://aulamparo.fr.

Un Petit Cabanon , nicht nur die Einrichtung des Restaurants, auch die Präsentation der Speisen sind eine Freude für das Auge. Lecker ist der Seeteufel (*lotte*) mit Jamaikapfeffer, wer richtig Hunger hat, bestellt ein Simmental-Rind mit Kartoffelbrei für zwei Personen. Mittagsmenü 22 €, weitere Menüs für 26, 29 und 46 €. Mo–Fr mittags, Do–Sa auch abends geöffnet. 63, avenue Robert Schumann. ☏ 0491900153, http://un-petit-cabanon.lafourchette.rest.

Noch ist die Weinbar geschlossen

Panier und La Joliette → Karte S. 32

Noodles Chôp 🎱, moderner, günstiger Asia-Imbiss in der Nähe der Place de la Joliette. Straßenterrasse. Menüs von 7,90 bis 13,50 €. Mo–Fr 11–15 Uhr. 57, rue de Forbin. ✆ 0491318634, http://noodleschop.com.

Dakao 6️⃣, in den historischen Dockanlagen wird leckeres Asian Street Food zu günstigen Preisen angeboten. Lecker ist das *Chirashi* mit Lachs und Thunfisch für 9,95 €. Mittagsmenü 11,90 €. Straßenterrasse. Tgl. 10–22.30 Uhr. 10, place de la Joliette. ✆ 0491930997, http://dakao.fr/dakao-docks-village.

🍃 **Be Organic** 4️⃣, ein paar Meter weiter gibt es leckere Biokost mit einem angegliederten Feinkostladen. Modernes Ambiente, Straßenterrasse. Kein Ruhetag. 10, place de la Joliette. ✆ 0413941160.

Albertine Passédat 3️⃣, auch der Sternekoch Gérald Passédat betreibt in den historischen Docks eine Filiale. Hohe Kochkunst, perfekt zubereitet und freundlich serviert. Menü zu 49 €. Straßenterrasse. So, Mo, Mittwochabend und Samstagmittag geschl. Rue des Docks, Eingang D. ✆ 0491357515, http://albertine-passedat.com.

Cafés

Starbucks 1️⃣2️⃣, die bekannte amerikanische Cafékette hat auch ihren Weg nach Marseille gefunden. Wer den langweiligen französischen *Café crème* nicht mehr trinken mag, wird hier bei einer *Latte macchiato* glücklich werden. Straßenterrasse. Tgl. 7.30–20, Sa ab 8, So ab 9 Uhr. 17, rue de la République.

Le Charité 1️⃣5️⃣, einladendes und günstiges Café im Innenhof der Vieille Charité. Salate 7 €, *Plat du jour* 10 €. Tgl. außer Mo 10–17 Uhr. 2, rue de la Charité.

Einkaufen

Panier des Créateurs 1️⃣9️⃣, eine kleine Boutique mit Taschen, Modeaccessoires und Dekoartikeln. Tgl. 10.30–19 Uhr. 11, rue Rodillat. http://lepanierdemarseille.com/panier-des-createurs.

Boutique Ephémére 2️⃣1️⃣, Mode, Kunst und Dekoartikel von lokalen Designern. Tgl. 11–19 Uhr. 20, rue du Panier. http://laboutique ephemere.fr.

Wooden Gallery 2️⃣0️⃣, ein Laden für „schöne Dinge", direkt unterhalb der Kathedrale. Neben Dekoartikeln gibt es aber auch praktische Sachen wie Sonnenbrillen. Tgl. 11–19 Uhr. 38, quai de la Tourette. http://woodengallery-concept.com.

Étoile Errante 1️⃣8️⃣, verspielte selbst produzierte Keramik. Tgl. 10–13 und 14–19 Uhr, im Winter So geschl. 20, rue des Pistoles.

Comptoir ó Huiles 2️⃣6️⃣, eine Olivenölboutique mit leckerem Mittagstisch, Hauptgerichte ca. 15 €. Straßenterrasse. Di–Sa 10–19 Uhr. 38, rue Sainte-Françoise. ✆ 0488640586, http://comptoir-o-huiles.com.

Naturalia 1️⃣0️⃣, ein großer Naturkostladen mit umfangreichem Angebot. Mo–Sa 10–20, So 9–14 Uhr. 75, rue de la République. http://naturalia.fr.

Sophie Ferjani – la sélection 1️⃣1️⃣, ein Concept-Store für Dekoartikel und moderne Büroeinrichtung. Di–Sa 10–19 Uhr. 45, rue de la République. http://la-selection.fr.

Les Docks de Marseille 2️⃣, die historischen Speicheranlagen beherbergen einen bunten Mix: Friseurgeschäfte, Cafés, Tee von Pào Chá, Boutiquen, Restaurants, Galerien und sogar einen Fahrradladen. Tgl. 10–19 Uhr. 10, place de la Joliette. http://lesdocks-marseille.com.

🍃 **Essentiel Lifestore** 1️⃣3️⃣, eine Boutique für vegane Mode, Kosmetikartikel und recycelte Produkte. Es gibt auch ein kleines Café mit wechselnden Biogerichten, das sich dem „Zero-Waste-Prinzip" verschrieben hat. Tgl. 10–19 Uhr. 44-46, quai de la Tourette. http://essentiel-lifestore.com.

Les Terrasses du Port 5️⃣, modernes Einkaufszentrum mit mehr als 150 Geschäften (von Adidas bis Zara) und Restaurants auf 54.000 m², direkt am Kreuzfahrthafen. Der Clou: Eine 260 m lange Dachterrasse mit Panoramablick auf die einlaufenden Schiffe. Tgl. 10–20 Uhr. 9, quai du Lazaret. http://lesterrasses duport.com.

Marché Joliette 7️⃣, auf der Place de la Joliette findet Mo–Fr von 8–14 Uhr ein beliebter Wochenmarkt statt.

Marché aux Puces 1️⃣, noch einen Kilometer weiter nördlich findet ein großer bunter Trödelmarkt statt. Di–So 6–19 Uhr. 130, chemin de la Madrague de la Ville. http://centrecommercial lespuces.com.

Panier und La Joliette → Karte S. 32

Unterhalb von Notre-Dame

Tour 3

Das Südufer des Vieux Port
erstreckt sich hinauf bis zur
Wallfahrtskirche Notre-Dame de la
Garde. Ein buntes und lebendiges
Viertel mit vielen Restaurants und
Einkaufsmöglichkeiten.

● **Musée Cantini**, eindrucksvolles
Museum mit moderner Kunst,
S. 48

● **Basilique Notre-Dame de la Garde**,
das Wahrzeichen der Stadt, S. 49

● **Abbaye Saint-Victor**, ein Kloster
mit imposanter Krypta, S. 50

Hafen und Notre-Dame de la Garde

Südlich des Vieux Port

Das Südufer des Vieux Port wurde erst
vergleichsweise spät besiedelt. Ursprünglich befand sich hier ein berüch-
tigtes Galeerenarsenal, das der französische König Charles VIII. ab 1488
errichten ließ. Ludwig XIV. ließ den
Galeerenstandort in Marseille schließlich zum *Grand arsenal des galères* ausbauen, der sich über eine Fläche von
18 ha erstreckte.

Erst durch die Verlagerung des Galeerenarsenals nach Toulon 1781 entstand
nach der Trockenlegung am Rive
Neuve ein neuer Stadtteil auf schach-
brettartigem Grundriss mit Wohn- und
Lagerhäusern, die rund um den damaligen Canal de la Douane errichtet wurden. Es ist wahrscheinlich schwer vor-
stellbar, welch ein emsiges Treiben hier
einst geherrscht hat. Handelsschiffe
aus der ganzen Welt wurden entladen,
der Duft von fremden Gewürzen und
Essenzen lag in der Luft. Hunderte von
Männern schulterten Frachtsäcke, wu-
selten mit Tragegestellen, Gespannen
und Lastkränen durch die Gegend. Zu
Beginn des 20. Jh. war der Canal de la
Douane dann aber für die modernen
Handelsschiffe viel zu klein, zudem
galt das Terrain als stinkende Hafen-
kloake. Im Oktober 1927 wurde der
Kanal zugeschüttet, neue Straßen wurden gepflastert.

Im Zuge der Baumaßnahmen um das
Arsenal entstand auch in Richtung Rue
Paradis ein neuer Stadtteil. Reeder und
reiche Kaufleute ließen sich hier vornehme Stadtpaläste errichten. Heute
finden sich in dem Viertel vor allem die
Filialen der großen Modeketten, aber
auch noble Boutiquen wie in der Rue

Grignan. Hier trifft man zudem auf repräsentative Bauten wie den neoklassizistischen Palais de Justice mit seinem vorgelagerten Brunnen an der Place Monthyon oder die Préfecture des Départements Bouches-du-Rhône an der Place Félix Baret. Als kulturelles Highlight lockt das Kunstmuseum Musée Cantini. Die Straßen steigen nach Südwesten hin allmählich weiter an und ganz oben thront Notre-Dame de la Garde.

Spaziergang

Wir beginnen den Spaziergang an der südöstlichen Ecke des Alten Hafens, wo auch die Ausflugsboote zu den Frioul-Inseln und zum Château d'If abfahren. Markanter Eyecatcher ist das *L'Ombrière* genannte, 22 × 48 m große „Schattendach" auf schmalen Stützen. Es wurde vom britischen Stararchitekten Norman Foster entworfen und dient seit 2013 als luftiger Sonnen- und Regenschutz. Das mit hochglanzpoliertem Edelstahl verkleidete Dach reflektiert und intensiviert die im Laufe des Tages wechselnden Lichtstimmungen. Der Cours Jean Ballard, der Cours Honoré d'Estienne und die Place aux Huiles markieren den Verlauf des zugeschütteten Canal de la Douane. Vor allem der Cours Honoré d'Estienne d'Orves ist ein stimmungsvoller Straßenzug. Mit seinen zahlreichen Restaurants und Cafés hat er sich ebenso wie die Place aux Huiles seit Jahren als fester Anlaufpunkt im Nachtleben etabliert. Passend dazu steht auf der Place aux Huiles eine Bronzebüste für den 1874 in Marseille geborenen und vor allem für seine Chansons und Operetten bekannten Komponisten Vincent Scotto. Tagsüber geht hier und in den Lokalen rund

um die wohlproportionierte Place Thiars mit ihrem kleinen Brunnen halb Marseille zu Tisch.

Besonders stimmungsvoll ist am Cours Estienne d'Orves das Haus mit der Nummer 25. Es handelt sich um eine alte Lagerhalle, in der sich heute das Restaurant *Les Arcenaulx* mit einer angeschlossenen Kunstbuchhandlung befindet. Die *Capitinaire* (Hausnummer 23, heute ein Ibis-Hotel) erinnert noch daran, dass hier einst der Befehlshaber des Arsenals residierte. Im Nachbarhaus der Kapitanerie ist das **Maison de l'Artisanat et des Métiers d'Art** untergebracht, das bei freiem Eintritt neben thematischen Ausstellungen provenzalisches Kunsthandwerk präsentiert. Auch die Presse ist traditionell am Cours Estienne d'Orves zu Hause. So findet sich hier die Redaktion der Zeitung *La Marseillaise*. Früher war der Cours Sitz der legendären literarischen Zeitschrift *Les Cahiers du Sud*, die 1925 von Jean Ballard gegründet wurde. In ihr publizierten Surrealisten wie Antonin Artaud, René Crevel und Paul Eluard, aber auch Michel Leiris, Simone Weil, Marguerite Yourcenar, Paul Valéry und Walter Benjamin.

Marseille im Kasten

Galeerensträflinge – ans Ruder gekettet

Galeeren waren aufgrund ihrer Schnelligkeit und Wendigkeit ein ideales Instrument für den Seekrieg auf dem Mittelmeer. Im Gegensatz zur Antike, als meist freie Männer am Ruder saßen, fehlte es in der Frühen Neuzeit an Ruderern. Doch die Seerepublik Venedig wie auch der französische Staat wussten sich zu behelfen, sie schlugen gewissermaßen „zwei Fliegen mit einer Klappe": Verurteilte Straftäter, später dann Hugenotten oder kritische Zeitgenossen, wurden in bester römischer Tradition zum menschenverachtenden Dienst auf der Galeere verpflichtet. Hinzu kamen arabische Kriegsgefangene und Sklaven aus Schwarzafrika. Angekettet und mit Peitschenhieben angetrieben, mussten sie die wegen ihrer Beweglichkeit begehrten Galeeren zum Sieg rudern. Ein schreckliches Schicksal drohte – für manche war es aber wahrscheinlich auch die Erlösung –, wenn der Gegner das eigene Schiff leck geschossen hatte: Die angeketteten Galerensklaven wurden gnadenlos mit auf den Grund des Meeres gerissen. Die Zustände müssen unmenschlich, der Gestank muss unerträglich gewesen sein, denn die Sträflinge saßen bei jedem Wetter im Freien, Toiletten gab es nicht. Historischen Quellen zufolge starb zwischen 1685 und 1708 in Marseille die Hälfte aller Sträflinge auf den Galeeren oder im Arsenal. Zeitweise lagen über 40 Galeeren im Hafen mit bis zu 10.000 Galeerensträflingen, die in der kasernenartigen Anlage lebten. Als billige Arbeitskräfte mussten sie in ihrer Zeit an Land in den Werkstätten und Manufakturen des Arsenals für Marseiller Kaufleute und Unternehmer arbeiten, die die Sträflinge für ihre Seifenfabriken beschäftigten.

Über die Rue Saint-Saëns gelangt man zum Vorplatz der *Opéra de Marseille*, die 1787 ursprünglich im neoklassizistischen Stil errichtet wurde. Nachdem die Oper 1919 aufgrund eines Brandes weitgehend zerstört worden war, wurde sie 1923 als Art-déco-Bau wieder eröffnet. Abends sind die Kolonnaden der Fassade ansprechend illuminiert. Die städtische Oper genießt in Kulturkreisen einen ausgezeichneten Ruf. Die lang gestreckte Rue de Rome präsentiert sich als beliebte Fußgängerzone mit günstigen Modegeschäften, aber auch in der Rue Saint-Ferréol kann man gut shoppen (Galeries Lafayette, Zara etc.). Noblere Boutiquen wie Hugo Boss oder Louis Vuitton finden sich in der schnurgeraden Rue Paradis (übrigens mit 2870 m die zweitlängste Straße der Stadt) sowie in der *Rue Grignan*. In der Rue Grignan steht die hugenottische Kirche (Hausnummer 15), die 1825 mit einem Gottesdienst eröffnet wurde: Der im dorischen Stil errichtete Temple Grignan besitzt eine neoklassizistische Fassade, im Inneren präsentiert sich der von zwei Galerien eingefasste Bau – wie für hugenottische Kirchen üblich – weitgehend schmucklos, da sich die Aufmerksamkeit einzig auf die Verkündung von Gottes Wort richten soll. Nur zwei Häuser weiter befindet sich mit dem **Musée Cantini** eines der ansprechendsten Kunstmuseen der Stadt. In der Rue Grignan wie auch in der parallel verlaufenden, zur Abbaye Saint-Victor führenden Rue Sainte gibt es zahlreiche Restaurants der unterschiedlichsten Ausrichtung. Egal, ob spanische Tapas, mexikanische Küche oder Haute Cuisine – hier wird jeder kulinarisch glücklich.

Für alle, die gut zu Fuß sind, beginnt dann bei einem Kreisverkehr am Ende der Rue Grignan der schweißtreibende Aufstieg zur Wallfahrtskapelle Notre-Dame de la Garde. Der *Boulevard André-Aune* ist mit einer Steigung von 14 Prozent eine der steilsten Straßen von Marseille. Es gibt Bilder im Internet, die zeigen, wie Skifahrer die tief verschneite Straße am 7. Januar 2009 hinuntergefahren sind. Ein richtiges Sportevent fand hier am 22. Juli 2017 statt, als die Radfahrer der Tour de France die Straße beim Zeitfahren bergauf bewältigen mussten. Nach einer guten Viertelstunde erreicht man die **Basilique Notre-Dame de la Garde**. Der Aufstieg ist beschwerlich, doch oben angekommen, kann man sich wie einst Kurt Tucholsky an dem „überwältigenden Rundblick" erfreuen. Ganz Marseille – inklusive dem Vieux Port – liegt einem zu Füßen. Wie in einem Breitbandfilm öffnet sich das spektakuläre Panorama, das über die Dächer der Stadt bis zu den Frioul-Inseln reicht. Etwas zur Geschichte der Basilika erfährt man im **Musée Notre-Dame de la Garde**.

Für den Weg zurück zum Hafen wählen wir eine andere Route und werden auf der *Place du Colonel Edon* durch einen amerikanischen Sherman-Panzer mit dem Namen „Blindé Jeanne d'Arc" daran erinnert, dass sich die Deutschen im Zweiten Weltkrieg auf dem La-Garde-Hügel verschanzt hatten. Nach heftigen Kämpfen kapitulierten sie am 28. August 1944 vor den Truppen des Maréchal de Lattre de Tassigny – Marseille war endgültig befreit. Am Panzer vorbei geht es linker Hand die Rue Vauvenargues hinunter, bevor man durch ein kleines Metalltor in *den Jardin de La Colline Puget* gelangt, der 1801 angelegt wurde und Marseilles ältester Park ist. Wer will, kann in dem Restaurant Le Sépia einkehren oder sich auf einer Bank ausruhen. Über ein paar steile Treppen erreicht man den Boulevard de la Corderie, der zur zinnengekrönten, ein kleines Stück zurückversetzten **Abbaye Saint-Victor** führt. Die Krypta der Abtei ist besonders sehenswert. Jetzt sind es nur noch ein kleines Stück Weg und ein paar Treppen, bis man wieder beim Quai de Rive Neuve am Hafen steht.

Südlich des Vieux Port → Karte S. 52/53

Panoramablick von Notre-Dame de la Garde

Verspiegelter Sonnenschutz: L'Ombrière von Norman Foster

Zurück zum Ausgangspunkt bummelt man am Nationaltheater *La Criée* vorbei, das in einer ehemaligen, 1909 eröffneten Fischauktionshalle untergebracht ist, und trifft dann auf das **Musée du Savon de Marseilles**. In dem 2017 eröffneten Seifenmuseum erfährt man viel über die lange Tradition der Seifenherstellung in Marseille. Alternativ kann man auch den Spaziergang mit der Tour 5 (→ S. 74) fortsetzen.

Sehenswertes

Provenzalisches Kunsthandwerk

Maison de l'Artisanat et des Métiers d'Art

Eines der ältesten Gebäude des Galeerenarsenals beherbergt heute ein Museum, das sich der Bewahrung der lokalen Handwerkskunst und damit des volkstümlichen Erbes verschrieben hat. Mit seinem wuchtigen Gewölbe samt Holzbalkendecke sind die Ausstellungsräume alleine schon sehenswert. Seit 1983 finden hier regelmäßig Sonderausstellungen statt, zudem wird provenzalisches Kunsthandwerk präsentiert, ergänzt durch thematische Führungen und Vorträge.

21, cours d'Estienne d'Orves. Di–Fr 10–12 und 13–18, Sa nur 13–18 Uhr. Führungen um 14.30 Uhr. Eintritt frei. http://maisondelartisanat.org

Moderne Kunst Anfang 20. Jh.

Musée Cantini

Das nach seinem Gründer, dem Bildhauer Jules Cantini benannte Museum besitzt eine ansehnliche Sammlung moderner Kunst. Das etwas zurückversetzte Museumsgebäude ist ein repräsentativer Stadtpalast, der Ende des 17. Jh. für die Schifffahrtsgesellschaft Compagnie du Cap Nègre errichtet worden war. Später wurde das Gebäude von dem Bildhauer Jules Cantini erworben, der es bei seinem Tod im Jahr 1916 zusammen mit seiner Kunstsammlung der Stadt Marseille vermachte. Der Schwerpunkt der Sammlung, die nach Cantinis Tod stetig erweitert wurde, liegt heute auf der ersten Hälfte des 20. Jh. Zum Fundus gehören Werke von

Georges Braque, Giacometti, Picasso, Matisse, Miró, Alberto Magnelli, Raoul Dufy, Fernand Léger, Claude Derain, Charles Camoin, Paul Signac, Oskar Kokoschka, Wassily Kandinsky, Max Ernst, Balthus und Francis Bacon, die in einem ansprechenden modernen Rahmen präsentiert werden. Zudem finden häufig attraktive Wechselausstellungen statt.

19, rue Grignan. Métro 1: Estrangin/Préfecture. Tgl. außer Mo 10–18 Uhr. Eintritt 6 €, erm. 3 €, bei Sonderausstellungen 8 €. http://culture. marseille.fr.

Das Wahrzeichen von Marseille ...

Basilique Notre-Dame de la Garde

Die neuromanisch-byzantinische Wallfahrtskirche mit ihrem 60 m hohen Turm und der vergoldeten Madonna gilt als Wahrzeichen von Marseille; sie ziert die mit 162 m höchste Erhebung der Stadt und wird von den Marseillern liebevoll *bonne mère* („gütige Mutter") genannt. Gekrönt wird die Kirche von einer über 11 m hohen und knapp 10 t schweren Marienstatue mit Christuskind aus vergoldetem Kupfer, die alle 25 Jahre wieder aufpoliert wird.

Der exponierte Garde-Hügel wurde im Laufe der Geschichte fast zwangsläufig auch als Beobachtungspunkt und Militärposten genutzt. Das Fundament der Wallfahrtskirche bildet eine unter François I. errichtete Zitadelle. Eine erste Kapelle gab es bereits im Mittelalter auf dem Berg, doch erst mit dem 1864 beendeten Bau der heutigen Wallfahrtskirche stieg Notre-Dame de la Garde zum städtischen Heiligtum auf und wurde 1879 vom Papst in den Rang einer *basilica minor* erhoben. Der Entwurf stammt von dem (protestantischen) Architekten Henri-Jacques Espérandieu, der später auch den Palais Longchamp errichtete. Das Ergebnis ist gewissermaßen das kitschige Pendant zu Sacré-Cœur auf dem Pariser Montmartre. Die farblich kontrastierenden Schichten des Marmormauerwerks und der reiche ornamentale-goldverzierte Schmuck im Inneren der Oberkirche (*église haute*) rufen den Eindruck eines orientalischen Gotteshauses hervor. Die Unterkirche (*église basse*) ist hingegen vergleichsweise schlicht: Zahlreiche Votivtafeln legen ein beredtes Zeugnis für den tief verwurzelten Volksglauben ab und danken für die Rettung aus Seenot oder für die Hilfe bei persönlichem Leid; Wallfahrtstag ist der 15. August. Mit alljährlich rund zwei Millionen Besuchern ist die Basilika übrigens die mit Abstand beliebteste Sehenswürdigkeit der Stadt. Vom Vorplatz und einer ehemaligen Bastion bietet sich ein herrlicher Blick bis hinunter zum Vieux Port.

Buslinie 60 vom Vieux Port bis Notre-Dame de la Garde oder mit dem Bummelzug „Petit Train de la Bonne Mère" ab Quai des Belges (8 €, erm. 4 €). Tgl. 7–20, im Winter bis 19 Uhr. http://notredamedelagarde.com.

... und seine Geschichte

Musée Notre-Dame de la Garde

Das 2013 neu eröffnete Museum schildert anschaulich die Geschichte der Basilika. Zudem werden zahlreiche Votivgaben, vor allem Marmorplatten, Bilder, aber auch viele Schiffsmodelle präsentiert. In den modernen Museumsräumen

Reich verzierte Wallfahrtsbasilika

Abweisende Mauern: Abbaye Saint-Victor

wird darüber hinaus die Bedeutung der Wallfahrtsbasilika für die lokalen Schiffer und Seeleute anschaulich erläutert. Außerdem gibt es ein Modell der ersten Kapelle, spätere Baupläne sowie zahlreiche Exponate sakraler Kunst, darunter auch Skulpturen.

Rue Fort du Sanctuaire. Mi–Sa 10–16.45, Di und So 10–13 und 14–16.45 Uhr. Eintritt 5 €, erm. 3 €. http://notredamedelagarde.com/Le-musee-de-Notre-Dame-de-la-Garde.html.

Abtei mit berühmter Krypta

Abbaye Saint-Victor

Die Abtei Saint-Victor präsentiert sich als mächtiger, wehrhafter Bau, mit ihren Zinnen und Türmen einer Festung ähnlicher als einer Kirche. Und dies nicht grundlos: Ein Vorgängerbau war von den Sarazenen bis auf die Grundmauern niedergebrannt worden, da er schutzlos vor den Toren der Stadt stand. Die schmucklose Oberkirche, deren älteste Partien noch aus dem 11. Jh. stammen, besitzt keine herausragenden Kunstschätze. Keinesfalls sollte man aber einen Besuch der Krypta versäumen: Es handelt sich nicht etwa um einen kleinen düsteren Raum, sondern um eine verschachtelte, tief in den Fels hineingetriebene Anlage von beachtlicher Größe. In der labyrinthartigen Krypta wechseln sich in ungeordneter Folge Kapellen, Kammern und Nischen ab, die mehrere kostbare Sarkophage bergen, darunter den des heiligen Cassianus.

Die Abtei kann auf eine bewegte Geschichte zurückblicken. Wie bei archäologischen Grabungen nachgewiesen werden konnte, diente das Areal in der Antike erst als Steinbruch, dann als hellenistische Totenstadt und noch später als christliche Begräbnisstätte. Zu Beginn des 5. Jh. entstand hier ein Kloster, das zu den ältesten auf dem europäischen Kontinent gehörte. Aufgrund der Tatsache, dass das Kloster die Gebeine mehrerer, von den Christen verehrter Persönlichkeiten besaß – darunter die des namensgebenden heiligen Victor, eines als Märtyrer gestorbenen römischen Offiziers, zu denen sich später noch diejenigen des heiligen Cassianus und des heiligen Lazarus hinzugesellt hatten –, entwickelte sich Saint-Victor zu einem der einflussreichsten Klöster Südfrankreichs. Im Spätmittelalter begann der Niedergang von Saint-Victor, 1738 wurde das Kloster säkularisiert und die Nebengebäude abgetragen. Während der Revolution entdeckte man den praktischen Nutzen der Räumlichkeiten: Nacheinander diente die Kirche als Lagerraum, Gefängnis und Kaserne.

3, rue de l'Abbaye. Buslinie 81 bis Saint-Victor. Tgl. 9–19 Uhr. Eintritt 2 € für die Besichtigung der Krypta. http://saintvictor.net.

Marseilles berühmte Olivenseife

Le Musée du Savon

Seit dem 19. Jh. ist die Seifenindustrie ein wichtiger Arbeitgeber in der Region zwischen Marseille und Salon-de-Provence. Das private Firmenmuseum bietet einen ansprechenden Überblick über die lokale Seifenproduktion, wobei auch zahlreiche historische Seifenblöcke mit dem berühmten Stempel „Savon de Marseille" ausgestellt sind. Der museale Aspekt kommt allerdings etwas kurz, dafür kann man im zugehörigen Shop verschiedene Seifenprodukte erwerben.

25, quai de Rive Neuve. Tgl. 10–18 Uhr. Eintritt 2 € inkl. einem Stück Seife bzw. 5 € mit einem Blick in die Fabrikation. http://savon-de-marseille-licorne.com.

Südlich des Vieux Port ↓ Karte S. 52/53

Marseille im Kasten
Savon de Marseille: Seifenträume aus Olivenöl

Schon im Spätmittelalter genossen die Seifensieder aus der Mittelmeermetropole großes Ansehen. Ein besonderes Interesse an der Seife aus Marseille hatte Ludwig der XIV.; der Sonnenkönig ließ nicht nur Seifensieder aus Genua anwerben, sondern verfügte, dass die Seife keinerlei tierische Öle enthalten dürfe. Seither wurde zur Herstellung nur noch reines Olivenöl verwendet. Schnell wurden die Seifenblöcke zu einem wichtigen Wirtschaftsfaktor. Bis nach Nordafrika und in den Orient wurde die Savon de Marseille exportiert.

Vor allem das 19. Jh. gilt als goldenes Zeitalter der Seifensiederei, man zählte mehr als 100 Seifenfabriken in der Provence. Doch dann setzte, bedingt durch die billige industrielle Massenproduktion, der Niedergang ein, sodass am Ende des letzten Jahrhunderts schließlich nur noch fünf traditionelle Seifenfabriken übrig blieben. Glücklicherweise erlebt die berühmte Savon de Marseille in den letzten Jahren ein regelrechtes Comeback. Die Käufer schätzen nicht nur ihren hohen Anteil an Olivenöl (mindestens 72 Prozent), sondern auch die wohlriechenden Heilkräuter und Gewürze, die der Seife beigemischt werden, und den Verzicht auf Farbstoffe oder Tenside. Zudem ist die Marseiller Seife vollkommen biologisch abbaubar und damit umweltfreundlich.

Bei dem aufwendigen Herstellungsprozess wird das Olivenöl mit Natronlauge verkocht, bis unter Zugabe von Meersalz eine Seifenrohmasse entsteht. Diese wird daraufhin wiederholt gewaschen, um das Natron herauszulösen. Dann wird die Masse abgegossen, im Mistralwind getrocknet und in Würfel oder Quader geschnitten. Nach einem weiteren zweiwöchigen Trocknungsprozess werden die sechs Seiten des Würfels mit dem traditionellen Stempel „Savon de Marseille" und dem Herstellernamen versehen.

Praktische Infos

Restaurants

🍴 **La Passarelle** **32**, direkt hinter dem Radisson-Hotel liegt dieses unkonventionelle Restaurant mit einem eigenen Gemüsegarten. Hier befindet sich auch die Straßenterrasse mit den mit bunt gemusterten Wachstischtüchern gedeckten Tischen. Täglich wechselnde Gerichte, lecker ist das Risotto mit Gambas und Spargel. Hauptgerichte 20–23 €, Dessert 7 €. Kein Ruhetag, im Winter Betriebsferien. 52, rue Plan Fourmiguier. ☎ 0491330327.

Les Arcenaulx **24**, traumhaftes Restaurant in einem stattlichen Anwesen aus dem 18. Jh. Der eine Teil der Räumlichkeiten wird als Restaurant genutzt, das in eine gut sortierte Kunstbuchhandlung mit angegliedertem Antiquariat übergeht. Das offene Mauerwerk unterstreicht die fantastische Atmosphäre. Mittagsmenü 26 und 42 €, das *Menu découverte* für 65 €. So geschl. sowie 15 Tage im Aug. Betriebsferien. 25, cours Estienne d'Orves. ☎ 0491598030, http://les-arcenaulx.com.

Le 29 **20**, der Name kündigt es an, das Restaurant hat nicht nur die Hausnummer 29, sondern auch das Abendmenü kostet 29 €. Nur mittags speist man für 19,90 €. Unten an der Straßenterrasse nimmt man einen Aperitif, oben im ersten Stock befindet sich das stimmungsvolle Restaurant. Gute Vorspeisen. Kein Ruhetag. 29, place aux Huiles. ☎ 0491332644, http://29placeauxhuiles.com.

Fuxia **10**, wegen der zentralen Lage und der angemessenen Preise finden sich im Sommer auch viele Einheimische auf der schönen, großen Straßenterrasse ein. Italienische Küche. Mittagsmenü 21 €. Kein Ruhetag. 27, rue Saint-Saëns. ☎ 0428310405, http://fuxia marseille.com.

Bistrot L'Horloge **18**, ein kleines Bistro mit verspiegelten Wänden, im Sommer verdreifachen sich die Plätze durch die große Straßenterrasse. Es trifft sich ein vorwiegend jüngeres Publikum, darunter viele Einheimische. Serviert wird eine bodenständige Küche (Entenbrust mit Polenta für 18 €), aber es gibt auch einen thailändischen Rindfleischsalat (15 €), dem es allerdings an Pep und Würze fehlte. Lohnend ist der üppig portionierte Käseteller (8 €). Kein Ruhetag. 11, cours Honoré d'Estienne d'Orves. ☎ 0488083303.

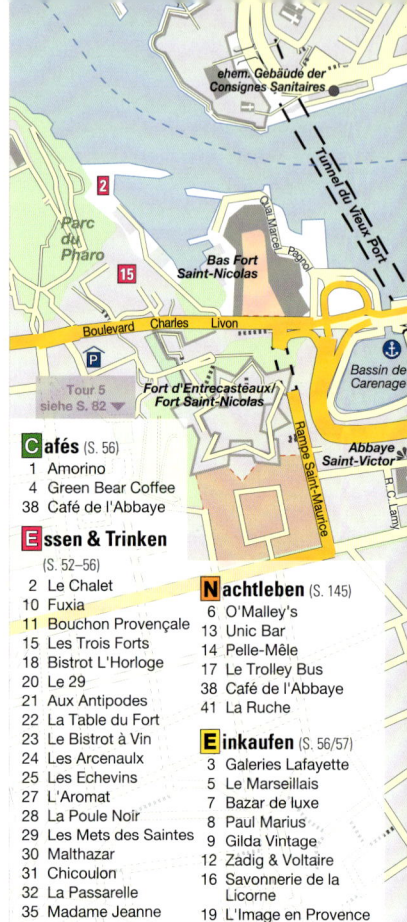

Cafés (S. 56)
1 Amorino
4 Green Bear Coffee
38 Café de l'Abbaye

Essen & Trinken (S. 52–56)
2 Le Chalet
10 Fuxia
11 Bouchon Provençale
15 Les Trois Forts
18 Bistrot L'Horloge
20 Le 29
21 Aux Antipodes
22 La Table du Fort
23 Le Bistrot à Vin
24 Les Arcenaulx
25 Les Echevins
27 L'Aromat
28 La Poule Noir
29 Les Mets des Saintes
30 Malthazar
31 Chicoulon
32 La Passarelle
35 Madame Jeanne
36 Le Lauracée
37 La Cave à Jambon
39 Taqueira LoKa
45 VEj
46 Le Sépia
48 Blonde & Brune
49 Jogging
50 Papa Poule
51 Les Bons Garçons
52 Chez Vallès

Nachtleben (S. 145)
6 O'Malley's
13 Unic Bar
14 Pelle-Mêle
17 Le Trolley Bus
38 Café de l'Abbaye
41 La Ruche

Einkaufen (S. 56/57)
3 Galeries Lafayette
5 Le Marseillais
7 Bazar de luxe
8 Paul Marius
9 Gilda Vintage
12 Zadig & Voltaire
16 Savonnerie de la Licorne
19 L'Image en Provence
26 Agnès B.
33 Greg & Co
34 Santons Marcel Carbonel
40 Le Labo
42 Four des Navettes
43 Victor Cave à bières
44 Fiorentina
47 Black Butter
49 Jogging

mein.Tipp **La Table du Fort** **22**, ansprechendes Restaurant in einer unspektakulären Seitenstraße des Vieux Port (13 Gault-Millau-Punkte). Kreative Küche auf hohem Niveau, beispielsweise mit einem Seeteufel auf Quinoa als Hauptgericht. Kein Wunder: Schließlich hat der Küchenchef sein Handwerk bei Bocuse, Purcel und Loubet gelernt. Im Inneren gefällt das mo-

Tour 3: Südlich des Vieux-Port

95 m

---

derne Ambiente, einziges Manko: keine Terrasse. Menüs zu 19 € (mittags), 36 und 50 €. Samstagmittag, So und Montagmittag geschl. 8, rue Fort Notre-Dame. ✆ 0491339765, http://la tabledufort.fr.

Chicoulon **31**, eine *cave à vin* mit angegliederter Mittagsküche. Nett sitzt man im lauschigen Hinterhof oder im Inneren vor den Weinre-

galen. Hauptgerichte um die 15 €. Mo–Fr nur mittags geöffnet. 59, rue Grignan. ✆ 0491334659.

Malthazar **30**, eine ansprechende Brasserie mit schön gefliestem Boden. Das Lokal ist bekannt für seine saisonale und kreative Küche. Wie wäre es mit einem *Pavé de thon* (Thunfischsteak) als Hauptgang? Im Sommer sitzt man in einem patioähnlichen Innenhof. Mittagsmenü

21 €, abends 32 €. So Ruhetag. 19, rue Fortia. ℡ 0491334246, http://malthazar.com.

Le Lauracée 36, unter einer Holzbalkendecke wird im klassisch modernen Ambiente eine gastronomisch ansprechende französische Küche serviert (14 Gault-Millau-Punkte). Angefangen von *Ceviche de bœuf mariné thaï* bis zu einem *Filet de veau rôti en cocotte* mit Steinpilzen. Mittagsmenü 19 und 23 €, abends 38 und 54 €. Samstagmittag, So und Montagabend geschl. 96, rue Grignan. ℡ 0491336336, http://lelauracee.com.

Madame Jeanne 35, ein stilvoll-hippes Restaurant neben einer Weinhandlung. Variantenreiche Küche von Pfifferlingen bis zu Iberico-Schwein. Netter Innenhof. Mittagsmenü 24 €. So, Montag- und Dienstagabend geschl. 86, rue Grignan. ℡ 0486265416, http://maisonbuon.com.

mein Tipp **Jogging 50**, ein ungewöhnlicher Concept- und Fashion-Store (Mo–Sa 10.30–19 Uhr). Der Clou ist ein kleines Restaurant im Hinterhof, das sich als traumhafte Oase entpuppt und von April bis Okt. von wechselnden Köchen betrieben wird. Mo–Do mittags (Menü 25 €) sowie Donnerstagabend (Menü 35 € nach Reservierung). 103, rue Paradies. ℡ 0491814494, http://joggingjogging.com.

Le Bistrot à Vin 23, authentische Weinbar im Bistrostil. Ausgeschenkt werden zahlreiche offene Weine ab 3 €, dazu gibt es leckere *Tarti-*

nes oder eine *Soupe au pistou*. Straßenterrasse mit bunten Metallstühlen. Hauptgerichte um die 20 €. Samstagmittag und So geschl., im Aug. Betriebsferien. 17, rue Sainte. ℡ 0491540220, http://bistrot-a-vin-restaurant-vieux-port.com.

Aux Antipodes 21, das beliebte, von zwei Brüdern geführte Lokal serviert leckeres Fusion-Food mit brasilianischen, aber auch thailändischen Einflüssen. Ein Klassiker ist der *Sushi burger* (22 €), gerühmt wird das gegrillte *Picanha*, ein mit dem Tafelspitz vergleichbares Stück Rindfleisch. Von Tripadvisor hochgelobt, aber das *Moqueca* erinnerte letztlich auch nur an ein durchschnittliches Thai-Curry. Straßenterrasse. Mittagsmenü zu 17 und 21 €. So Ruhetag. 26, rue Sainte. ℡ 0652749744.

Les Echevins 25, klassische französische Küche, aber auch Burger. Ein Tipp: *Paleron de veau* mit Pfifferlingen und Gänseleber. Menüs zu 18 €, abends Hauptgerichte 15–20 €. Mo–Fr mittags, Mi–Sa auch abends geöffnet. 44, rue Sainte. ℡ 0491128225, http://lesechevins.fr.

La Poule Noir 28, ein paar Häuser weiter: zeitgenössisches Ambiente, ansprechende Küche – was will man mehr? Ein Tipp: Sommertrüffel mit Auberginenkaviar. Mittagsmenü 19,50 €, abends 31 €. Mo–Fr mittags, Fr und Sa auch abends geöffnet. 61, rue Sainte. ℡ 0491556886, http://restaurant-lapoulenoire.com.

Blonde & Brune 49, eine ansprechende Tapas-Bar mit einem wunderschönen Innenhof

La Passarelle: Restaurant mit eigenem Gemüsegarten

Der Cours Estienne d'Orves ist das Wohnzimmer der Stadt

samt Feigenbaum. Liebevoll geführt von zwei Frauen namens Emilie, die eine blond, die andere brünett. So Ruhetag, Mo–Mi nur mittags geöffnet. 81, rue Breteuil. ℘ 0491429441.

Papa Poule 51, ein hippes Restaurant mit dem Flair der 1950er-Jahre, das sich kulinarisch dem Thema Geflügel verschrieben hat, das in diversen Varianten serviert wird. *Plat du jour* 11 €, Mittagsmenü 18 €. Sa und So Ruhetag, abends nur Take-away. 68, rue Breteuil. ℘ 0486959916, http://chezpapapoule.com.

Les Bons Garçons 52, ein kleines Weinbistro mit schönem Mobiliar in einem Eckhaus. *Plat du jour* 12 €. Sa und So Ruhetag, Mo–Mi nur mittags geöffnet. 18, boulevard Vauban. ℘ 0491486527.

Chez Vallès 53, ein modernes Bistro mit guter Küche, ideal als Zwischenstopp auf dem Weg zu Notre-Dame de la Garde. Unter den Gästen finden sich fast nur Einheimische. Bekannt ist das nach seinem Besitzer Oliver Vallès benannte Lokal für seine gegrillten Fischgerichte. Moderates Preisniveau. Schöne Straßenterrasse mit bunten Tischen und Stühlen. So, Mo und Dienstagabend geschl. 76, boulevard Vauban. ℘ 0954051180, http://facebook.com/restaurant chezvalles.

Taqueira LoKa 39, mexikanische Küche in einem hippen Ambiente (teilweise Hochtische), und Frida Kahlo grüßt von der Wand. Serviert werden Quesadillas und Tacos in verschiedenen Variationen. Die Flasche Wein gibt es ab 20 €. Und wer Heimweh verspürt, kann dies mit einem Hefeweizen (5 €) besänftigen. Di–Sa nur abends geöffnet. 126, rue Sainte. ℘ 0491338410, http://taquerialoka.com.

La Cave à Jambon 37, spanische Tapas im lockeren Ambiente. Optisch wird das Lokal von einem lang gestreckten Tresen und einer Empore dominiert. Zivile Preise. So und Mo Ruhetag. 89, rue Sainte. ℘ 0967467579.

L'Aromat 27, in einer Straße mit vielen Restaurants gehört das Restaurant von Sylvain Robert sicherlich zu den kulinarischen Highlights (13,5 Gault-Millau-Punkte). Ansprechend ist auch das moderne lichte Ambiente. Die Küche zeigt sich sehr innovativ, so gibt es als Vorspeise einen *Hamburger de bouillabaisse*, der mit „Fritten" aus Kirchenerbsenmehl serviert wird. Empfehlenswert ist auch das mit Niedrigtemperatur gegarte Lamm oder *Suprême de pigeon cuit sur coffre*. Ausgezeichnetes Preis-Leistungs-Verhältnis! Mittagsmenüs 19 und 22 €, abends 40 und 60 €. Samstagmittag, So und Montagabend geschl. 49, rue Sainte. ℘ 0491550906, http://laromat.com.

*mein*Tipp **Les Mets des Saintes** 29, zur Abwechslung gibt es hier neben französischen Gerichten eine exotische Küche aus den Antillen, Réunion und Tahiti. Ein absolutes Lob verdient der *Poisson à la tahitienne* – in Kokosmilch servierte und mit Zitrone verfeinerte kalte Häppchen von der Dorade als Vorspeise (7,50 €).

Würzig war das mit Reis servierte *Rougail de lotte* (21 €). Freundlicher Service! Einziger Nachteil: Es gibt keine Terrasse. Mittagsmenü 18 €, abends Hauptgerichte ab 16 €. Dienstagabend und Mi geschl. 67, rue Sainte. ✆ 0491334643, http://lesmetsdessaintes.fr.

🌿 **VEj** 46, wie wäre es zur Abwechslung mit veganem Streetfood? Es gibt Säfte, Smoothies und Salate. Alles aus biologischem Anbau. Mittagsmenü ab 7 €. Mo–Fr 10.30–16.30 Uhr. 4, rue Edmond Rostand. ✆ 0752039692, http://vejveganstreetfood.com.

Le Sépia 47, am Rand des Jardin Pierre Puget lockt dieses Restaurant mit einer wunderbaren Aussichtsterrasse und einer hervorragenden Küche. Es liegt zwar etwas abseits, aber ideal für eine Mittagspause auf dem Weg zu Notre-Dame de la Garde. Als Nachtisch empfiehlt sich *Fondant au chocolat*. Hauptgerichte 18–23 €. So und Mo Ruhetag. 2, rue Vauvernargues. ✆ 0983826727, http://facebook.com/restaurantsepia.

Le Chalet 2, das Lokal besticht vor allem durch seine Lage im Jardin du Pharo, der einen traumhaften Blick auf den Alten Hafen und die vorbeifahrenden Schiffe bietet. Ein kulinarischer Tipp: *Seiches à la provençale* für 18 €. Keine Kreditkarten. Sonntagabend geschl. 58, boulevard Charles Livon. ✆ 0491528011, http://le-chalet-du-pharo.com.

Les Trois Forts 15, in unmittelbarer Nachbarschaft die Nobelvariante mit Panoramablick. Das zum Sofitel gehörende Restaurant wird von mehreren Restaurantführern hochgelobt (14,5 Gault-Millau-Punkte!). Menüs zu 50 und 95 €. So und Mo Ruhetag. 36, boulevard Charles Livon. ✆ 049155956.

Bouchon Provençale 11, ein Stück Lyon in Marseille? Ja, aber mit provenzalischer Küche, so bei einem *Souris d'agneau* mit Polenta (21 €), aber auch das Ceviche von der Dorade (13 €) war sehr lecker. Große Straßenterrasse. Mittagsmenü 18 €. So Ruhetag. 6, place aux Huiles. ✆ 0428311026, http://lebouchonprovencal.com.

Cafés und Eisdielen

Amorino 1, in zentraler Lage gibt es hier absolut leckeres Eis, besonders zu empfehlen ist das cremige *L'Inimitable*, eine, wie der Name schon sagt, unnachahmliche Kombination aus Kakao und Haselnuss. Es gibt auch Kaffee und Macarons. Straßenterrasse. Tgl. 10–19.30 Uhr. 29, quai des Belges. http://amorino.com.

meinTipp **Café de l'Abbaye** 38, nur einen Steinwurf weit von der Abbaye St. Victor entfernt, ist diese Cafébar vor allem abends ein beliebter Treffpunkt für die Einheimischen. An sonnigen Tagen bekommt man dann kaum mehr einen Platz auf der Straßenterrasse. Mittags werden kleine Gerichte für rund 10 € serviert. Mo–Fr 8.30–22.30, Sa und So 15.30–22.30 Uhr. 3, rue Endoume. ✆ 0491668757.

🌿 **Green Bear Coffee** 4, nette, kleine Cafébar mit Biogetränken und Biosnacks. Wechselnde *Plat du jour*. Mo–Fr 11–15.30 Uhr. 17, rue Glandevès. ✆ 0491040691, http://greenbearcoffee.com.

Einkaufen

Savonnerie de la Licorne 16, direkt am Südufer des Alten Hafens gibt es ein Ladengeschäft, in dem man die unterschiedlichen Seifen mit dem berühmten Stempel erwerben kann. Tgl. 10–18 Uhr. 25, quai de Rive Neuve. http://savon-de-marseille-licorne.com.

Le Labo 40, ein trendiger „Life Store" mit Klamotten, Accessoires und Möbeln. Tgl. außer So 10–19 Uhr. 5, place de la Corderie.

Le Marseillais 5, für alle Liebhaber von maritimer Kleidung. Coole T-Shirts, selbstverständlich auch blau-weiß gestreift. Tgl. 10–13 und 14–19 Uhr. 8, quai de Rive Neuve. http://le marseillais.eu.

Bazar de luxe 7, ideal für alle, die noch ein paar schöne (farbenfrohe) Sachen für den eigenen Haushalt suchen – egal, ob Tassen, Scha-

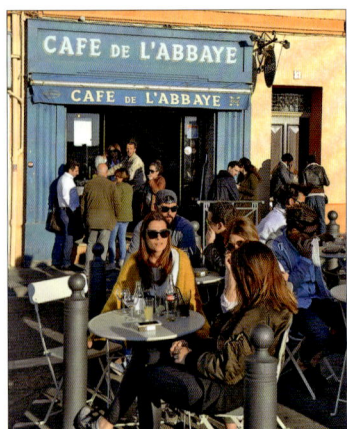

Beliebter Szenetreff

Santons – provenzalische Krippenfiguren

len und andere dekorative Dinge. Di–Sa 10–19 Uhr. 17, rue Molière.

Galeries Lafayette 3, großes Kaufhaus mit umfassendem Angebot. Tgl. außer So 10–20 Uhr. 48, rue Saint-Ferréol.

Zadig & Voltaire 12, eine coole Designmarke. Nur einen Steinwurf entfernt gibt es auch Geschäfte von Hugo Boss oder Gerard Darel. Tgl. außer So 10–19 Uhr. 4, rue Sainte. http://zadig-et-voltaire.com.

Agnès B. 26, die beliebte französische Modemarke betreibt im Herzen von Marseille eine Filiale. Tgl. außer So 10–19.30 Uhr. 31–33, cours Honoré d'Estienne. http://agnesb.fr.

Black Butter 48, Concept-Store mit schönen Taschen, Hüten, Schals und Kleidung. Mo 14–19, Di–Sa 10–13, 14–19 Uhr. 16, rue Edmond Rostand. http://blackbutter.fr.

Gilda Vintage 9, für alle Freunde von Pünktchen, Karos und Rüschchen…! Tgl. außer So 10.30–19 Uhr. 48, rue Francis Davso.

Paul Marius 8, Ledertaschen und -accessoires im Vintage-Design. Mo–Sa 10.30–13 und 14–19 Uhr. 48, rue Francis Davso. http://paulmarius.fr.

Mein Tipp **Fiorentina** 45, ein wunderbarer italienischer Feinkostladen mit großer Wurst- und Käsetheke. Es gibt aber auch Wein, Pasta und Olivenöl sowie ein hervorragendes selbst gemachtes Tiramisu zum Mitnehmen. Italienisches Flair in Marseille! Mo–Sa 9.30–20, So 9.30–13 und 16–19 Uhr. 35, rue d'Endoume. http://chezfiorentina.com.

Greg & Co 33, ein netter Brocante-Laden, ein wenig Industrial Design, teilweise auch mit selbst gezimmerten Möbeln, denn Greg ist Schreiner. Mo–Sa 10–19 Uhr. 35, rue Neuve Sainte-Catherine. http://gregandco.fr.

Santons Marcel Carbonel 34, hier kann man die beliebten provenzalischen Krippenfiguren kaufen, zudem ist ein kleines Museum angegliedert. Perfekte Handarbeit in der vierten Generation eines Familienbetriebs. Tgl. außer Mo 10–12.30 und 14–18 Uhr. 47, rue Neuve Sainte-Catherine. http://santonsmarcelcarbonel.com.

L'Image en Provence 19, in der 2003 gegründeten Fotogalerie findet man zahlreiche ansprechende Bilder von Marseille, den Calanques und anderen Orten in der Provence. Tgl. außer So 10–13 und 15–19 Uhr. 28, quai de Rive Neuve.

Four des Navettes 42, angeblich seit 1781 werden hier die für Marseille typischen *biscuits* in verschiedenen Varianten gebacken. Aufgrund ihrer Schiffsform werden die Kekse *navettes* genannt. Mo–Sa 7–20, So 9–13 und 15–19.30 Uhr. 136, rue Sainte. http://fourdesnavettes.com.

Victor Cave à bières 43, ein toller „Bierkeller" mit mehr als 300 Craft Beers, darunter 100 aus Frankreich, die man auch gleich vor Ort trinken kann. Di und Mi 10–14 und 16–20, Do–Sa 10–14 und 16–24 Uhr. 20, rue d'Endoume. http://victor-biere.com.

Lebendiges Marseille
Tour 4

Die Stadtteile östlich des Alten Hafens, durch die die Canebière als Hauptachse bis zum Palais de Longchamp führt, sind vielschichtig und bunt. Es gibt arabische Quartiere genauso wie das Szeneviertel rund um den Cours Julien.

Boulevards und Szeneviertel
Links und rechts der Canebière

Zwischen Vieux Port und dem Palais de Longchamp zeigt sich Marseille von seiner multikulturellen Seite. Rund um den Cours Belsunce fanden die Immigranten schon vor über hundert Jahren eine erste Bleibe. Die Hauptschlagader des Viertels ist die berühmte Canebière – das Marseiller Pendant zu den Champs-Élysées –, die den Weg in Richtung Osten weist. Die Canebière führt nicht zum Meer, sondern entfernt sich von ihm, bemerkte schon der Schriftsteller Blaise Cendrars mit Nachdruck. Und Kurt Tucholsky pflichtete ihm 1924 indirekt bei: „La Canebière, die Sehnsucht der Franzosen in Nordafrika, La Canebière, Pforte zu den Freuden und Vergnügen des Heimatlandes, da beginnt Frankreich." Cendrars und Tucholsky haben die Flaniermeile noch in ihrer ganzen Pracht erlebt. Damals fanden sich auf beiden Seiten des Boulevards zahlreiche Kaffeehäuser wie das legendäre Café Turc. Nach dem Zweiten Weltkrieg setzte dann ein steter Niedergang ein, die Canebière verwandelte sich in eine trostlose Ausfallstraße. Erst in den letzten Jahren gelang es, diesen Verfall zu stoppen; Renovierungsarbeiten wurden in die Wege geleitet und der Verkehrsfluss konnte durch straßenbauliche Maßnahmen eingedämmt werden. Im Nordosten wird die Gegend vom Bahnhof Saint-Charles und seinen Gleisanlagen abgeriegelt, an ihrem südlichen Rand lockt der Cours Julien, ein Hotspot der Alternativkultur, mit seinen Szenebars und schrillen Läden.

Spaziergang

Auch dieser Spaziergang beginnt direkt am Vieux Port. Gleich an der Ecke vom Quai des Belges zur Canebière befand sich einst ein beliebter Treffpunkt der Emigranten: das heute nicht mehr existierende Café Mont Ventoux. Es spielt auch in Anna Seghers Roman *Transit* als „Mont Vertoux" eine wichtige Rolle. „Ich setzte mich in den Mont Vertoux. In diesem Café saß ich jetzt vier- bis fünfmal die Woche", berichtet dort der Ich-Erzähler seinem fiktiven Zuhörer. Ebenfalls auf den Vieux Port blickt das historische **Grand Hôtel Beauvau**. Der Eingang befindet sich in der dahinterliegenden Rue Beauvau, eine der ersten Straßen von Marseille, die für Fußgänger ein Trottoir zum Flanieren hatte.

Durch die 30 m breite **La Canebière** fährt inzwischen auch eine Straßenbahn, doch wir gehen zu Fuß zu dem nur einen Steinwurf entfernten pompösen **Palais de la Bourse**. Er wurde im 19. Jh. als Börse für die Händler, vor allem aber als repräsentativer Sitz der *Chambre de commerce* gebaut. Die Industrie- und Handelskammer teilt sich inzwischen das Gebäude mit dem **Musée de la Marine & Economie**, das die maritime Handelsgeschichte Marseilles dokumentiert. Eine Denkmalstafel an einer Laterne gegenüber dem Palais de la Bourse erinnert daran, dass der jugoslawische König Alexander I. an der Ecke zur Place Général de Gaulle am 9. Oktober 1934 einem Attentat zum Opfer fiel, als er zu Beginn seines Staatsbesuches in einem offenen Rolls-Royce mit dem Außenminister Louis Barthou und dem französischen General Alphonse Georges die Canebière entlangfuhr. Ein mazedonischer Attentäter schwang sich auf das Trittbrett, zückte eine Pistole und erschoss den König sowie den Minister.

Hinter dem Palais de la Bourse befindet sich mit dem 1977 eröffneten *Centre Bourse* ein modernes Einkaufszentrum, in dessen Untergeschoss auch das **Musée d'Histoire de Marseille** Platz gefunden hat. Das Museum zur Stadtgeschichte ist allerdings nicht leicht zu finden. Es ist entweder vom Einkaufszentrum aus zugänglich oder man muss den Centre Bourse linker Hand umrunden und es über die als Park angelegte antike Ausgrabungsstätte **Jardin des Vestiges** betreten. Der direkte Weg vom Museum zum **Cours Belsunce** führt anschließend ebenfalls durch das Einkaufszentrum. Die einstige Prachtstraße hat viel von ihrem Flair verloren, was auch dem Umstand geschuldet ist, dass ihre Westseite nicht nur vom Centre Bourse, sondern auch von drei achtzehnstöckigen, *Tours Labourdette* genannten Nachkriegshochhäusern dominiert wird, die inzwischen sogar unter Denkmalschutz stehen. An der Ostseite des Cours Belsunce steht noch der schmucke Eingang des **Théâtre de l'Alcazar**, ein ehemaliges

Varietétheater, hinter dem sich heute eine Bibliothek verbirgt. Seitdem die Straßenbahnlinie durch den Cours verläuft, wurde der Autoverkehr zugunsten der Fußgänger verbannt, sodass der Boulevard wieder an Attraktivität gewonnen hat. Etwas versetzt in der Rue du Mont de Piété befindet sich die historische **Halle Puget**, unter deren Dach früher Markthändler ihre Waren verkauften. In der kleinen Grünanlage daneben steht eine Schirmskulptur des zeitgenössischen Künstlers Sébastien Zanello. Im Norden geht der Cours Belsunce in die Rue d'Aix über. Die Straße führt zum imposanten Triumphbogen **Porte d'Aix** hinauf, der als optischer Fluchtpunkt dient. Östlich des Cours Belsunce zweigt die Rue Thubaneau ab. Ein Schild weist die ehemalige Bordellstraße als „Rue des arts" aus, doch das Künstlerflair wirkt noch ziemlich aufgesetzt. Touristisch interessant ist das

Mémorial de la Marseillaise, das an die berühmte Revolutionshymne erinnert.

Über die Rue Thubaneau erreicht man den Boulevard d'Athènes. Im Haus mit der Nummer 31 befand sich bis in die 1970er-Jahre das noble Hotel Splendide, in dem 1940 der Amerikaner Varian Fry abstieg, um im Auftrag des Emergency Rescue Committee bedrohte Intellektuelle zur Flucht aus Frankreich zu verhelfen (→ *Varian Fry – Retter der Verfolgten*, S. 132). Heute befindet sich in dem 1919 errichteten Gebäude das *Centre régional de documentation pédagogique*. Das Hotel Splendide war ehedem eines von vielen Hotels in dieser zum Bahnhof **Gare Saint-Charles** führenden Straße. Der Bahnhof selbst geriet am 1. Oktober 2017 in die internationalen Schlagzeilen, als dort ein islamistischer Attentäter zwei Frauen erstochen hatte und anschließend von Sicherheitskräften erschossen wurde.

Marseille im Kasten

Multikulturell: Belsunce-Viertel

Das Belsunce-Viertel mit seinen billigen, heruntergekommenen Hotels war seit dem Ende des 19. Jh. traditionell die erste Station, wo die Einwanderer aus dem Orient ein Quartier fanden. Das französische Kolonialreich diente als Arbeitskräftereservoir für die Hafenstadt. Geschäftsleute vermieteten billigen Wohnraum, die Einwanderer mussten sich mit mehreren Landsleuten ein Zimmer teilen, was nur deshalb zu ertragen war, weil sich das Leben im Freien abspielte. Innerhalb weniger Jahre hatte sich der Cours Belsunce mit seinen schmalen Nebengassen in einen nordafrikanischen Basar verwandelt. Das Marseiller Bürgertum wandte sich mit Grausen von dem exotischen Treiben ab. In Zeitungsberichten wurde damals empfohlen, auf Reisen nach Algerien und Tunesien zu verzichten, da

man diese Länder ja samt „Wohnhöhlen" und „Wüstensöhnen" auch bei einem Spaziergang durch die Rue des Chapeliers erleben könne. Statt Bouillabaisse und Aïoli würden die Gassen nach Couscous und Hummus riechen.

Bis heute hat sich hier nicht viel geändert: Das Quartier ist ein wahrer kosmopolitischer Schmelztiegel mit der Atmosphäre eines orientalischen Basars. Man sieht Frauen in bunten Wickelkleidern, Männer sitzen in kabylischen Kaffeehäusern, Gläubige eilen in die Moscheen und zur Koranschule, in den Halal-Metzgereien baumeln Hammel, während in den benachbarten Geschäften Hartweizengrieß für Couscous ebenso wie Perserteppiche verkauft werden. In den Hinterhöfen werben sogenannte Marabouts, denen übernatürliche Kräfte zugeschrieben werden, um Kundschaft.

Die Canebière endet ein Stück weiter nördlich am *Square Stalingrad*, der von der neugotischen **Église des Réformés** geprägt wird. Daneben öffnet sich ein großer Platz, an dem der von schönen Bürgerhäusern gesäumte und seit 2007 von einer Straßenbahnlinie durchquerte Boulevard Longchamp beginnt und direkt zum schlossähnlichen **Palais Longchamp** führt. Der Palais Longchamp ist ein breit gelagerter zweiflügeliger Bau, der das **Musée des Beaux-Arts** und das **Musée d'Histoire Naturelle** beherbergt. Wer die Treppen neben der üppig-dekorierten Brunnenanlage emporsteigt, gelangt zu dem sich dahinter auf einer Anhöhe erstreckenden *Parc Longchamp* – ein idealer Ort, um dem Großstadtlärm für kurze Zeit zu entfliehen. Ursprünglich befand sich hier auch ein Tiergarten, an den heute ein „Funny Zoo" mit bunten Tierfiguren erinnert. In unmittelbarer Nachbarschaft zum Palais Longchamp befindet sich das **Musée Grobet-Labadié** in einem stattlichen Haus. Im Stadtpalais des Industriellen Alexandre Labadié kann man in die Wohnkultur des 19. Jh. eintauchen, bevor es wieder zurück zum Marché des Capucins geht.

Wer keine Lust hat, den Palais Longchamp zu besichtigen, kann auf diesen Abstecher verzichten und auch gleich vom Boulevard d'Athènes über die bunte Marktstraße *Marché des Capucins* bummeln, die manchmal auch als *Marché de Noailles* bezeichnet wird. Sie gilt als der lebendigste Lebensmittelmarkt von Marseille und wird heute von vielen Händlern und Käufern mit Migrationshintergrund besucht. Auf dem Markt und in den umliegenden Geschäften gibt es Datteln, Maniokwurzeln, Kochbananen, eingelegtes Gemüse oder Taramo, einen würzigen Fischroggensalat. Auch die nicht weit entfernte Rue d'Aubagne besitzt ein exotisches Flair mit ihren Halal-Metzgern, und orientalische Gewürze werden hier ebenso verkauft wie

Die Freitreppe am Bahnhof Saint-Charles

Couscous-Töpfe oder Tajine-Geschirr, Luffaschwämme schaukeln im Wind, dazu kommen billige Ramschläden und Ladengeschäfte mit bunten Rollkoffern. Architektonisch wird der dreieckige Marché des Capucins durch den Bahnhof von Noailles geprägt. Der ehemalige Gare de l'Est mit der darüberliegenden alten Arbeitsbörse beherbergt heute den Eingang zu einer Métro-Station. Jetzt geht es langsam einen Anstieg hinauf zum Boulevard Garibaldi, hinter dem dann der Cours Julien als baumgesäumte Straße beginnt, bevor er sich zu einem autofreien Platz verbreitert.

Auf dem *Cours Julien* gab es bis zum Jahr 1971 einen großen Obst- und Gemüsemarkt. Der 1860 erstmals abgehaltene Lebensmittelmarkt galt ehedem als der „Bauch von Marseille". Erst nach dessen Auslagerung und der Umgestaltung des Cours Julien, u. a. mit einem modernen Brunnen, entstand die heute beliebte Ausgehmeile „Cours Ju" mit ihren Cafés, privaten Theater- und Musikbühnen. Heute beherrscht die

Links und rechts der Canebière → Karte S. 70/71

Bohème das Viertel. Hier leben zahlreiche Künstler, Musiker und *bobos* (ein Neologismus, der sich aus der Abkürzung von *bourgeois* und *bohémien* zusammensetzt), die ihren oft bürgerlichen Status mit etwas künstlerisch-rebellischem Habitus auffrischen. Dazu gibt es hippe Lokale, trendige Boutiquen und Secondhand-Modeläden, aber auch viele kleine Buchhandlungen. Wer Schanzen- oder Kreuzbergfeeling in Marseille erleben will, ist hier genau richtig. Kinder freuen sich über zwei schöne Spielplätze.

In den Straßen und Gassen rund um den Cours Julien gibt es zahllose Graffitis zu bewundern. Nur ein kleines Stück entfernt ist die Place Jean Jaurès, die im Volksmund „La Plaine" genannt wird und die schon Jean Giono in seinem Roman *Noé* beschrieben hat. Bekannt ist der wie ein Hochplateau über der Stadt gelegene Platz für seinen volkstümlichen Markt. Ein Denkmal an einer Hausfassade (Nummer 28) erinnert an Louis Capazza und Alphonse Fondère, die am 14. November 1886 mit ihrem Heißluftballon erfolgreich nach Korsika geflogen waren. Über die Rue Saint-Michel gelangt man zur *Notre-Dame-du-Mont*, einer neoklassizistischen Kirche, auf deren gleichnamigen, sich in Richtung Cours Julien erstreckenden Vorplatz viele Restaurants zu finden sind. Die bunt bemalten Treppen der *Escaliers du Cours Julien* führen in wenigen Minuten wieder hinunter zum südlichen Rand des Vieux Port.

Marseille im Kasten
Graffiti- und Street-Art

Das Viertel am Cours Julien gilt als Mekka der Street-Art. Die Häuserfassa-

den zieren zahllose bunte Graffitis. Street-Art gilt als Weiterentwicklung und künstlerisch aussagekräftiger Zweig einer Graffiti-Bewegung, die längst der jugendlichen Subkultur entwachsen ist. Die grellbunten Spraybilder werden nicht länger als illegale, anarchische Schmierereien angesehen, sondern als anarchistischen Aufschrei, als Kunst im öffentlichen Raum, die mit ihrer Botschaft nicht nur einen privilegierten Personenkreis erreicht. In der vom Cours Julien abzweigenden Rue Bussy l'Indien hat der Graffiti-Künstler Juis den 2015 beim Attentat auf die Zeitschrift *Charlie Hebdo* ermordeten Karikaturisten Cabu mit einem Porträt samt Nickelbrille geehrt. Allerdings ist das Werk inzwischen weitgehend zerstört. Selbst die Stufen der Treppe vom Cours Julien hinunter zur Rue Estelle wurden in ein farbenfrohes Kunstwerk verwandelt. Ein zweites Zentrum der Graffiti-Kunst ist das historische Panier-Viertel.

Sehenswertes

Traditionsreiche Adresse der Stadt

Grand Hôtel Beauvau

Direkt am Hafen (der Eingang befindet sich an der Rückseite) erstreckt sich das verwinkelte Hotel Beauvau über mehrere Häuser. Das Hotel ist eine der traditionsreichsten Adressen der Stadt. Bereits Alphonse de Lamartine, George Sand und Frédéric Chopin wohnten hier. Auch Stefan Zweig stieg im November 1925 im Beauvau ab: „Ich habe als Hotel gefunden, was mir zusagt, altes Haus ohne Restaurant, das einzige, das Blick auf den Hafen hat." Der weitgereiste Schriftsteller schwärmte in einem Brief an seine Frau Friederike von dem Blick auf das Meer und den „Tropenbäumen" an der Küstenstraße und blieb fast zwei Wochen. Stefan Zweig hat mit der Wahl seines Hotels Geschmack bewiesen. Jedenfalls empfehlen Erika und Klaus Mann in ihrem 1931 erschienenen Reiseführer über die Riviera das noch heute existierende Hotel: „Das Hotel Beauvau hat eine feinere Tradition und herrschaftlichere Räumlichkeiten; es ist auch ein bißchen teurer. Die arrivierte Literatur bevorzugt es; diesen Winter hatte Jean Cocteau sich vorübergehend dort niedergelassen und einige Zimmer, die Sie für 60 fr. nach ihm mieten können, mit seinen Geräten und seinen Träumen erfüllt. " Inzwischen gehört das Hotel zu einem internationalen Konzern, besitzt aber immer noch einen besonderen Charme.

4, rue Beauvau. http://sofitel.com.

Marseilles berühmte Straße

La Canebière

Die Canebière zieht sich vom Vieux Port ungefähr einen Kilometer bis zur Église des Réformés hinauf. Benannt wurde der Straßenzug nach den Cannabis-Plantagen, den *chènevières*, die einst auf dem sumpfigen Areal hinter dem Hafen angelegt worden waren, um die rege Nachfrage nach Hanf für Schiffstaue decken zu können. Erst gegen Ende des 17. Jh. entwickelte sich die Canebière durch die Anlage neuer Wohnviertel allmählich zur Prachtstraße von Marseille. An der Südseite kann man noch die opulente Architektur des 18. Jh. bewundern, während an der Nordseite meist Häuser aus dem 19. Jh. dominieren. Schriftsteller und Reisende lobten einst die prachtvolle Aura des Boulevards. Heute sind die Cafés und der Glanz verschwunden, billige Kaufhäuser und Burgerfilialen haben sich breitgemacht, an den Balkonen der Bürgerhäuser zerbröseln die Karyatiden. Keine Frage: Die Canebière präsentiert sich als leicht heruntergekommene, lärmerfüllte Hauptverkehrsachse. Von der Atmosphäre der Kriegsjahre, als sich die verfolgten deutschen Emigranten in den Cafés der Canebière ein Stelldichein gaben, ist nichts mehr viel zu spüren. Das Hôtel du Louvre et de la Paix, in dem 1896 erstmals in Marseille der Film *L'entrée du train en gare de La Ciotat* („Die Ankunft eines Zuges im Bahnhof von La Ciotat") der Gebrüder Lumière gezeigt wurde, später dann Franz Werfel und Alma Mahler-Werfel im Exil wohnten, beherbergt heute eine C&A-Filiale. Und auch das 1901 eröffnete Café Riche (Hausnummer 40), in dem Heinrich Mann seine Nachmittage verbrachte, ist verschwunden.

Prachtbau der Chambre de commerce

Palais de la Bourse

Der von 1852 bis 1860 im historisierenden Stil errichtete Prachtbau der Industrie- und Handelskammer von Marseille zeugt vom Selbstverständnis dieser Institution. Seine 47 m breite und 26 m hohe Schaufassade mit neobarocken

Links und rechts der Canebière ↓ Karte S. 70/71

und klassizistischen Elementen erstreckt sich entlang der Canebière. Optisch gegliedert ist die Fassade durch zehn korinthische Säulen. Darüber befinden sich acht Plaketten mit den Namen berühmter Entdecker in französischer Schreibweise: d'Urville, Cook, Magellan, Vespuce, Colomb, Tasman, Gama und La Pérouse. Im Innern beeindruckt das 1120 m² große, mit schwarz-weißem Marmorboden ausgelegte zweigeschossige Foyer, das von Arkaden gesäumt wird.

9, la Canebière

Museum für Schiffsenthusiasten

Musée de la Marine & Économie

Das im Erdgeschoss der einstigen Börse von Marseille untergebrachte Marine- und Handelsmuseum besitzt zahlreiche Schiffsmodelle und andere maritime Exponate, die an die Seefahrertradition Marseilles erinnern. Selbstverständlich kommt auch das Genre der Marinemalerei nicht zu kurz. Ein paar historische Fotografien aus den 1950er-Jahren veranschaulichen das Leben am Vieux Port.

9, la Canebière (im Palais de la Bourse). Tgl. 10–18 Uhr. Eintritt 2 €, erm. 1 €.

Stadtgeschichte im Einkaufszentrum

Musée d'Histoire de Marseille

Ohne Frage, eines der interessantesten Museen in Marseille. Zumindest für diejenigen, die sich ausführlicher mit der Geschichte der Stadt beschäftigen wollen; Französischkenntnisse sind dabei hilfreich. Museumsdidaktisch gut aufbereitet, führt die Dauerausstellung auf über 15.000 m² in die Stadtgeschichte ein. Der Bogen spannt sich von der Vorgeschichte über die antiken Glanzzeiten bis zum 20. Jh., wobei zahlreiche Ansichten und Stadtmodelle den Wandel und die Veränderung des Stadtbildes dokumentieren. Und Marseille hat viel zu bieten, gehörte der Küstenstreifen doch zu den ältesten Siedlungsgebieten der Menschheitsgeschichte wie Felszeichnungen der Grotte Cosquer belegen, die man in den Calanques entdeckte. Der griechischen, römischen und kelto-ligurischen Antike ist ein großer Teil der Ausstellungsfläche gewidmet. Neben zahlreichen Vasen und Mosaiken wird die Aufmerksamkeit vor allem auf das 20 m lange Wrack eines römischen Handelsschiffes aus dem 3. Jh. gelenkt. Selbstverständlich kommt auch das mittelal-

Eindrucksvolle Reste eines antiken Schiffes

terliche Marseille mit der Gründung der Abbaye Saint-Victor nicht zu kurz. In weiteren Ausstellungsräumen wird der Wandel Marseilles zu einer französischen Stadt beschrieben, die unter Ludwig dem XIV. zum wichtigsten Hafen des Landes ausgebaut wurde und kurz vor der Französischen Revolution zu einem der bedeutendsten Häfen der Welt aufstieg. Im 19. Jh. wuchs die Einwohnerzahl, neue Stadtviertel entstanden und Marseille verfestigte seine Position als wichtigster Handelsplatz im Mittelmeer. Der Zweite Weltkrieg mit der Zerstörung der Wohnquartiere nördlich des Vieux Port wird leider weitgehend ausgespart, ebenso die Kollaboration und die Probleme, mit denen die Stadt nach der Unabhängigkeit Algeriens (1962) zu kämpfen hatte. Zuletzt gibt es Einblicke in die aktuelle Stadtentwicklung und Zukunftsvisionen.

Cours Belsunce

Square Belsunce. Das Museum befindet sich im Untergeschoss des Einkaufszentrums Centre Bourse. Tgl. außer Mo 10–19 Uhr. Eintritt 6 €, erm. 3 €. http://musee-histoire-marseille-voie-historique.fr.

Stadtgeschichte unter freiem Himmel

Jardin des Vestiges

Direkt an das Museum zur Stadtgeschichte grenzt der sogenannte Jardin des Vestiges an, der „Ausgrabungsgarten". Als man 1967 das Einkaufszentrum Centre Bourse errichten wollte, entdeckte man zahlreiche antike Zeugnisse. Die Ausgrabungen in dem heute als Parkanlage genutzten Areal förderten Teile der antiken Hafenanlagen, ein Süßwasserbecken (Schwimmbad?) und ein Stück der griechischen Stadtmauer zutage.

Square Belsunce.

Historische Flaniermeile

Cours Belsunce

Die ehemalige Prachtstraße wurde ab 1670 nach dem von Ludwig XIV. verfügten Abriss der Stadtmauern an der Nahtstelle zwischen der alten Stadt und den modernen Vierteln als barocke Anlage mit Marktfunktion errichtet. Der – später nach einem Bischof benannte – Cours Belsunce sollte die Verbindung zwischen der Canebière und der Porte d'Aix darstellen und zum Mittelpunkt eines neuen Stadtteils werden. Lange Zeit flanierten die Bürger entlang der mit Bäumen bestandenen Allee und kauften an den dortigen Marktständen ein, bevor im 20. Jh. ein steter Niedergang einsetzte.

Bibliothek im einstigen Theater

Théâtre de l'Alcazar

Das 1857 eröffnete Varietétheater war einst das Zentrum der populären Bühnenkunst. Bis zu seiner Schließung im Jahr 1966 standen hier so bekannte französische Stars wie Edith Piaf, Maurice Chevalier, Yves Montand, Dalida, Georges Brassens, Fernandel und Johnny Hallyday auf der Bühne. Das Theater wurde abgerissen und durch

Links und rechts der Canebière → Karte S. 70/71

eine 2004 eingeweihte Bibliothek (BVMR) ersetzt, wobei die Architekten Adrien Fainsilber und Didier Rougeon die alte Pforte des Alcazar mit ihrer markanten Markise in ihren Neubau integrierten. Die überregionale **Bibliothèque de l'Alcazar** hortet auf 18.000 m² auch eine Sammlung wertvoller Inkunabeln sowie mittelalterlicher Manuskripte. Es finden aber auch regelmäßig Konferenzen, Kulturveranstaltungen und Ausstellungen statt.

58, cours Belsunce. Di–Sa 11–19 Uhr. http://bmvr.marseille.fr.

Barocke Fischhalle
Halle Puget

Die historische Markthalle von 1666 gilt als ein Werk des berühmten französischen Architekten Pierre Puget, der sich beim Bau der Fischhalle an einem

Ein Museum für die Marseillaise

antiken Tempel orientierte und ein von ionischen Säulen getragenes Dach entworfen hatte. Im Jahr 1880 wurde das barocke Bauwerk in eine Kapelle verwandelt, dann aber von 1925 bis 1980 als Polizeikommissariat genutzt. Erst 1987 erfolgte schließlich eine Restauration in den ursprünglichen Zustand.

Rue Halle Puget

Siegesdenkmal
Porte d'Aix

Der 1839 eingeweihte Triumphbogen steht isoliert an der historischen Straße nach Aix-en-Provence und orientiert sich an den bekannten antiken Vorbildern. So sind die beiden Fassaden des 18 m hohen Baus auch durch je vier korinthische Säulen gegliedert, die von Statuen gekrönt werden. Ursprünglich hätte der Triumphbogen als Denkmal für Ludwig XIV. errichtet werden sollen, doch nach der Französischen Revolution und der darauffolgenden Restauration entschied man sich für ein allgemeiner gehaltenes Siegesdenkmal für Frankreich, das die Erinnerung an die erfolgreichen Schlachten (Austerlitz, Marengo etc.) hochhält.

Place Jules Guesde. Métro 2: Jules Guesde.

Geschichte der Nationalhymne
Mémorial de la Marseillaise

Wie die überdimensionale Flaggenattrappe zur Straße hin andeutet, wird in den Räumlichkeiten eines ehemaligen Hamams an die Geschichte der *Marseillaise* erinnert. Das 1792 komponierte Lied, das 1879 zur Nationalhymne ernannt wurde, gilt als ein bedeutendes Identifikationssymbol der französischen Republik. Mit Hilfe von Computeranimationen werden in der 300 m² großen Dauerausstellung verschiedene Facetten der *Marseillaise* beleuchtet.

23/25, rue Thubaneau. Mètro 2: Noailles. Di und Fr 10.30–15 Uhr. Eintritt 6 €, erm. 3 €.

Bahnhof mit monumentaler Freitreppe

Gare Saint-Charles

Der Kopfbahnhof von Marseille wurde 1848 eingeweiht und war schon damals die Endstation einer von Paris über Lyon ans Mittelmeer führenden Bahnlinie. Dank seiner monumentalen, ein wenig an Odessa erinnernden Treppe ist der auf einer Anhöhe errichtete Bahnhof Saint-Charles nicht nur für Bahnreisende einen Blick wert. Wer die 104 Stufen vom Boulevard d'Athènes hinaufgeht und genau hinsieht, entdeckt bei der 1927 eingeweihten Freitreppe den Prunk des Kolonialzeitalters: Die als aufreizende Damen gestalteten Skulpturen von Louis Bottinelly verkörpern die einstigen Kolonien. Am Fuße der Treppe lagert je eine Frau mit zwei Kindern als Sinnbild für die *Colonies d'Asie* und die *Colonies d'Afrique*, so als warten die beiden darauf, von der französischen Zivilisation erweckt zu werden. Eine späte Huldigung an das Kolonialreich, eingeweiht durch den damaligen französischen Präsidenten Gaston Doumergue.

Eindrucksvoll: Palais Longchamp

Square Narvik. Métro 1 und 2: Saint-Charles.

Neogotische Kirche

Église des Réformés

Ganz am Ende der Canebière gelegen, markiert die neogotische Kirche den optischen Fixpunkt der Straße. Die Kirche, deren richtiger Name Église Saint-Vincent-de-Paul de Marseille lautet, wurde an der Stelle der kleinen, dafür abgerissenen Chapelle des Augustins Réformés errichtet. Viele ausländische Reisende vermuteten aufgrund des Namens, es würde sich um eine evangelische Kirche handeln. Auch Anna Seghers spricht in ihrem Roman *Transit* von der „häßlichen großen protestantischen Kirche". Mit ihren beiden 70 m hohen Glockentürmen ist die 1886 geweihte Kirche ein markanter Orientie-rungspunkt. Die Westfassade wird zudem von einer großen Rosette und einer Dreiportalanlage gegliedert. Im Inneren gefallen die Buntglasfenster des französischen Glasmalers Édouard Didron (1836–1902).

8, cours Franklin Roosevelt. Métro 1: Réformés/Canebière. Mo–Sa 8–20, So 9–19 Uhr. http://saintvincentdepaulmarseille.com.

Ein Schloss für das Wasser

Palais Longchamp

Der breit gelagerte, 1869 vollendete Schlossbau ist ein typisches Produkt des Historismus. Der aus Nîmes stammende Architekt Henri Espérandieu – von ihm stammen auch die Pläne für Notre-Dame de la Garde (→ Tour 3, S. 49) – vereinte verschiedene Baustile zu einem repräsentativen Gebäude aus der Epoche des Zweiten Kaiserreichs. Die beiden Flügel des Palais sind durch Kolonnaden und eine monumentale Brunnenanlage verbunden. Viel Pomp für einen an sich profanen Zweck: Das Palais Longchamp markiert nämlich das Ende einer 84 km langen Leitung, die Marseille mit dem Wasser der Durance versorgt. Das Palais, unter dem sich der Wasserverteiler befindet, beherbergt heute zwei Museen (Le Musée des Beaux-Arts und Musée d'Histoire Naturelle).

Boulevard Longchamp. Métro 1: Cinq Avenues/ Longchamp.

Kunstmuseum im Palais Longchamp
Musée des Beaux-Arts

Das im linken Flügel des Palais Longchamp untergebrachte Museum der Schönen Künste präsentiert zahlreiche Werke französischer, italienischer und flämischer Meister, darunter Bilder von Breughel, Rubens, Jordaens, Carracci und Rigaut; zudem sind Pierre Puget (1620–1694), dem wohl bekanntesten Marseiller Bildhauer und Künstler, eigene Räumlichkeiten vorbehalten. Zur Sammlung des 19. Jh. gehören Gemälde von Gustave Coubet, Camille Corot, Émile Loubon sowie Paul Signac.

Palais Longchamp. Métro 1: Cinq Avenues/ Longchamp. Tgl. außer Mo 10–18 Uhr. Eintritt 6 €, erm. 3 €. http://culture.marseille.fr.

Naturkundemuseum im Palais Longchamp
Musée d'Histoire Naturelle

Den anderen Flügel des Palais Longchamp nutzt das 1819 gegründete städtische Naturkundemuseum mit einer geologischen und einer zoologischen Abteilung. Wie in allen naturhistorischen Museen kann man von der Giraffe über das Nashorn bis zum Tiger allerlei ausgestopftes Getier bewundern. Es gibt aber auch eine paläontologische und mineralogische Abteilung sowie eine Sektion mit der Flora und Fauna der Provence. Mit Hilfe von Führungen sollen vor allem Kinder und Jugendliche für die Natur sensibilisiert werden.

Palais Longchamp. Métro 1: Cinq Avenues/ Longchamp. Tgl. außer Mo 10–18 Uhr. Eintritt 6 €, erm. 3 €. http://culture.marseille.fr.

Wohnkultur am Ende des 19. Jh.
Musée Grobet-Labadié

Schräg gegenüber dem Palais Longchamp ließ sich der Industrielle Alexandre Labadié 1873 ein eindrucksvolles Stadtpalais errichten. Seine Tochter Marie, die in zweiter Ehe mit dem Musiker Louis Grobet verheiratet war, übertrug 1920 das Gebäude der Stadt, die es als Museum der Öffentlichkeit zugänglich machte. Das gut erhaltene Interieur bietet einen Einblick in die gehobene Wohnkultur des ausklingenden 19. Jh. Neben Gemälden, Zeichnungen, Möbeln und Wandteppichen beherbergt das Museum auch eine wertvolle Fayencensammlung aus dem 18. Jh.

140, boulevard Longchamp. Métro 1: Cinq Avenues/Longchamp). Derzeit wegen Renovierung geschl.

Fassade des Musée Grobet-Labadié

Sonnenbad am Cours Julien

Praktische Infos

→ Karte S. 70/71

Restaurants

La Cantinetta 21, ein ausgezeichnetes italienisches Restaurant mit einem schönen holzgetäfelten Speiseraum. Egal, ob beim Risotto oder den *Linguine alle vongole* (16 €) – hier werden auch anspruchsvolle Gaumen kulinarisch verwöhnt. Straßenterrasse, versteckter Garten. Eine Reservierung ist ratsam. So Ruhetag. 24, cours Julien. ☎ 0491481048, http://restaurantlacantinetta.fr.

MeinTipp L'Arôme 27, das von einem jungen Paar geführte Restaurant (er in der Küche, sie im Service) mit seinen schlichten Holztischen liegt in einer der für das Viertel typischen bunten Gassen. Der Koch Romain ist Autodidakt, aber er versteht sich auf eine ansprechende saisonale Küche mit provenzalischen Elementen. Es gibt ein wechselndes Drei-Gänge-Menü (28 €), wobei man jeweils drei bis vier Vorspeisen, Hauptgerichte und Desserts zur Auswahl hat. Kleine Straßenterrasse. Di–Sa nur abends geöffnet, zwei Wochen im August Betriebsferien. 9, rue des 3 Rois. ☎ 0491428880.

Le Bistro du Cours 22, das vermeintlich schlichte Bistro überrascht mit einer innovativen, stark saisonal orientierten Küche. Sehr gelungen waren die Steinpilze aus den Cevennen, die mit einem bei 64 Grad perfekt gegarten Onsen-Ei serviert wurden. Schöne beschattete Straßenterrasse. Mittagsmenü 20 €, abends kostet das Menü 32 €. So und Mo Ruhetag. 13, cours Julien. ☎ 0486975911, http://bistroducours.com.

L'Oléas 24, modern interpretierte mediterrane Küche mit einem guten Preis-Leistungs-Verhältnis, etwas unterhalb des Platzes. Ansprechendes Interieur, Straßenterrasse. Menüs zu 20 € (mittags), sonst 30 €. So, Mo und Mittwochabend geschl. 27, cours Julien. ☎ 0491478373, http://loleas.blogspot.com.

🐟 Le Cours en Vert 40, ein Biorestaurant am beliebten Cours Julien. Nett sitzt man auf den einfachen Holzstühlen. Hauptgerichte rund 13 €. So und Mo Ruhetag. Keine Kreditkarten. 102, cours Julien. ☎ 0675067990.

La Manne 4, ein Lokal mit authentischer gutbürgerlicher Küche in einem weniger gut beleumundeten Viertel. Als Vorspeise empfiehlt sich ein *Carpaccio de tomates anciennes* mit Burrata für 14,50 €. Als Hauptgerichte gibt es klassische französische Küche vom *Filet mignon de porc* bis zum *Gigot d'agneau*. Hauptgerichte 15–18 €. Straßenterrasse. Sa und So Ruhetag. 18, boulevard de la Liberté. ☎ 0491087739, http://lamanne.fr.

Links und rechts der Canebière ↓ Karte S. 70/71

mein Tipp **Café l'Écomotive 2**, direkt unterhalb der Freitreppe des Hauptbahnhofs befindet sich dieses herrlich verspielte Café mit seinem bunten Mobiliar. Serviert werden viele Bio- und vegane Gerichte. Leckeres Frühstück. Straßenterrasse. Mo–Sa 8.30–19, So 9.30–19 Uhr. 2, place des Marseillaises. ☏ 0652358331, http://lecomotive.org.

Nour d'Egypte 3, ein ägyptisches Restaurant mit gutem Essen, sehr freundlichen Inhabern und einer traumhaften Dachterrasse. Das Restaurant ist gleichzeitig ein ägyptisches Kulturzentrum mit Ausstellungen bzw. Arabischkursen. Freitagmittag und Sonntagabend geschl. 10, rue Bernex. ☏ 0980630656, http://nourdegypte.com.

E ssen & Trinken
(S. 69–72)

1 Teavora
2 Café l'Écomotive
3 Nour d'Egypte
4 La Manne
13 Le Fémina
18 Bistrot Georges
21 La Cantinetta
22 Le Bistro du Cours
24 L'Oléas
27 L'Arôme
30 Chez Ida
32 El Santo Cachón
36 Les Portes de Dames

40 Le Cours en Vert
43 O'Bidul
44 Bataille
47 Le Goût des Choses
48 Le Corto
49 Mama Shelter

Teavora , „ein wunderschöner orientalischer Teesalon. Man sitzt auf Kissen oder kleinen Hockern und zieht die Schuhe aus, da auf dem Boden Sand ausgelegt ist. Es gibt auch eine kleine Terrasse. Dort finden hin und wieder kulturelle Veranstaltungen statt." – empfohlen von einer unserer Leserinnen. 65, boulevard Longchamp. ✆ 0491957390, http://facebook.com/Teavora.

Chez Ida 🟥30, das nette, im Bistrostil eingerichtete Lokal ist bekannt für seine Karaoke-Abende (Fr und Sa ab 22 Uhr beginnt das bei den Einheimischen beliebte Spektakel). Bodenständige Kost, so bei einem hausgemachten Kalbsfrikassee (*Blanquette de veau*) oder *Pieds & paquets* (Schafsfüße und gefüllte Schafsmägen). *Plat du jour* 10 €, Mittagsmenü 16 €. Karaoke-Menü 38 € inkl. Aperitif und einem Getränk. Dachterrasse. Mo–Do nur mittags geöffnet, Samstagmittag und So geschl. 7, rue Ferdinand Rey. ✆ 0491470497, http://chezida.fr.

Mama Shelter 🟥49, das zum gleichnamigen Hotel gehörende Restaurant wurde von Philippe Starck designed. Cooles Ambiente. Serviert wird beispielsweise ein Carpaccio von der Dorade, anschließend eine *bavette* mit selbst gemachten Pommes (25 €). Ausgezeichneter Sonntagsbrunch für 36 €. Netter Innenhof. Kein Ruhetag. 64, rue de la Loubière. ✆ 0484352100, http://mamashelter.com/fr/marseille.

Bataille 🟥44, das zum gleichnamigen Feinkostgeschäft gehörende Bistro serviert ein Mittagsmenü für 15 €. Lohnend ist aber die *Assiette fromagère* für 17,50 € mit sechs verschiedenen Käsesorten (Mesclun, Saint-Nectaire, Ferme du Terrasson, Comté 14 mois, Rocamadour fermier und Roquefort). Straßenterrasse. So Ruhetag. 25, place Notre Dame du Mont. ✆ 0491470623, http://batailletraiteur.com.

Le Corto 🟥48, ein beliebtes kleines Restaurant mit internationaler Küche. Es gibt gebackenen Camembert und Entenbrust, aber auch Ceviche von der Dorade oder vegetarisches Wok-Gemüse. Vom Konzept her wie ein Tapas-Lokal, die Gerichte kann man mit seinen Freunden auch teilen. Zwei Gerichte 19 €. Nur abends geöffnet, So Ruhetag. 24, place Notre Dame du Mont. ✆ 0491531950, http://lecorto-restaurant.com.

Le Goût des Choses 🟥47, ein bodenständiges Lokal mit gutem Preis-Leistungs-Verhältnis. Das Spektrum reicht von Kalbsnieren mit Kartoffelbrei bis zu einem *Fricassée de calamars au chorizo*. Es gibt aber auch ein vegetarisches Angebot. *Plat du jour* 13 €, Mittagsmenüs zu 17 und 22 €, abends 29 und 38 €. Straßenterrasse. Mo und Di Ruhetag. 4, place Notre Dame du Mont. ✆ 0491487062, http://legoutdeschoses.fr.

mein Tipp **Bistrot Georges** 18, ein schönes farbenfrohes Nachbarschaftsbistrot, in das sich kaum Touristen verirren. Im Inneren gefallen die schlichten Holztische und -stühle. Die Küche ist ambitioniert und vielversprechend, ein

Neuseeländer am Herd sorgt für exotische Finesse. *Plat du jour* 10–14 €. Wer will, kann hier auch frühstücken. Straßenterrasse. Mo–Sa 8–22 Uhr. 115, boulevard Chave. ℘ 0984305328, http://facebook.com/restaurant.bistrot.georges.marseille.

El Santo Cachón 32, ein nettes chilenisches Restaurant, dessen Einrichtung von einem großen Tresen dominiert wird. Leckere Ceviche, Glas Wein ab 3,50 €. Nur abends geöffnet, So Ruhetag, Mitte Juli–Mitte Aug. Betriebsferien. 40, rue Ferrari. ℘ 0695994593.

Les Portes de Dames 36, das syrische Restaurant unterhalb des Cours Julien ist das Lieblingslokal von einer unserer Leserinnen, die nicht nur das fantastische Essen, sondern auch den freundlichen Besitzer lobte. Am Wochenende finden häufig kleine Konzerte mit syrischer Musik statt. Mittags gibt es einen Mezze-Teller mit einem Glas Wein, Dessert und Café für 14,50 €. Di–Sa 10–15.30 und 18.30–23.30, So und Mo 10–15.30 Uhr. 94, rue d'Aubagne. ℘ 0610872652, https://falafeldamas.wordpress.com.

O'Bidul 43, ein bodenständiges Lokal mit guter französischer Küche ohne großen Schnickschnack, zudem kostet das Zwei-Gänge-Menü nur 17 €. Die aktuellen Gerichte (*Cuisse de canette*) sind auf einer Schiefertafel angeschrieben. Achtung: Es gibt nur wenige Tische, daher ist das Lokal schnell voll! Di–Sa 12–14, Do–Sa auch 19.30–22 Uhr, Ende Sept. zwei Wochen Betriebsferien. 79, rue de la Palud. ℘ 0491339378.

Le Fémina 13, seit 1921 wird in diesem Familienlokal Couscous (je nach Variante 12,90 bis 23,90 €) zubereitet. Dazu bestellt man stilecht einen Minztee (*Thé à la menthe*). Sonntagabend und Mo geschl. 1, rue du Musée. ℘ 0491540356.

Cafés und Nachtleben

ID Fixe 31, nur eine der zahlreichen Adressen rund um den Cours Julien und die Place Paul Cézanne, in denen sich tagsüber und abends das Szenepublikum trifft. Und wenn der Wirt ein wenig grummelt: Er ist auf Touristen nicht angewiesen. Menüs zu 16 €, *Plat du jour* sowie Salate für 10 €. Tgl. außer So 8–2 Uhr. 74, cours Julien. ℘ 0491489156.

Au Petit Nice 20, die von dem ehemaligen Boxchampion Richard Caramanolis betriebene Eckkneipe ist eine Institution im Quartier. Viel Patina, viel Volk – und die Plätze auf der großen Straßenterrasse sind nicht nur an den Markttagen begehrt. Im Inneren erinnern Plakate an die Boxkarriere des ehemaligen Europameisters. Tgl. außer Mo 11–2 Uhr. 28, place Jean Jaurès. ℘ 0491644436.

Waaw 29, lockere Bar, ideal zum Chillen, aber wahrscheinlich kein Wunder: Ist doch Waaw die Abkürzung für „What an amazing world". Ein Hotspot der Szene vom Cours Julien. Di–Sa 16/18–24 Uhr. 17, rue Pastoret. ℘ 0491421633, http://waaw.fr.

Starbucks 45, ohne Zweifel: dies ist ein amerikanischer Coffeeshop, aber eine lohnende Abwechslung zur langweiligen französischen Kaffeekultur. Schöne Dachterrasse. Tgl. 7.30–19.30 Uhr. 12, rue Montgrand.

Amandine 15, ein kleines Café mit leckeren Törtchen, Keksen, *navettes* und selbst gemachtem Eis. Straßenterrasse. Tgl. 8–19 Uhr. 69, boulevard Eugène Pierre. ℘ 0491470083, http://patisserieamandine.fr.

Einkaufen

Noailles 9, alteingesessene Kaffeerösterei (seit 1927!) mit einem schönen Metallvordach. Es gibt auch Tee und kleine süße Leckereien wie Macarons und Muffins. Ansprechendes Ambiente. Mo–Sa 7–19, So 10–18 Uhr. 56, La Canebière. http://noailles.com.

Herboristerie Père Blaize 19, das 1815 eröffnete Herbarium ist noch immer eine Fundgrube für Kräuterliebhaber. Historische Ladeneinrichtung! Di–Sa 9.30–18.30 Uhr. 4–6, rue Meolan et du Père Blaize. http://pereblaize.fr.

La Chocolatière de Marseille 25, selbst gemachte süße Verführungen – zum Dahinschmelzen! Tgl. außer So 10–19 Uhr. 35, rue Vacon. http://lachocolatieredemarseille.com.

mein Tipp **Tcheka 41**, das 1998 von Nicolas Douyer in Marseille begründete Modelabel Tcheka beliefert inzwischen nicht nur über 200 Geschäfte weltweit, sondern betreibt in der Nähe des Cours Julien eine coole Boutique. Di–Sa 10–19 Uhr. 5, rue Fontage. http://tcheka.com.

Famethic 5, eine kleine Boutique, die sich auf handgemachte Lederwaren (Gürtel, Geldbeutel, Taschen etc.) versteht. Di–Sa 14–19 Uhr. 6, boulevard de la Liberté. http://famethic.com.

Ma Terre 39, ein kleiner Bioladen mit lokalen Produkten. Mittags gibt es einen Imbiss,

Assiette du jour 12 €. Di–Sa 8.30–19.30, So 9–13 Uhr. 92, cours Julien. http://materre.net.

Boutique OM  11, die ideale Adresse für Fans von Olympique Marseille, sich mit Trikots und anderen Fanartikeln einzudecken. Mo–Sa 10–19 Uhr. 44, La Canebière. http://boutique.om.net.

Fnac 10, das große Medien- und Elektrokaufhaus befindet sich in der obersten Etage des Einkaufszentrums Bourse. Mo–Sa 10–19 Uhr. 17, cours Belsunce.

Gibert Joseph 7, gut sortierte Buchhandlung, auch studentische Fachliteratur. Mo–Sa 10–19 Uhr. 2–8, boulevard Dugommier. http://gibertjoseph.com.

meinTipp **Maison Empereur** 14, eine französische Variante von Manufactum, allerdings gibt es Empereur schon seit 1827. Verteilt auf mehrere Gebäude werden in den verwinkelten Räumlichkeiten von zeitloser Kleidung, über Töpfe und Messer bis hin zu Werkzeugen und Spielzeug qualitativ hochwertige, traditionell hergestellte Produkte verkauft. Mo–Sa 9–19 Uhr. 4, rue des Récolettes. http://empereur.fr.

La Chapellerie 16, ein traditioneller, alteingesessener Hutmacher. Mo–Sa 9–12 und 14–18 Uhr. 5, cours Saint-Louis. http://chapellerie.com.

L'Épicerie l'Idéal 17, eine ansprechende Feinkosthandlung (Käse, Wurst, Wein, Konfitüre) mit Mittagstisch. Di–Sa 9.30–19 Uhr. 11, rue d'Aubagne. http://epicerielideal.com.

Tata Zize 33, eine sympathische Boutique im Vintage-Stil. Mo 14–19, Di–Sa 10–19 Uhr. 29, rue Bussy l'Indien.

Dans tes rêves 38, ein netter Laden mit zahlreichen, teilweise witzigen Deko-, Retro- und Vintage-Artikeln. Mo–Sa 10–19 Uhr. 1bis, rue Pastoret. http://danstesreves-deco.com.

meinTipp **L'Art de la Fromagerie** 35, dieses 1952 eröffnete Geschäft ist eine Institution! Veredelte Käsespezialitäten, große Auswahl. Di–Fr 9–13 und 15.30–19.30, Sa 9–19.30, So 9.30–13 Uhr. 20, rue Saint-Michel. http://lartdelafromagerie.com.

Lilou Vintage 37, eine Boutique für Vintage-Liebhaber. Sweater, Blusen, Schuhe, Taschen und Accessoires, teilweise aus den 1950er-Jahren. Di–Sa 11–19 Uhr. 1bis, rue Pastoret.

Bataille 46, eine Feinkosthandlung mit hervorragendem Käseangebot. Mo–Sa 8.30–19.30,

Buntes Treiben am Marché des Capucins

So 9–13 Uhr. 18, rue Fontange. http://batailletraiteur.com.

Becbunzen 34, Vintage-Möbel und Industrial Design, von Sesseln über Lampen bis zu Porzellan. Di–Sa 10.15–13 und 15.15–19 Uhr. 60, rue Trois Frères Barthélémy. http://becbunzenboutique.com.

Fjetje 42, ein Paradies für Bierfreunde ist diese *cave à bières*. Im Angebot sind zahlreiche Biersorten kleiner Brauereien. Di–Sa 10–13 und 15.30–19.30 Uhr. 2, rue Fontange. http://fietje.fr.

Jolie Rouge 28, eine netter Vintage-Store mit angegliedertem Café. Mo–Sa 10.30–14 und 17–20 Uhr. 72, rue d'Aubagne.

Marché de la Plaine 23, ein großer bunter Markt mit arabischem Flair. Angeboten werden Lebensmittel, Klamotten, Schuhe, Strümpfe; es gibt sogar Matratzen und Haushaltswaren zu vergleichsweise günstigen Preisen. Jeweils Di, Do und Sa bis 13.30 Uhr; Mi Blumenmarkt. Place Jean Jaurès.

Marché des Capucins (Marché de Noailles) 12, eine exotische Marktstraße mit viel Obst und Gemüse, es werden aber auch orientalische Gewürze verkauft. Mo–Sa 9–19 Uhr. Rue du Marché des Capucins.

🍃 **Marché du Cours Joseph Thierry** 6, bunter Stadtteilmarkt. Mo–Sa 8–13 Uhr, Di und Sa mit Biomarkt. Cours Joseph Thierry.

Marché des Bouquinistes 8, ideal zum Stöbern in Secondhand-Büchern. Di–Sa 8.30–18.30 Uhr. Square Léon Blum.

Links und rechts der Canebière → Karte S. 70/71

Meerblick pur
Tour 5

Auf der vom Vieux Port nach Süden führenden Küstenstraße präsentiert sich Marseille von seiner mediterranen Seite. Man kann wunderbar joggen, am Meer entlang bummeln oder an einem der Strände baden gehen.

Entlang der Küste
La Corniche

Eine Fahrt oder ein Spaziergang entlang dieses Küstenabschnittes bietet herrliche Blicke auf die Bucht von Marseille und die vorgelagerten Inseln. Leicht wird dabei übersehen, dass dieses Vergnügen erst seit gut 150 Jahren möglich ist. Die von der Plage des Catalans zum Plage du Prado führende Uferstraße La Corniche wurde zwischen 1848 und 1863 angelegt und ist rund 4 km lang. Genau genommen entstand die Küstenstraße im Zuge einer Arbeitsbeschaffungsmaßnahme, da sie größtenteils von Arbeitslosen der *Ateliers municipaux*, der städtischen Betriebshöfe, gebaut wurde. Zeitweise sollen bis zu 8000 Männer beschäftigt gewesen sein. Durch die Straße wurde der bis dahin kaum bebaute Küstenstreifen urbanisiert, der einst isolierte Fischerhafen Vallon des Auffes erschlossen und mit einer Brücke überquert. Die Lage mit Meerblick war exquisit, sodass sich das vermögende Marseiller Bürgertum prunkvolle Villen wie das Château Berger errichten ließ. Nach der Ermordung des amerikanischen Präsidenten erhielt die Uferstraße 1963 den offiziellen Namen Corniche du Président John Fitzgerald Kennedy. Die Küstentour lässt sich bis zu den Stränden an der Plage du Prado und weiter zum Fischerdorf Les Goudes fortsetzen.

Spaziergang

Die Südwestseite des Alten Hafens wird von dem mächtigen, aber nicht öffentlich zugänglichen **Fort Saint-Nicolas** dominiert. Hier beginnt unser Spaziergang, der uns nach zwei Minuten zum Eingang des **Parc du Pharo** mit dem Palais du Pharo führt. Die exponierte Lage des ursprünglich für den letzten Kaiser Frankreichs errichteten

herrschaftlichen Wohnsitzes bietet einen herrlichen Panoramablick auf den Vieux Port und den nördlichen Küstenabschnitt. An der ein kleines Stück dahintergelegenen *L'Anse du Pharo* soll bis 2020 ein weiterer öffentlicher Park direkt am Meer entstehen. Kurz hinter einer Kurve gelangt man zur **Plage des Catalans**, dem ersten Strand an der Küste. Hier betreibt der 1921 gegründete Schwimmverein *Cercle des Nageurs* de Marseille ein (nicht öffentliches) Schwimmbad mit drei Sportbecken. Weiter an der Küste entlang, passiert man ein paar ansprechende Restaurants mit Meerblick wie das „*Péron*", bis man schließlich den markanten Torbogen des **Monument aux morts des armées d'Orient et des terres lointaines** erreicht, das „Denkmal für die Toten der Orientarmee und fernen Länder".

Jetzt ist es nur ein Katzensprung zum kleinen Bilderbuchhafen **Vallon des Auffes**. Die Küstenstraße überspannt ihn in einer Höhe von 17 m. Zum Meer hin gibt es ein kleines, durch eine Betonmole abgegrenztes Becken, in dem man schwimmen kann. Die nächste Station an der Küste ist das ehemalige Fischerdorf **Malmousque**, dessen schmale gleichnamige Dorfstraße hinunter zu einem Minihafen führt. Weiter auf der Küstenstraße erreicht man eine Brücke, die eine kleine Bucht namens *Anse de la Fausse Monnaie* überspannt. Rechter Hand kann man von der Brücke aus gut das „*Le Petit Nice*" erkennen, ein renommiertes Fünf-Sterne-Hotel mit seinem noch bekannteren Drei-Sterne-Restaurant. Die schwungvoll geformte, teilweise mit bunten Mosaikbildern geschmückte Betonbank, die an der Küstenstraße von der Brücke Pont Fausse Monnaie bis zum Hotel Sofitel Palm Beach führt, ist fast 2 km lang und galt bei ihrer Eröffnung laut *Guiness-Buch der Rekorde* (1965) als längste Bank der Welt. Da es in Marseille nicht viele gute Laufstrecken gibt, muss man sich den Weg mit zahllosen trainierten Hobbysportlern, aber auch Radfahrern und Anglern teilen. Linker Hand auf einem Hügel erhebt sich die **Villa Valmer**, die – ebenso wie das extravagante *Château Berger* und die *Villa Gaby* – im 19. Jh. von reichen Bürgern der Stadt in Auftrag gegeben worden war. Auf der Meerseite lädt die auch bei Familien beliebte *Plage du Prophète* mit ihrem Sandstrand zu einem Badestopp ein. Nächster markanter Blickfang ist das *Mémorial des rapatriés d'Algérie* des Bildhauers César. Die 9 m hohe Propellerklinge aus Bronze erinnert an die aus Nordafrika vertriebenen Algerienfranzosen. Wenig später passiert man die *Bains de Mer Chauds*, ein ehemaliges Zentrum für Thalassotherapie, und kann die hinter dem Strand errichtete Luxuswohnanlage Prado Rivage sehen, deren Wohnungen für Quadratmeterpreise von über 10.000 Euro verkauft wurden. Die *Plage du Prado* bietet dann auch an heißen Sommertagen viel Platz für Sonnenhungrige. Jedes Jahr sollen sich hier 3,5 Mio. Besucher tummeln.

Marseille im Kasten

Cabanons – eine spartanische Sommerfrische

Entlang der Mittelmeerküste, die sich im Osten der Stadt vom Vallon des Auffes bis zu den Calanques erstreckt, standen einst mehr als tausend *cabanons*, die sich in teilweise wilder Bebauung über die Hügel und rund um die felsigen Buchten ausgebreitet hatten. Durch den Bauboom der Nachkriegsjahre hat sich Marseille weit in das Umland hineingefressen, sodass ein großer Teil der Cabanons heute verschwunden ist.

Ursprünglich war der Cabanon ein Sommerhaus, in dem sich die Marseiller an den Sonntagen und in den Ferien zusammen mit der Familie trafen, um die Natur zu genießen und sich den Tagesablauf nur vom Rhythmus der Sonne diktieren zu lassen. Abends versammelte man sich an einer langen Tafel, um sich an einem leckeren Essen, zumeist mit frisch gefangenem Fisch, zu erfreuen.

Die ersten Cabanons entstanden gegen Ende des 19. Jh., als die Stadt immer größer und reicher wurde. Dabei handelte es sich nicht um ein Freizeitvergnügen für Wohlhabende: Die Cabanons sind ein wichtiges Zeugnis der Freizeitkultur aller sozialen Schichten. Die Häuser waren keine komfortablen Unterkünfte, vielmehr handelte es sich um einfache Holzhütten mit einer Veranda, die weder über Strom noch über einen Wasseranschluss verfügten. In seiner einfachen Form ähnelt der Cabanon einem Bootsschuppen, voll mit Tischen, Stühlen, Kissen, Geschirr, Gaskochern, Matratzen, Sonnenschirmen.

Mit anderen Worten: mit allem, was man benötigt, um einen Tag am Meer zu verweilen.

Für die Marseiller umgibt die Vorstellung, die warmen Sommertage in einem Cabanon zu verbringen, bis heute eine geradezu mythische Aura. Auch der berühmte, verstorbene Krimiautor Jean-Claude Izzo erinnerte sich mit Wehmut daran, wo und wie er im Alter von fünfzehn Jahren das erste Mal ein Mädchen geküsst hatte: „Das war in einer kleinen Hütte in Les Goudes, zu der Zeit im Sommer, zu der die Erwachsenen Siesta machen. "

Selbst in bürgerlichen Kreisen ist man bis heute stolz darauf, ein Cabanon zu besitzen oder, wenn es nicht anders geht, am Wochenende zum Cabanon eines Freundes zu fahren. In der Regel sind diese nur gemietet, aber dieses Mietrecht wird zumeist weitervererbt, denn aus den spartanischen Unterkünften sind durch An- und Umbauten inzwischen häufig komfortable Wohnungen mit Bad und Küche geworden. Nicht wenige Menschen leben sogar das ganze Jahr über in ihrem Cabanon. Jean-Claude Izzo lässt in seinem Kriminalroman *Chourmo* seinen Kommissar Fabio Montale in einem von den Eltern geerbten Cabanon in Les Goudes wohnen: „Während meiner müßigen Stunden hatte ich sie mehr schlecht als recht wieder instand gesetzt. Es war alles andere als luxuriös, aber acht Stufen unter meiner Terrasse lagen das Meer und mein Boot. Und das war bestimmt besser als jede Hoffnung auf das Paradies im Jenseits."

Übrigens ist der Prado-Strand ein Nebenprodukt der 1977 eröffneten Métro von Marseille. Der bei den Arbeiten für den U-Bahn-Bau angefallene Schutt wurde dazu verwendet, dem Meer einen 45 ha großen Badepark mit Grünanlagen abzuringen, in dem es auch gastronomische Betriebe gibt. Auf einem Kreisverkehr steht eine Nachbildung von Michelangelos *David* auf einem Sockel – die Statue aus Carrara-Marmor ist ein Geschenk des Bildhauers Jules Cantini. Auf einem kleinen Hügel wurde in Erinnerung an Arthur Rimbauds Gedicht *Le Bateau ivre* („Das trunkene Schiff") ein Monument errichtet. Der von vielen Künstlern verehrte Rimbaud verstarb am 10. November 1891 im Hôpital de la Conception in Marseille. Ein paar hundert Meter weiter folgt der nächste künstliche Strandabschnitt, die Plage de Borély, deren Strandrestaurants sich abends auch toll zum Chillen eignen. Mit dem Bowl de

David blickt auf die Plage du Prado

Marseille gibt es direkt hinter dem Strand einen legendären Skaterpark.

> **Hinweis**: Vom Vieux Port bis zur Métro-Station Rond-Point du Prado fährt die Buslinie 83 an der Küste entlang. Direkt hinter dem Strand ist die Haltestelle La Plage. Alternativ kann man von Pointe-Rouge, südlich des Prado-Strands, im Sommerhalbjahr auch mit dem Schiff zurück zum Vieux Port fahren.

Von der Plage du Prado kann man anschließend auch weiter entlang der Küste bis zu den Fischerdörfern **Les Goudes** oder **Callelongue** laufen oder fahren. Die Strecke bis La Madrague ist allerdings so langweilig, dass man besser den Bus Nr. 19 an der Haltestelle La Plage hinter dem Prado-Strand nimmt. Von La Madrague fährt dann der Bus Nr. 20 über Les Goudes bis zur Endstation Callelongue. Durchaus reizvoll ist aber ein Spaziergang entlang der Küstenstraße ab La Madrague, der an ein paar Buchten wie der Calanque de l'Escalette und der Calanque des Trous vorbei in einer knappen Stunde nach Les Goudes führt. Dabei kann man unweit der Calanque de l'Escalette bei der Industriebrache *Friche de l'Escalette*, eine ehemalige Bleifabrik, nach Voranmeldung auch einen Skulpturenpark besichtigen (http://friche-escalette.com).

La Corniche → Karte S. 82

Sehenswertes

Festungsanlage
Fort Saint-Nicolas

Fort Saint-Jean und Fort Saint-Nicolas, die beiden einander gegenüberliegenden Zitadellen, bilden seit mehr als drei Jahrhunderten die wehrhafte Eingangspforte zum Vieux Port. Doch die Idee war nicht neu: Bereits die Johanniter sicherten im Mittelalter die Zufahrt des Hafens mit einem mächtigen Wehrturm. Die Pläne für den Bau der noch immer gut erhaltenen Zitadellen erstellten Vauban und der Chevalier de Clerville im Auftrag Ludwigs XIV.; der Sonnenkönig wollte mit diesen imposanten Festungen nicht nur die Stadt vor feindlichen Überfällen schützen, sondern zugleich den rebellischen Einwohnern seine absolutistische Macht vor Augen führen. Im Fort Saint-Nicolas ist Ende 1939 der provenzalische Schriftsteller Jean Giono inhaftiert gewesen, nachdem er ein Pamphlet gegen die Regierung Daladier veröffentlicht hatte.

Boulevard Charles Livon. Die Festung ist öffentlich nicht zugänglich.

Kaiserliche Residenz am Meer

Parc du Pharo

Hinter dem Fort Saint-Nicolas befindet sich der Parc du Pharo mit dem gleichnamigen klassizistischen Schloss, das ursprünglich als Residenz für Kaiser Napoleon III. und Kaiserin Eugénie vorgesehen war. Bevor die Bauarbeiten abgeschlossen waren, musste Napoleon III. 1871 allerdings ins Exil nach Großbritannien gehen, sodass das kaiserliche Paar nie in dem als dreiflügelige Anlage errichteten **Palais du Pharo** gewohnt hat. Ein paar Jahre später wurde der Palais du Pharo von der Stadt Marseille erworben, die hier ein Krankenhaus einrichtete. Heute wird der Palast für Kongresse und Tagungen genutzt.

Auf der Wiese vor dem Schloss befindet sich seit 2013 die Installation *84 Arcs* des Künstlers Bernar Venet. Es handelt sich dabei um mehrere aneinandergereihte, 4,50 m hohe, halb offene Stahlbögen. Umgeben ist das Schloss von einer großen Gartenanlage, die immer wieder schöne Blicke auf den Vieux Port und das Meer bietet.

58, boulevard Charles Livon. Buslinien 81, 82 und 83 bis Le Pharo.

Das Tor zum Orient

Stadtstrand mit Unterwassermuseum

Plage des Catalans

Der Name der Plage des Catalans leitet sich von einer Gruppe spanischer Fischer ab, die sich hier vor rund 300 Jahren angesiedelt hatten. Ende des 19. Jh. entstand an dieser Stelle dann eine der ersten Badeanstalten der Stadt, die allerdings nur einem zahlungskräftigen Publikum offenstand. Erst seit dem Jahr 2001 ist die Plage des Catalans kostenlos zugänglich und seither nicht nur gut gepflegt, sondern auch gut besucht. Da der Zugang aus Sicherheitsgründen auf 1000 Personen beschränkt ist, können sich im Hochsommer am Eingang lange Schlangen bilden. Zur Infrastruktur des Strandes gehören zwei Beachvolleyball-Felder sowie öffentliche Duschen; das Baden ist im Sommer überwacht.

Rund hundert Meter weit im Meer befindet sich seit 2017 ein faszinierendes Unterwassermuseum. Der Künstler Jason deCaires Taylor hat in acht Meter Tiefe auf einer Fläche von 2400 m² das **Musée subaquatique de Marseille** geschaffen. Dabei handelt es sich um einen Skulpturenpark aus pH-neutralem Beton, der es ermöglicht, dass dort im Laufe der Zeit ein künstliches Riff entstehen kann. Der Eintritt zu diesem Museum ist übrigens frei …!

Rue des Catalans. Etwa 15 Fußminuten vom Vieux Port oder Buslinien 81, 82 und 82s bis Plage des Catalans. Tgl. 8–20 Uhr.

Blick Richtung Orient

Monument aux morts des armées d'Orient et des terres lointaines

Direkt an der Uferpromenade steht das gigantische Denkmal für die Toten der Orientarmee, in dessen Mitte eine bronzene Frauenstatue mit hoch erhobenen Armen steht. Es ist ein Symbol des Sieges und des Triumphes. Der Torbogen wird von steinernen Soldaten flankiert, an beiden Seiten sind die Namen und Daten der großen Feldzüge eingemeißelt. Bewusst lenkt das Tor den Blick des Betrachters Richtung Orient, eine

Treppe führt hinter dem Monument direkt zum Meer hinunter.

Corniche Président John F. Kennedy. Buslinie 83 bis Vallon des Auffes.

La Corniche ↓ Karte S. 82

Marseille im Kasten
Marseille und der Orient

Marseille gilt gemeinhin als das Tor zum Orient. Schon während der Römerzeit und des Mittelalters gab es einen regen Handel und Austausch mit der anderen Seite des Mittelmeers, und auch später im Kolonialzeitalter richteten sich die französischen Augen geradezu selbstverständlich auf Algerien, Tunesien und Marokko. Doch auch im Senegal und in Gabun gierte man nach Rohstoffen und politischem Einfluss. „Marseille ist Frankreichs Triumphstraße zu den nördlichen Küsten Afrikas; das große Tor, das sich zu den Ländern des Orients und des fernen Ostens hin öffnet", befand Staatspräsident Raymond Poncaré 1913. Kein Wunder, dass die Franzosen im Ersten Weltkrieg unweigerlich mit den Deutschen in Afrika aneinandergerieten, denn wie die Bezeichnung „Weltkrieg" bereits andeutet, lieferte man sich nicht

nur in Flandern und der Champagne heftige Schlachten, sondern ebenso auf dem Schwarzen Kontinent, wobei Frankreich in erster Linie an der Erweiterung seines Kolonialbesitzes interessiert war. Nun, die Deutschen verloren bekanntlich alle afrikanischen Kolonien, und Frankreich ehrte die toten Helden seiner Orientarmee mit einem monumentalen Denkmal, das man 1927 mit einem feierlichen Akt direkt an der Uferstraße von Marseille einweihte.

Und weil Frankreich ein ganz unverkrampftes Verhältnis zu seinen Toten und Kriegshelden pflegt, wurde das Denkmal im Jahr 2011 gewissermaßen geadelt und vom französischen Staat zum *Monument historique* erklärt. Damit steht es auf einer Stufe mit dem Papstpalast in Avignon oder der Basilika Notre-Dame de la Garde.

Ein Hafen wie aus dem Bilderbuch
Valon des Auffes

Der Vallon des Auffes ist bis heute ein traditioneller Fischerhafen geblieben. Mit seinen Booten, den kleinen Fischerhäusern und Restaurants wirkt er wie eine Oase im hektischen Treiben der Millionenmetropole Marseille. Ursprünglich war der Vallon des Auffes eine felsige Bucht wie die berühmten Calanques von Cassis, doch dann wurden sie Ufer im 19. Jh., als man die Küstenstraße ausbaute, betoniert. Glücklicherweise blieb das Flair des Bilderbuchhafens erhalten, da die Corniche über eine Brücke am Vallon vorbeige-

führt wird. Über eine versteckte Treppe geht es hinunter in das stimmungsvolle Hafenambiente, das auch schon wiederholt als Filmkulisse genutzt wurde, allen voran für den 1971 gedrehten Actionthriller *French Connection*. Mit dem „L'Epuisette" und dem „Chez Fonfon" finden sich hier auch zwei gute, aber hochpreisige Restaurants.

Buslinie 83 bis Vallon des Auffes.

Verstecktes Idyll am Meer
Malmousque

Das von der Corniche abgegrenzte ehemalige Fischerdorf erstreckt sich über eine Halbinsel und ist einen kurzen

Abstecher wert. Unten an dem kleinen, eng bebauten kiesigen Hafen (Anse de Malmousque) sind die kleinen Fischerboote aus Platzgründen an den Rändern aneinandergereiht. Wer will, kann an dem Minihafen ein Stück nach rechts gehen. Ein schmaler Weg führt an den kleinen Fischerhäusern vorbei. Auf mehreren Felsen kann man Sonnenbaden und auch zum Baden ins Meer hinunterklettern. Allerdings ist der Zugang zum Wasser nicht einfach. Einen Teil von Malmousque nehmen die *Bains militaires* ein, deren Zugang den französischen Soldaten und ihren Angehörigen vorbehalten bleibt. Im Süden von Malmousque gibt es rund um die Anse de Maldormé weitere Badeplätze auf den Felsen und in einer schmalen Kiesbucht.

Buslinie 83 bis Endoume (Anse de Malmousque) oder Fausse Monnaie (Anse de Maldormé).

Residenz im Neorenaissance-Stil
Villa Valmer

Die für den Seifenfabrikanten Charles Gounnelle 1865 im Neorenaissance-Stil errichtete „Villa Vague à la mer" (ihr Name wurde zu Villa Valmer verkürzt) zählt zu den prächtigsten Villen an der Küstenstraße. Zwar befindet sich in der Villa eine städtische Verwaltungseinrichtung, weshalb sie nicht besichtigt werden kann, doch der schöne gleichnamige Park steht für die Allgemeinheit offen und ermöglicht herrliche Blicke auf die Küste. Zuletzt gab es 2016 Pläne, die Villa in ein Luxushotel zu verwandeln.

271, corniche Président John F. Kennedy. Buslinie 83 bis Parc Valmer. Mai–Aug. tgl. 8–20, März, April, Sept., Okt. 8–19, Nov.-Feb. 8–17.30 Uhr.

Impressionen aus einem Fischerdorf
Les Goudes

Das kleine Fischerdorf hat in den letzten Jahren wieder verstärkt an Renommee gewonnen, was sich auch in den überproportional gestiegenen Immobilienpreisen für die spartanischen Cabanons ausdrückt. Als der Schweizer Schriftsteller Ludwig Hohl hier im Oktober 1926 eine Fischerhütte mietete, war Les Goudes nur per Boot oder nach einem abenteuerlichen Fußmarsch zu erreichen. Seine Beobachtungen hielt er in seinen *Impressionen*

Herschaftlich: Villa Valmer

aus einem Fischerdorf am Mittelmeer fest. Das gewissermaßen am Ende der Welt gelegene Les Goudes ist heute auch für viele Einheimische ein beliebtes Ausflugsziel, sodass man in den dortigen Lokalen wie der „Grand Bar" am besten rechtzeitig einen Tisch reservieren sollte. Im Hafen schaukeln ein paar Fischerboote friedlich vor sich hin. Eine kleine Straße führt noch vom Dorf nach Westen bis zu einem Parkplatz. Von dort geht es weiter zu Fuß zum Cap Croisette, wo man einen tollen Blick auf die vorgelagerte Île Marie hat. An der „Affenbucht", der Baie des Singes, gibt es das gleichnamige Restaurant mit einem schönen Privatstrand.

Mit der Buslinie 19 von der Métro-Station Castellane nach Madrague und von dort weiter mit dem Bus 20, der zur Haltestelle Les Goudes fährt. Alternativ: Im Sommerhalbjahr gibt es regelmäßige Schiffsverbindungen von der Pointe-Rouge nach Les Goudes (9.15–20.30 Uhr).

Beschauliches Dörfchen am Meer
Callelongue

Der Name Callelongue leitet sich vom provenzalischen *cala lònga* ab und bezeichnet eine lang gestreckte Bucht. Der Ort ist noch kleiner als Les Goudes und auch hier werden die Fischerboote über Holzrampen auf den Felsen vertäut. In dem beschaulichen Fischerdorf wurden angeblich 1911 die ersten Cabanons von einem Fabrikbesitzer errichtet und vermietet. An dem kleinen Hafenbecken kann man in Ruhe die Beine ausstrecken und beobachten, wie die Boote langsam tuckernd auf das Meer hinaus steuern. Ein Teil der ehemaligen Bleigießerei beherbergt heute das wunderschöne Ausflugslokal De la Grotte.

Mit der Buslinie19 von der Métro-Station Castellane nach Madrague und von dort weiter mit dem Bus 20 bis zur Haltestelle Callelongue.

La Corniche → Karte S. 82

Praktische Infos

→ Karte S. 82

Restaurants

mein.Tipp **Les Akolytes** ▌2, die meisten Touristen kommen nach Marseille, um Bouillabaisse zu essen. Auf der Suche nach der besten Bouillabaisse entdecken wir an der Uferstraße durch Zufall dieses kleine, flippige Restaurant, das uns auf Anhieb gefiel, obwohl uns die Speisekarte erst ein Stirnrunzeln entlockte. Statt Hauptgerichten gibt es eine Art internationale Tapas, die nacheinander serviert werden. Pro Person sollte man zwei bestellen. Wir folgten den Erklärungen der netten Bedienung und erlebten ein wahres kulinarisches Feuerwerk: verblüffende Variationen bei Klassikern wie einem grünen Curry oder einem Spargel-Risotto, aber auch das so zarte wie saftige *Bavette aux anchois* begeisterte vollauf. Zwei Gänge 20 €, drei Gänge 27 €. Viele offene Weine, pro Glas 4–7 €. Straßenterrasse. Kein Ruhetag. 41, rue Papety. ✆ 0491591710, http://lesakolytes.com.

Péron ▌5, hier speist man geradezu mit den Füßen im Wasser. Das Ambiente samt der herrlichen Panoramaterrasse mit Blick auf das Château d'If begeistern, zudem lohnen auch die Leistungen des Küchenchefs einen Besuch. Beim Menü für 69 € gibt es eine Bouillabaisse als Hauptgang. Herrliche Panoramaterrasse mit Meerblick! Kein Ruhetag. 56, corniche du Président Kennedy. ✆ 0491521522, http://restaurant-peron.com.

Chez Jeannot ▌9, familiäre Pizzeria am malerischen Fischerhafen Vallon des Auffes (Buslinie 83). Die leckeren Pizzen (ab 13 €) sowie die Pasta (*Raviolis à la daube*) und die schmackhaften Fleischgerichte munden auf der großen Terrasse mit Meerblick doppelt gut. Kein Ruhetag. 129, rue du Vallon des Auffes. ✆ 0491521128, http://pizzeriachezjeannot.com.

L'Epuisette ▌6, zusammen mit dem ebenfalls im Vallon des Auffes gelegenen Restaurant Chez Fonfon bietet das L'Epuisette anspruchsvolle Fischküche zu gehobenen Preisen (Menüs ab 70 € aufwärts). Beide Restaurants sind zudem eine gute Adresse, um sich einmal an der berühmten Bouillabaisse zu versuchen, allerdings kann sich das L'Epusiette rühmen, einen Michelin-Stern zu besitzen. Es gehört zu den besten Fischrestaurants in ganz Südfrankreich! So und Mo Ruhetag. 156, rue du Vallon des Auffes. ✆ 0491521782, http://l-epuisette.com.

Essen & Trinken
(S. 81–83)

2 Les Akolytes
5 Péron
6 L'Epuisette
7 Viaghji di Fonfon
8 Chez Fonfon
9 Chez Jeannot
11 Le Petit Nice
12 L'Esplaï (Le Grand Bar des Goudes)
13 De la Grotte
14 La Baie des Singes

Cafés (S. 83)
1 Le Glacier du Roi
3 Snack de la Plage by Le Richelieu

Nachtleben (S. 146)
15 WarmUP

Einkaufen (S. 83)
4 Dame Farine
10 Le Pois Chic

Tour 5: La Corniche
(Entlang der Küste)
230 m

Chez Fonfon , auch in dem benachbarten Restaurant kann man guten Gewissens eine Bouillabaisse (53 €) bestellen. Lecker sind die Fischgerichte wie *Filets de rouget à la provençale* (18 €) als Vorspeise oder ein *Dos de cabillaud* mit schwarzem Venere-Reis (24 €) als Hauptgericht. Kein Ruhetag. 140, rue du Vallon des Auffes. ☏ 0491521438, http://chez-fonfon.com.

Viaghji di Fonfon , direkt nebenan gibt es noch eine kleine zugehörige Tapas-Bar mit günstigeren Preisen. Kein Ruhetag. 138, rue du Vallon des Auffes. ☏ 0491527828, http://viaghjidifonfon.com.

Le Petit Nice , das mit drei Michelin-Sternen ausgezeichnete Restaurant von Gérald Passédat ist der absolute Gourmettempel der Stadt. Wer sich hier zu Tisch setzten will, sollte rechtzeitig reservieren und über das nötige Kleingeld verfügen, denn der Gourmethimmel öffnet sich erst ab 200 € für das günstigste Menü. Und selbstverständlich gibt es auch eine hervorragende Bouillabaisse. So, Mo und Mittwochmittag geschl. 17, rue des Braves. ☏ 0491592592, http://passedat.fr.

L'Esplaï (Le Grand Bar des Goudes) , ein hervorragendes Lokal in Goudes, das nicht nur aufgrund seiner Terrasse, sondern vor allem wegen der tollen Fischgerichten begeistert, die so schmackhaft wie gekonnt zubereitet werden, etwa die grillte Dorade für 29 €. Hier kann man auch jederzeit ohne Reue eine Bouillabaisse (48 €) genießen. Menüs zu 42, 45 und 60 €. Mi Ruhetag. Reservierung ratsam. 29, avenue Désiré Pellaprat. ☏ 0491734369, http://grandbardesgoudes.com.

La Baie des Singes , das kleine, noch hinter Goudes einsam gelegene Restaurant (gehobenes Preisniveau) wurde direkt auf den Felsen gesetzt und besitzt sogar einen kleinen Privatstrand mit Liegen. Ein paradiesischer Ort! Was die Küche betrifft, lautet das Motto: Fisch, Fisch und nochmals Fisch. Und alles fangfrisch! Selbstverständlich gibt es auch Bouillabaisse. Schöne Terrasse! Von Goudes läuft man eine knappe Viertelstunde. April–Okt. tgl. 12–15, 19–21.30 Uhr. La Cap Croisette Les Goudes. ☏ 0491736887, http://la-baie-des-singes.fr.

De la Grotte , ein wunderschönes Ausflugslokal – eine umgebaute Fabrik aus dem 19. Jh. – in Callelongue am Anfang der Calanques. Der Bürgermeister von Marseille hat hier schon Jacques Chirac bewirten lassen. Beeindruckend ist der barock anmutende Speisesaal. Neben Fischgerichten werden auch sehr leckere Pizzen serviert. Schön sitzt man abends im Innenhof oder tagsüber auf der Straßenterrasse. Moderates Preisniveau, viel einheimisches Publikum. Kein Ruhetag. 1, avenue des Pebrons, Calanque de Callelongue. ☏ 0491731779, http://lagrotte-13.com.

Café

Le Glacier du Roi , direkt hinter der Plage des Catalans gibt es traumhaftes selbst gemachtes Eis, verführerische Desserts in kleinen Portionen sowie köstliche Pralinen. Tgl. 9.30–19.30 Uhr. 39, rue Papety. ☏ 0951003903, http://leglacierduroi.com.

Snack de la Plage by Le Richelieu , etwas versteckt an der Plage des Catalans liegt dieses nette Café mit seiner traumhaften Terrasse. Serviert werden kleine Häppchen, lecker ist *Bagnat de catalan* für 6,50 €. Ideal auch für einen Sundowner. März–Okt. geöffnet, im Hochsommer bis 22 Uhr. 50, corniche du Président Kennedy. ☏ 0491357878.

Einkaufen

Dame Farine , eine der besten Bäckereien der Stadt. Die Liebe zum Brot ist hier spürbar! Es gibt nicht nur Baguette, sondern auch zahlreiche andere Brotsorten – und alles Bio! Di–Sa 8–13 und 16–20 Uhr. 77, avenue de la Corse. http://damefarine.fr.

Le Pois Chic , kleine Boutique, in der es witzig bedruckte Kissen, Shirts und Accessoires gibt. Mo–Sa 14–19 Uhr. 125b, rue du Vallon des Auffes. http://lepoischic.fr.

La Corniche → Karte S. 82

Snackbar am Plage des Catalans

Perlen am Rande
Tour 6

Die Sehenswürdigkeiten von Marseille konzentrieren sich nicht nur auf die Innenstadt und die Küstenstraße. Es lohnt sich, auch die Vororte und entfernteren Stadtteile zu erkunden. Hier finden sich Highlights wie die Cité Radieuse von Le Corbusier oder der Cimetière Saint-Pierre, einer der größten Friedhöfe Frankreichs.

Cimetière Saint-Pierre, der größte Friedhof von Marseille, S. 86

Cité Radieuse, spektakulärer Bau von Le Corbusier, S. 88

Parc Borély, großzügiger Park mit Schloss, S. 89

Château d'If, berüchtigte Gefängnisinsel, S. 92

Jenseits des Vieux Port
Abseits des Zentrums

Ein Dorf und seine Maler
L'Estaque

Das einstige Fischerdorf L'Estaque, die Geburtsstätte der modernen Malerei, markiert heute den westlichsten Stadtrand von Marseille. Es war kein Geringerer als Paul Cézanne, der den Fischerort berühmt gemacht hat: Zwischen 1870 und 1885 besuchte Cézanne L'Estaque regelmäßig, um hier zu malen. Später folgten ihm Auguste Renoir, August Macke, Georges Braque, André Derain, Othon Friesz, Raoul Dufy und weitere mehr oder weniger bekannte Maler. Aber auch berühmte Musiker und Schriftsteller wie Camille Saint-Saëns und Emile Zola kamen hierher, um sich inspirieren zu lassen.

Als Cézanne 1870 zum ersten Mal L'Estaque besuchte, lebten in dem Ort weniger als 300 Menschen, doch im Zuge der florierenden lokalen Industrie (Steinbrüche, Zementwerke, Chemie, Schiffsreparatur etc.) war die Bevölkerung im Jahr 1931 bereits auf 13.500 Einwohner angewachsen. Die Grenzen zu Marseille waren kaum mehr wahrnehmbar, sodass L'Estaque 1946 eingemeindet wurde. Heute trifft man am Rande eines zersiedelten Gebietes auf einen nicht sonderlich faszinierenden Industrievorort mit einem halbwegs attraktiven Jachthafen. Ein gewisses Maß an Fantasie ist vonnöten, um sich in die Zeiten, als es in L'Estaque noch geruhsam und beschaulich zuging, zurückzuversetzen. Vor allem die Anreise mit dem Bus ist eher ernüchternd, daher sollte man den Seeweg vorziehen.

Wer will, kann L'Estaque auf dem ausgeschilderten **Chemin des Peintres**, auf den „Spuren der Maler", erkunden. Die Strände liegen westlich des Ortes in der Nähe eines Eisenbahnviadukts. Als lokale Spezialitäten gelten *panisses* (frittierter Kirchererbsenbrei) und *chichis* (Schmalzgebäck), die an Imbissbuden verkauft werden.

Buslinie 35 ab Métro-Station La Joliette oder mit dem Zug (10-mal tgl.) von der Gare Saint-Charles sowie im Sommerhalbjahr mit der Schiffslinie Navette Maritime vom Vieux Port.

Stadtviertel mit Kreativlabor
Belle de Mai

Das rund 15 Fußminuten hinter dem Bahnhof Saint-Charles gelegene Arbeiterviertel ist vor allem durch das Kulturzentrum **Friche de la Belle de Mai** bekannt. Untergebracht ist das Kulturzentrum in einer ehemaligen staatlichen Tabakfabrik, die hier 1861 errichtet wurde. Es waren vor allem Frauen aus italienischen Einwandererfamilien, vorzugsweise aus dem Piemont, die dort die Zigarren und Zigaretten rollten. In den 1950er-Jahren wurde dann in Marseille die Produktion von Gauloises- und Gitanes-Zigaretten aufgenommen. Damals arbeiteten hier noch über 1000 Menschen, 1988 waren es nur noch 250, zwei Jahre danach wurde die Fabrik endgültig geschlossen. Ein paar Jahre später wurde das Areal in ein Kulturzentrum verwandelt, durch die Ernennung von Marseille zur Europäischen Kulturhauptstadt 2013 erfolgte ein weiterer Schub, der das Viertel zwischen der armen Nord- und der reichen Südstadt Marseilles aufwertete.

Inzwischen gibt es in dem Kulturzentrum über 70 Künstlerateliers, Ausstellungsräume und Theatersäle sowie mehrere Kulturinstitute. Der städtische Sender *Radio Grenouille* hat hier Büro- und Studioräume eingerichtet. Die Dachterrasse wird im Sommer als Spielstätte für Open-Air-Kino genutzt. An den Wänden finden sich bunte Graffitis und Street-Art, die Jugend des Viertels vergnügt sich auf einem Spielplatz mit Kletterwand, Skatepark sowie einem Street- und Basketballfeld. Die Verbindung zwischen kulturellen, bildungstechnischen und sozialen Interessen scheint gelungen. Sogar an eine Kinderkrippe wurde gedacht.

Wer will, kann einfach durch das verwinkelte Gebäude schlendern, wobei es nicht einfach ist, die Orientierung zu behalten und das richtige Treppenhaus zu finden. Im ehemaligen Maschinenraum gibt es das Café La Salles des Maschines mit angeschlossener Buchhandlung, zudem findet sich im Obergeschoss das Restaurant Les Grandes Tables. Jeden Montag gibt es von 17 bis 20 Uhr vor dem Restaurant einen kleinen Bauernmarkt mit vielen Bioprodukten (im Winter 16 bis 19 Uhr).

41, rue Jobin. Buslinie 49 bis Belle de Mai. http://lafriche.org; http://lesgrandestables.com.

MuCEM (Centre des Conservations et des Ressources): Das MuCEM wird meist nur mit dem spektakulären Bau am Vieux Port in Verbindung gebracht. In einem ebenfalls architektonisch gelungenen Gebäude (Entwurf Corinne Vezzoni) unweit des Kulturzentrums Friche de la Belle de Mai sind auf 13.000 m² die reichhaltigen Sammlungen des MuCEM, zu denen auch Gemälde

Der Hafen von L'Estaque

und Fotografien gehören, eingelagert. Es finden aber auch regelmäßig kleine Wechselausstellungen statt.

1, rue Clovis Hugues. Buslinie 49 bis Belle de Mai. Mo–Fr 9–12.30 und 14–17 Uhr. Eintritt frei. http://mucem.org/collections/explorez-les-collections/le-ccr.

Beeindruckende Stadt der Toten
Cimetière Saint-Pierre

Der mit 63 ha größte Friedhof von Marseille wurde 1856 eröffnet und präsentiert sich als eindrucksvolle Totenstadt mit breiten Alleen und Totenhäusern, durch die man stundenlang schlendern kann. Mit seinen großen Marmormausoleen und steinernen Sarkophagen mit ihrer fantastisch verspielten Symbolik ähnelt er ein wenig dem Pariser Friedhof Père Lachaise. Bei einem Spaziergang durch die ausgedehnte Anlage wird einem auf anschauliche Weise bewusst, dass der Tod zum Leben gehört.

Zu den bekanntesten Persönlichkeiten, die auf dem Cimetière Saint-Pierre ihre letzte Ruhestätte gefunden haben, gehören der Dramatiker Antonin Artaud, der Maler Charles Camoin, Edmond Rostand, der Autor von *Cyrano de Bergerac*, sowie Gustave Desplaces, Architekt der

Docks de la Joliette. Die Schriftstellerin Edmonde Charles-Roux wurde neben ihrem Ehemann Gaston Defferre, der von 1953 bis 1986, also 33 (!) Jahre, Bürgermeister von Marseille sowie auch französischer Innenminister war, begraben. Ein Denkmal erinnert an die im Zweiten Weltkrieg deportierten Franzosen.

380, rue Saint-Pierre. Tram T1 bis Saint-Pierre. Tgl. 7.30–17.30 Uhr.

Provenzalischer Lebensstil
Musée Provençal

Das 1928 von Julien Pignol gegründete Museum hat sich der Volkskunde sowie der Bewahrung des lokalen Kunsthandwerks verschrieben. In insgesamt neun Räumen sind Möbel, Kostüme, Haushaltsgegenstände, Werkzeuge, Musikinstrumente, Krippen und die typischen provenzalischen *santons* (→ S. 170) ausgestellt. Sehenswert ist auch eine provenzalische Küche mit einem Tisch, auf dem 13 typische Weihnachtsdesserts präsentiert werden.

5, place des Héros (Château Gombert). Métro 1 bis La Rose, dann Buslinie 5 bis Palama Château Gombert. Mo–Fr 10–13 und 14–17, Sa und So nur 14–17 Uhr. Eintritt 6 €, erm. 4 €. http://espace-pignol.com.

Marseilles Fußballtempel

Stade Vélodrome

Das Fußballstadion, in dem auch Olympique Marseille seine Heimspiele austrägt, wurde anlässlich der Fußballweltmeisterschaft im Jahr 1938 erbaut und war ursprünglich von einer Radrennbahn umgeben, daher auch der *vélodrome* im Namen. Es fasste damals 30.000 Zuschauer. Als Frankreich dann zum Ausrichter der Fußballweltmeisterschaft 1998 gekürt wurde, war das Stadion als Austragungsort nicht mehr zeitgemäß. Der Stade Vélodrome wurde aufwendig saniert und zu einem auf Trägern ruhenden Bootsrumpf umgebaut. Dabei hatte man allerdings übersehen, dass der Mistral die Gesänge in der berüchtigten *virage sud* (Südkurve) hinwegweht, sodass bereits 2014 eine gigantische Kuppel über das Stadion gestülpt wurde. Um für die Fußballeuropameisterschaft 2016 gerüstet zu sein, erweiterte man im Zuge der Baumaßnahmen die Zuschauerkapazität auf 67.000 Plätze. Seit 2016 wird das Stadion aufgrund eines Sponsorenvertrages als „Orange Vélodrome" vermarktet. Besucher können an einstündigen Stadionführungen teilnehmen.

3, boulevard Michelet. Métro 2 bis Round-Point du Prado. Führungen (13 €, erm. 8 €) um 11, 14, 15 und 16 Uhr nach vorheriger Anmeldung: http://orangevelodrome.com.

Marseille im Kasten

OM – Olympique Marseille

OM und sonst nichts. Jeder echter Marseiller wird quasi schon von Geburt an zu einem leidenschaftlichen Fan des 1899 gegründeten Fußballvereins. Er fiebert und leidet mit dem Fußballklub, dessen weiß-blaue Trikots nicht nur an Spieltagen in Marseille präsent sind. Und während OM spielt, wirkt die Stadt wie ausgestorben. Wer keine Karte für das Stadion hat, der versammelt sich in einer der Kneipen rund um den Alten Hafen vor dem Fernseher.

Olympique Marseille ist einer der traditionsreichsten Fußballvereine Frankreichs und gehörte zu den 20 Fußballklubs, die 1920 erstmals in der *Division 1* den Spielbetrieb aufnahmen. OM etablierte sich in der Liga und konnte 1937 erstmalig den Gewinn der französischen Meisterschaft feiern. Mit einigen Aufs (Meisterschaft 1948) und Abs (Abstieg 1958) ging es nach dem Krieg weiter, doch dann war der Verein nicht mehr aus der Liga wegzudenken.

Als der schillernde Unternehmer Bernard Tapie 1985 zum Vereinspräsidenten gewählt wurde, begann ein schneller Aufstieg, dem ein noch schnellerer Fall folgte. Internationale Stars, darunter Rudi Völler, Klaus Allofs und Karlheinz Förster, wurden als Spieler verpflichtet, sogar Maradonna war zeitweise im Gespräch. Geld schießt bekanntlich Tore: Zwischen 1989 und 1993 gewann OM nicht nur viermal hintereinander die französische Meisterschaft, sondern im Jahr 1993 mit einem legendären 1:0 gegen den AC Mailand auch die Champignons League. Die ganze Stadt war wochenlang im Rauschzustand. Doch aufgrund von Korruptions- und Dopingvorwürfen wurde Olympique Marseille die französische Meisterschaft von 1993 aberkannt und in die zweite Liga strafversetzt. Aufgrund der hohen Schulden stand der Verein zweitweise am Rande des Ruins, konnte sich aber noch einmal aufrappeln und gewann im Jahr 2010 zum zehnten und bisher letzten Mal die französische Meisterschaft. http://om.net.

Oase in der Stadt
Jardin de la Magalone

Rund um ein provenzalisches Herrenhaus gibt es einen kleinen öffentlichen
Park im klassischen französischen Gar-
tenstil, der zum kurzen Lustwandeln
einlädt. Zwei Brunnen symbolisieren
die Flüsse Rhône und Saône. Die von
Terrassen umgebene Bastide – das Herrenhaus aus dem späten 18. Jh. – beherbergt die Cité de la musique, eine Verei-
nigung u. a. mit Musikschule und Me-
diathek, die regelmäßig Konzerte organisiert. Der architektonische Kontrast
zur direkt gegenüber errichteten Cité
Radieuse könnte nicht größer sein.

245, boulevard Michelet. Métro 2 bis Round-
Point du Prado, dann Buslinie 21 bis Le Corbusier. Mai–Aug. tgl. 8–19.45, sonst tgl. 8–17.15/
18.45 Uhr. http://citemusique-marseille.com.

Visionäre Stadtplanung
Cité Radieuse

Die von dem Schweizer Architekten Le
Corbusier (1887–1965) entworfene Cité
Radieuse, die 1952 eröffnet wurde, ist
ein Musterbeispiel für die architekto-
nischen Visionen vom Leben in einer
modernen Stadt. Seit 2016 gehört die
„strahlende Stadt", so die wörtliche

Übersetzung, zusammen mit anderen
Bauwerken von Le Corbusier zum
Weltkulturerbe der UNESCO. Die Meinungen waren früher geteilt, Spötter
behaupteten sogar, der Bau erinnere an
einen auf Stelzen gestellten Ozeandampfer, die Marseiller nannten ihn
anfangs gar *Maison du fada*, „Haus des
Verrückten". Corbusier, der mit bürger-
lichem Namen übrigens Charles-Édou-
ard Jeanneret-Gris hieß, gestaltete seine *Unité d'habitation* (Wohneinheit) zu
einer in vielerlei Hinsicht autarken
kleinen Stadt mit Geschäften, Kinderkrippe und einer Turnhalle auf dem
Dach. Die 337 Wohnungen sind unterschiedlich groß; es gibt Wohnungen
von 32,5 bis hin zu 137 m² Wohnfläche.
Unabhängig von der Größe besitzen
alle Wohnungen eine eigene Terrasse
und ein sehr großes Fenster
(3,66 × 4,8 m). Ursprünglich war das
165 m lange, 24 m breite und 56 m
hohe Gebäude von Le Corbusier auch
mit Blick auf sozial schwache Familien
geplant worden, doch in den 1970er-
Jahren setzte ein Imagewandel der Cité
Radieuse ein: Es galt als chic, in einem
Haus von Le Corbusier zu wohnen.
Zahlreiche Maisonettes wurden seitdem als Eigentumswohnungen verkauft. Wer sich für die Cité Radieuse
interessiert, kann problemlos den
Wohnkomplex von innen besichtigen:
Einfach reingehen und mit dem Aufzug
in den dritten Stock fahren – dieses
Stockwerk ist als Ladenpassage konzipiert, in der es neben einem Hotel auch
eine Bäckerei und Büros sowie eine
kleine Ausstellung über Le Corbusier
gibt. Oder man fährt ganz nach oben
bis zur Dachterrasse, wo nicht nur eine
tolle Aussichtsterrasse und ein Wasserbassin locken, sondern auch ein Kunst-
zentrum namens Mamo.

280, boulevard Michelet. Métro 2 bis Round-
Point du Prado, dann Buslinie 21 bis Le Corbusier. http://marseille-citeradieuse.org. Tgl.
außer So finden um 14 und 16 Uhr Führungen
statt. Kosten 10 €, erm. 5 €. Anmeldung: http://
resamarseille.com.

Eine Hymne an die Geometrie

Ein Hauch von Afrika weht über dem Café Borély

Mamo, Di–So 11–18 Uhr. Eintritt frei. http://mamo.fr.

Le Ventre de l'Architecte, das Restaurant im dritten Stock der von Le Corbusier entworfenen Cité Radieuse begeistert nicht nur mit seinem einzigartigen denkmalgeschützten Ambiente, sondern auch die Kochkünste von Jérôme Caprin sind einen Besuch wert. Wie wäre es mit einem Hirschrücken mit Kichererbsenmus? Menüs zu 29 € (mittags), abends 61 €. So und Mo Ruhetag. 280, boulevard Michelet. ℡ 0491167823, http://hotellecorbusier.com/restaurant.

Museum für zeitgenössische Kunst
Musée d'Art Contemporain (MAC)

Das im Süden von Marseille gelegene Museum präsentiert auf einer Fläche von 4000 m² sehenswerte Ausstellungen zeitgenössischer Kunst. Der Schwerpunkt der ständigen Sammlung liegt auf den Stilrichtungen „Neuer Realismus", „Supports/Surfaces", „Arte povera" und „individuelle Mythologie". Ausgestellt sind unter anderem Werke von Daniel Spoerri, Arman, Christo, Daniel Buren und Jana Sterbak. Zudem werden ansprechende Wechselausstellungen gezeigt.

69, avenue d'Haïfa. Métro 2 bis Round-Point du Prado, dann Buslinie 23 oder 45 bis Haïfa Marie Louise. Tgl. außer Mo 10–19, Mitte Sept.–Mitte Mai bis 18 Uhr. Eintritt 9 €, erm. 5 €.

Treffpunkt im Grünen
Parc Borély

Der 17 ha große Parc Borély ist eine der wenigen großen Grünanlagen in der Stadt und daher auch bei den Einheimischen sehr beliebt. Im Zentrum des Parks steht das aus dem 18. Jh. stammende Château Borély, das sich Louis Borély, ein vermögender Kaufmann, errichten ließ. Der weitläufige Park ist ein Paradies für Jogger. Literaturliebhaber entsinnen sich hingegen an Marcel Pagnols Kindheitserinnerungen. Die Gartenanlagen sind im französischen und englischen Stil angelegt, auf dem Areal befinden sich zudem ein Rosengarten, ein tropisches Gewächshaus, ein tropischer Garten sowie ein künstlicher Wasserfall und mehrere Wasserbecken. Beim Café gibt es zudem einen

Jardin archéologique mit ein paar antiken Funden aus dem Hafengebiet. In unmittelbarer Nachbarschaft zum Park wurde 1860 der Hippodrome für Pferderennen errichtet. Der dem Park vorgelagerte Strandabschnitt Plage du Prado (→ Tour 5, S. 75) wurde zur künstlichen Erlebniswelt umgestaltet.

Allée Borély. Métro 2 bis Round-Point du Prado, dann Buslinie 19, 83 bis Parc Borély oder Buslinie 44 bis Clôt Bey Leau. Tgl. 6–20.45 Uhr. Eintritt frei.

Mode und dekorative Kunst
Musée des Arts décoratifs, de la Faïence et de la Mode

Das im Château Borély untergebrachte Museum bietet auf zwei Etagen einen Einblick in die Haute Couture der französischen Modewelt von 1920 bis zur Gegenwart (Dior, Yves Saint-Laurent etc.) sowie erlesenes Porzellan, Glas und Fayencen. Zudem hat man die Möglichkeit, die stuckverzierten Räumlichkeiten und das Ambiente des Schlosses zu bewundern.

Allée Borély. Métro 2 bis Round-Point du Prado, dann Buslinie 19, 83 bis Parc Borély oder Buslinie 44 bis Clot Bey Leau. Tgl. außer Mo 10–18 Uhr. Eintritt 6 €, erm. 3 €.

mein Tipp Café Borély, etwas abseits der Haupttourismuspfade begeistert dieses direkt beim Museum für dekorative Kunst, Fayence und Mode gelegene Café durch sein besonderes Flair und die hervorragenden Gerichte, deren Zutaten allesamt von lokalen Erzeugern stammen. Das Interieur der beiden Säle ist eher minimalistisch, doch sitzt man im Sommer sowieso auf der wunderschönen, um einen Springbrunnen angelegten Terrasse mit fast orientalischem Flair. Geradezu ideal, um sich nach einem Museumsbesuch mit selbst gebackenen Kuchen und Biotee verwöhnen zu lassen. Hauptgerichte um die 17 €. Zum Sonntagsbrunch (11–15 Uhr) kommen vor allem Einheimische. Tgl. außer Mo 10–18 Uhr. 134, avenue Clot-Bey. ✆ 0491224687, http://cafeborely.fr.

Blick auf die Îles du Frioul

Kalksteininseln vor Marseille

Îles du Frioul

Die kleine in der Bucht von Marseille gelegene Inselgruppe ist ein beliebtes Ausflugsziel. Die beiden größten Inseln des unter Naturschutz stehenden Archipels, die Île de Ratonneau und die Île Pomègues, sind seit 1828 durch einen künstlichen, 360 m langen Damm miteinander verbunden. Festungsanlagen zeugen von der einstigen strategischen Bedeutung. Die bekannteste Insel ist zwar Château d'If, doch auch die anderen beiden Inseln lohnen einen Abstecher. Allerdings werden die Eilande im Hochsommer gerne besucht, sodass man nur schwer ein einsames Plätzchen findet. Jährlich werden rund 400.000 Besucher gezählt. Ähnlich wie in den Calanques begeistert auch auf den Inseln eine Landschaft mit hellen Kalksteinfelsen, wenig Vegetation und glasklarem Wasser. Noch bis in die 1970er-Jahre war ein Großteil der Inselgruppe Eigentum des französischen Verteidigungsministeriums. Heute kann man hier wunderbar picknicken, Seevögel beobachten oder auch baden gehen (es gibt auch Sandstrände!).

Vom Vieux Port verkehren tgl. zahlreiche Ausflugsboote zu den Îles du Frioul (Hin- und Rückfahrt 10,80 € bzw. 16,20 € für zwei Inseln, Familienticket 8,10 € bzw. 12,10 €, 15 Min. Überfahrt). http://frioul-if-express.com; http://ilesdemarseille.fr/html/frioul.html.

Île de Ratonneau

Im Hafen der Île de Ratonneau legen die Ausflugsschiffe an. Die Insel ist ganzjährig bewohnt, wobei nur rund 100 Menschen fest auf ihr wohnen, im Sommer kommen jedoch viele Feriengäste hinzu. Der Jachthafen und die dahinter liegenden Wohnbauten des ab 1974 errichteten Retortendorfes Port

Berühmt und berüchtigt: Château d'If

Frioul sind zwar nicht sonderlich attraktiv, man kann die Insel aber gut zu Fuß erkunden und abgelegene Winkel entdecken. Unweit des Hafens passiert man die einem Ozeandampfer ähnelnde Maison des Pilotes aus den 1950er-Jahren, in dem einst die Schiffslotsen stationiert waren. Am östlichen Ende der Insel steht das an eine Festung erinnernde Hôpital Caroline auf einem Hügel; es wurde lange Zeit bei Pestgefahr als Quarantänestation genutzt, zuletzt diente es zu Beginn des 19. Jh. zur Beobachtung von Gelbfieberkranken. Ungewöhnlich ist die Kapelle, die einem griechischen Tempel nachempfunden wurde, und faszinierend ist der Blick von hier oben auf Marseille! Recht schön zum Baden eignet sich die sandige Calanque de Saint-Estève unterhalb des Hôpital Caroline, die zu Fuß in knapp 30 Minuten vom Hafen aus zu erreichen ist. Hier gibt es im Sommer nicht nur ein Café-Restaurant, sondern auch einen Unterwasserpfad (Sentier sous-marin). Eine andere Badebucht ist die Calanque de Morgiret im Inselwesten (15 Fußminuten).

Île Pomègues

Die am wenigsten besuchte Insel hat ein recht hügeliges Profil und mit 89 m die höchste Erhebung der Inselgruppe. Über den Damm namens Digue de Berry gelangt man auf das Eiland, das sich für Wandertouren eignet. Dabei erhält man einen guten Eindruck von Flora und Fauna der Insel, auf der knapp 100 Vogelarten, darunter die Weißkopfmöwe, sowie seltene Pflanzen anzutreffen sind, die sich an das trockene Mikroklima angepasst haben. An der Nordseite der Insel gibt es eine Fischfarm, in der Doraden und Loups de Mer gezüchtet werden.

Château d'If

Dank des 1845 erstmals erschienenen Romans *Der Graf von Monte Christo* von Alexandre Dumas gehört das Château d'If für viele Touristen zum

Pflichtprogramm einer Stadtbesichtigung. Der Roman ist ein reines Fantasieprodukt, ein Edmond Dantès bzw. ein Graf von Monte Christo war niemals in den Verliesen des Château d'If inhaftiert. Der Wahrheit entspricht hingegen, dass die kahle Felseninsel einen grauenvollen Kerker beherbergte.

Bis zum Jahr 1872 diente die Kalksteininsel beinahe ununterbrochen als Zuchthaus. Abertausende Häftlinge fristeten ein klägliches Dasein in den menschenunwürdigen Verliesen. Erst seit 1890 ist die Insel für die Öffentlichkeit zugänglich. Nachdem das Staatsgefängnis aufgelöst worden war, mutierte die durch den Grafen von Monte Christo berühmt gewordene Insel zu einer skurrilen Se-

henswürdigkeit. Die Ausflugsboote legen im Stundentakt vom Hafen von Marseille zu der Gefängnisinsel ab. Noch heute schaudert man angesichts der zahllosen, in die Kerkermauern eingekratzten Namenszüge der Gefangenen. Und das berühmte Loch zwischen den beiden Zellen fehlt auch nicht …

Vom Vieux Port verkehren tgl. zahlreiche Ausflugsboote zum Château d'If (Hin- und Rückfahrt 10,80 €, Familienticket 8,10 €, 15 Min. Überfahrt). Es gibt dort auch das gute Restaurant Marseille en Face mit leckeren Salaten. Öffnungszeiten des Château d'If: April–Sept. tgl. 10–18, im Winter tgl. außer Mo 10–17 Uhr. Eintritt 6 €, erm. 5 €. Für EU-Bürger unter 26 Jahren ist der Eintritt frei. http://chateau-if.fr; http://frioul-if-express.com

Marseille im Kasten
Staatliche Willkür

Neben Robben Island in Südafrika und Alcatraz in den USA gehört die Île d'If zu den ältesten und berüchtigsten Gefängnisinseln, galt das Château d'If doch als Symbol für die Willkürherrschaft des Staates. Im frühen 16. Jh. ließ der französische König François I. die kahle Felseninsel zur Festung ausbauen, allerdings nicht als Gefängnis, sondern um Marseille vor Schiffsangriffen besser schützen zu können. Nachdem die Soldaten der Inselfestung keinen einzigen feindlichen Angriff abwehren mussten und sich wahrscheinlich ziemlich langweilten, wurde das leicht zu bewachende Château d'If im Jahr 1634 in ein Staatsgefängnis verwandelt – das absolutistische Frankreich kannte viele Feinde. Anfangs waren es hauptsächlich Protestanten sowie revolutionäre Eiferer, die gegen Kirche, König oder Staat aufbegehrt hatten, später dann Deserteure und – nach der Revolution – sogar Royalisten, die in den dunklen Verliesen vor sich hin darbten. Das Vergehen stand oft in keinem Verhältnis zur Strafe; so büßte ein gewisser Glan-

devès de Niozelles sechs Jahre lang dafür, seinen Hut nicht vor Ludwig XIV. gezogen zu haben. Mehr als drei Jahrhunderte musste jeder, der gegen Staat, König und Kirche aufbegehrte, damit rechnen, sein Dasein im Château d'If zu beschließen. Zu dem illustren Kreis der berühmten Häftlinge des Château d'If zählte auch der mysteriöse, von Johanna Schopenhauer erwähnte „Mann mit der eisernen Maske", dessen wahre Identität nie geklärt werden konnte. Zu den „glücklichen", weil privilegierteren Gefangenen, gehörte der Graf von Mirabeau. Der junge Mirabeau schmachtete 1774 auf Veranlassung seines Stiefvaters – er wollte seinem Sohn die Lust am Schuldenmachen austreiben – ein halbes Jahr im Inselgefängnis. Als Gefangener aus vornehmen Hause war Mirabeau in den annehmlicheren überirdischen Zellen untergebracht. Er nutzte die Zeit, um einen Essay über den Despotismus zu verfassen; seine Erfahrungen verarbeitete er später in der Abhandlung *Über die geheimen Haftbefehle und die Staatsgefängnisse*.

Abseits des Zentrums

Ausflüge in die Umgebung

Nicht nur die Calanques, auch die Côte Bleue und die Nachbarorte Cassis und La Ciotat bieten sich als Ausflugsziele an. Und auch Aix-en-Provence und Aubagne sind mit dem Zug in 20 Minuten zu erreichen.

Die Calanques

Die fjordartig in die Kalksteinfelsen eingeschnittenen Buchten mit ihrem türkis schimmernden Wasser sind die Hauptattraktion der Küste zwischen Marseille und Cassis.

Die Calanques waren einst Flusstäler – der Name leitet sich von dem provenzalischen *calanco* ab, das so viel wie „steil abfallend" bedeutet. Die klimatischen Veränderungen am Ende der Eiszeit zogen einen Anstieg des Meeresspiegels nach sich: Das Meer konnte dadurch vor rund 10.000 Jahren weit in die Flusstäler vordringen, und die Calanques entstanden. Die fotogenen Buchten sind fast alle nur mit dem Boot oder zu Fuß zu erreichen – dennoch machen sich in den Sommermonaten zahlreiche Ausflügler auf den Weg. Einen Besuch am Wochenende sollte man möglichst vermeiden, denn dann sind auch viele Marseiller an der Küste unterwegs.

Die Wasserqualität an diesem Küstenabschnitt ist sehr gut und die Unterwasserflora daher recht vielfältig. Die Gegend hat sich deshalb zu einem beliebten Tauchrevier entwickelt. Angesichts der pittoresken Buchten wird allzu leicht übersehen, dass in dieser kargen Landschaft eine Vielzahl von seltenen Pflanzen und Tieren beheimatet ist, Habichtsadler, Wanderfalken und Sturmtaucher gehen hier beispielsweise auf Beutejagd, und mit viel Glück entdeckt man eine bis zu 60 cm lange Smaragdeidechse oder eine Eidechsennatter, die als längste, in Europa heimische Schlange gilt. Einst standen auf dem Kalkmassiv zahlreiche Eichen, die jedoch infolge mehrerer Waldbrände von Pinien und der vorherrschenden Aleppokiefer verdrängt wurden. Das Spektrum an Büschen, Sträuchern und Gräsern dagegen ist weitaus vielfältiger, so verbreiten beispielsweise

Rosmarin, Lorbeer, Wacholder, Thymian und Myrte ihren zarten Duft. Um den einzigartigen Charakter des Küstensaums zu erhalten, wurde er 2012 als zehnter und bisher letzter französischer Nationalpark zum Parc National des Calanques ernannt. Nur 8.500 ha machen die Landmasse aus, die anderen 43.500 ha betreffen das küstennahe Gewässer.

http://calanques-parcnational.fr

Wandern: Die Calanques und das zugehörige Hinterland lassen sich hervorragend zu Fuß durchstreifen. Durch den Fernwanderweg GR 98 mit seinen Varianten GR 98 A und GR 98 B ist das Gebiet gut erschlossen. Wer entlang der Küste wandern will, wählt den bei der Calanque de Port-Miou beginnenden GR 98 B. Der GR 98 A führt in einem gewissen Abstand von der Küste durch die Forêt de la Gardiole. Tipp: Der Kauf der IGN-Karte Nr. 3145 ET (1:25.000) ist für Wanderfreunde empfehlenswert. Achtung: Aus Naturschutzgründen sind auf Anordnung des Präfekten im Sommer Wanderungen durch das Innere des Massivs untersagt, nur die Fußwege in Meeresnähe dürfen benutzt werden. Von Juli bis September können Wanderwege wegen Waldbrandgefahr gesperrt sein, Wanderungen und Touren sind dann nicht durchführbar. Infos: http://myprovence.fr/enviedebalade. Achtung:

Rauchen ist das ganze Jahr über strengstens verboten!

Klettern: Die von der Erosion zerfressenen Felsen sind ein Eldorado für Sportkletterer; sie pilgern vor allem zu der als schönste Bucht gehandelten Calanque d'En-Vau. An schmalen Felsnadeln wie dem „Gottesfinger" überwinden die Freeclimber scheinbar mühelos die Schwerkraft und kleben mehr als 50 m über dem glasklaren Wasser an den Felsen.

Bootsexkursionen: Eine richtige kleine Flotte von Ausflugsbooten läuft täglich von Marseille wie auch von Cassis zu den Calanques aus. Vom Boot aus bieten sich nämlich besonders eindrucksvolle Ausblicke auf die zerklüfteten Felswände. Manche Anbieter bieten auch Touren mit Badestopps an.

http://croisieres-marseille-calanques.com;
http://calanquesdecassis.com

Die Calanques zwischen Marseille und Cassis

Calanque de Callelongue: Sieht man von ein paar kleineren Buchten ab, ist die Calanque de Callelongue die erste Bucht an der Küste südlich von Marseille. Hier starten viele Wanderungen, doch liegt der Minihafen ein wenig am Ende der Welt. Wie heißt es doch bei der bekannten Band Massilia Sound System so treffend: *Et quand je vais au bout du monde, je m'en vais à Callelongue*.

Mit der Buslinie 19 von der Métro-Station Castellane nach Madrague und von dort weiter mit der Buslinie 20, die nach Callelongue fährt.

Calanque de Marseilleveyre: Nach einer Stunde Fußmarsch von Callelongue erreicht man diese kleine Bucht mit Strand. Beliebt und stimmungsvoll ist das direkt am Strand gelegene Restaurant Chez le Belge. Noch weiter östlich folgen die kleine Calanque de Queyrons und die Calanque de Podestat mit einem Ministrand.

Calanque de Sormiou: Die größte westliche Bucht gelangte aufgrund der spektakulären Entdeckung (1991) steinzeitlicher Höhlenbilder in der östlich am Cap Morgiou gelegenen Cosquer-Grotte zu überregionalem Ruhm. Sormiou, die breiteste und meistbesuchte Calanque, besitzt neben einem großen Strand auch einen kleinen Hafen sowie ein paar Dutzend der typischen Cabanons (→ *Cabanons – eine spartanische Sommerfrische*, S. 76).

Mit der Buslinie 23 von der Métro-Station Rond-Point du Prado bis La Cayolle. Anschließend noch eine knappe Stunde zu Fuß.

Calanque de Morgiou: Tiefer eingeschnitten und größer als die benachbarte Calanque de Sugiton beherbergt die Calanque de Morgiou eine Handvoll Cabanons sowie einen kleinen, gut geschützten Fischerhafen und ein gutes Restaurant (Nautic Bar, Sonntagabend und Mo geschl.). Ein paradiesisches Fleckchen Erde, vor allem in der Nebensaison und abends, wenn die meisten Ausflügler wieder verschwunden sind. Wie Urkunden belegen, gingen die Fischer von Morgiou bereits im Spätmittelalter ihrem Beruf nach. Im 17. Jh. konnten die Fischer gar einen königlichen Gast begrüßen: Ludwig XIII. kam zum Thunfischfang nach Morgiou.

Mit der Buslinie 22 von der Métro-Station Rond-Point du Prado bis Les Baumettes (nur im Juli und Aug., sonst 500 Meter vorher bei der Haltestelle Morgiou Arnaud aussteigen). Anschließend noch eine knappe Stunde zu Fuß.

Calanque de Sugiton: Eine beliebte Bucht, in der auch nackt gebadet werden kann. Sie ist allerdings weniger

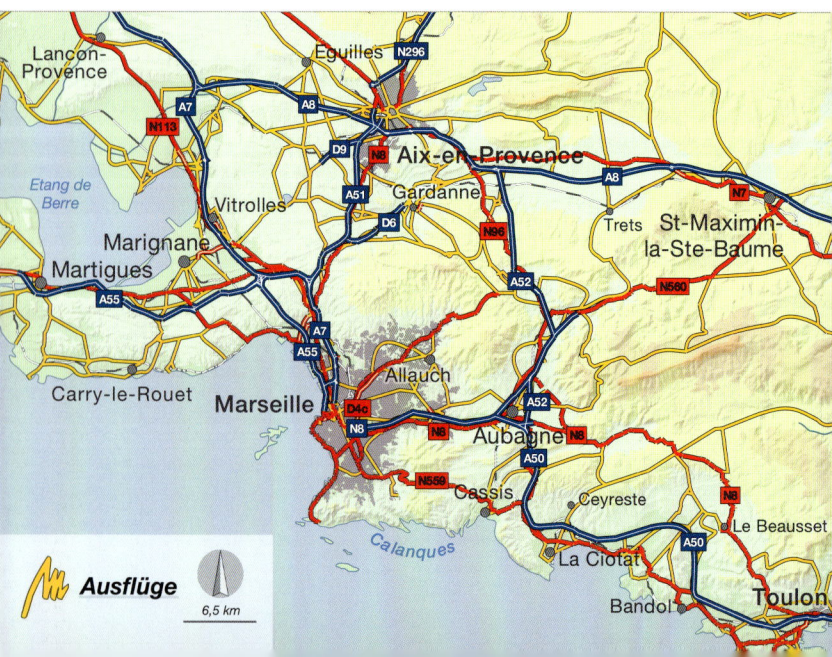

Ausflüge 6,5 km

Calanque de Morgiou

eindrucksvoll als die benachbarten, die auf den Küstenwanderwegen erreicht werden können. Am Wochenende sehr beliebt. Weniger los ist in der kleinen, weiter östlich auf einem Wanderpfad zu erreichenden Calanque des Pierres Tombées, in der hüllenlos gebadet wird.

Mit der Buslinie 21 von der Métro-Station Castellane bis Luminy Université. Anschließend noch eine knappe Stunde zu Fuß.

Calanque d'En-Vau: Die Calanque d'En-Vau, die man am besten von Cassis aus erkundet (→ Wandertour 2, S. 100), steht wegen ihrer steil aufragenden, weiß leuchtenden Felswände in dem Ruf, die schönste an der Küste zu sein: Wie eine türkisfarbene Zunge schiebt sich das Wasser in die Bucht hinein. Der schöne Badestrand am Ende der Calanque ist verständlicherweise im Sommer so gut besucht wie das heimische Freibad – auf dem Steinstrand liegt Handtuch an Handtuch. An den Felswänden suchen Kletterer die sportliche Herausforderung.

Calanque de Port-Pin: Die vorletzte Bucht im Osten ist ungefähr eine Stunde Fußmarsch von Cassis entfernt. Sie ist zwar weniger tief eingeschnitten, verfügt aber über einen kleinen Sandstrand. Bevor es zur nächsten Calanque weitergeht, bietet sich ein Spaziergang zur Pointe de la Cacau am Ende der Halbinsel an.

Calanque de Port-Miou: Vom Hafen von Cassis wandert man nur eine halbe Stunde bis zur ersten Calanque, der Calanque de Port-Miou. Die Bucht diente bis 1981 jahrhundertelang als Steinbruch; die weißen Kalksteine fanden beispielsweise beim Sockel der New Yorker Freiheitsstatue, beim Hafen von Algier sowie am Suez-Kanal Verwendung. Im vorderen Teil der Bucht (Richtung Cap Cable) laden flache Steinterrassen zum Sonnenbaden ein; manche genießen die Sonne auch hüllenlos. Beim Schwimmen ist Vorsicht angebracht, da an den steil ins Meer abfallenden Felsen zahlreiche Seeigel kleben. In einer rund 15 m unter dem Meer gelegenen, lang gestreckten Höhle konnte durch archäologische Funde nachgewiesen werden, dass hier bereits Neandertaler gelebt hatten.

Wandertouren in den Calanques

Die beiden vorgestellten Wanderungen bieten eine herrliche Möglichkeit, um diesen Landstrich zu entdecken. Die Ausgangspunkte beider Touren sind mit öffentlichen Verkehrsmitteln leicht zu erreichen. Doch es wird nicht nur gewandert: Bei einem Bad im Meer bieten die Touren außerdem Abkühlung.

Ein wichtiger Hinweis: Von Juli bis September können beide Wanderungen wegen Waldbrandgefahr gesperrt sein, die Touren sind dann nicht durchführbar. Infos: http://myprovence.fr/enviede balade. Achtung: Rauchen ist das ganze Jahr über strengstens verboten!

Tour 1: Von der Calanque de Sormiou zur Calanque de Morgiou

Länge/Gehzeit: 11,6 km, 4:30 Std. (Gesamtaufstieg 564 m)

Schwierigkeitsgrad: schwer.

Charakter: Ansprechender Küstenwanderweg mit einer etwas kniffligen Kletterpartie. Der Hin- und Rückweg von Busstation zur Küste bzw. von der Küste zur Busstation erfolgt jeweils auf einer wenig befahrenen Straße.

Markierung: **1** bis **5** keine, **5** bis **6** rot, **6** bis **7** blau, **7** bis **8** schwarz, **8** bis **9** keine.

Ausrüstung: unbedingt Wanderschuhe, Sonnenschutz, Badesachen.

Verpflegung: Restaurant Nautic Bar in der Calanque de Morgiou (Sonntagabend und Mo geschl.). Pizzeria Chez Zé am Chemin de Morgiou (Dienstagabend und Mi geschl. http://

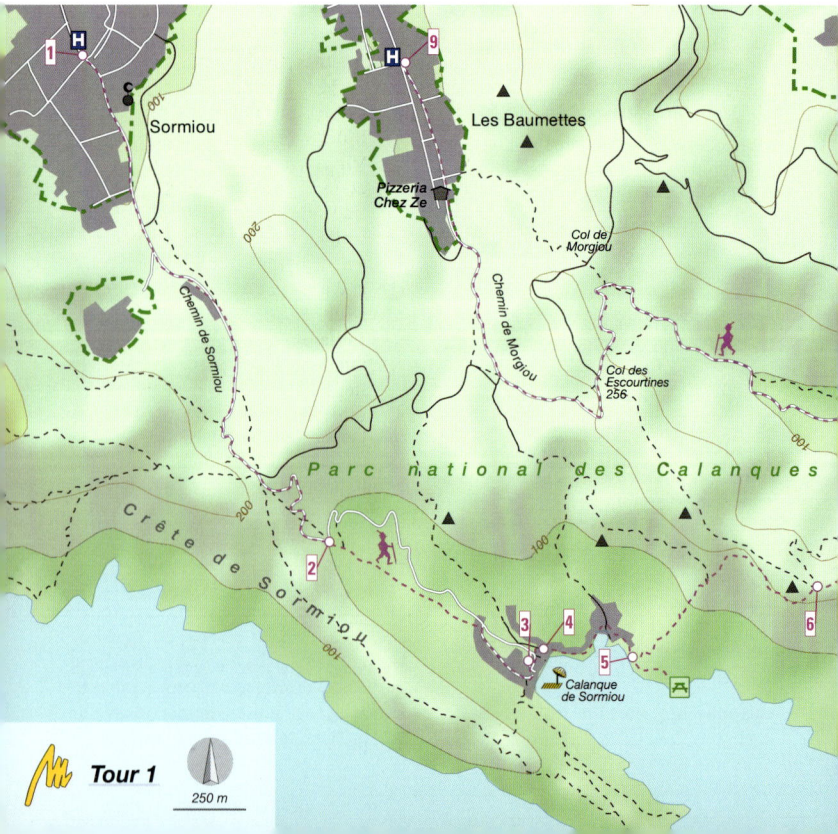

chez-ze.com). Beide Lokale haben eine Terrasse. Ausreichend Wasser mitnehmen.

Hin: Buslinie 23 von der Métro-Station Rond-Point du Prado bis La Cayolle. **Zurück:** Buslinie 22 von Les Baumettes (nur im Juli und Aug., sonst 500 Meter weiter zur Haltestelle Morgiou Arnaud) zur Métro-Station Rond-Point du Prado. Am Wochenende verkehren die Busse oft nur ca. zweimal in der Stunde.

Von der Busstation La Cayolle **1** laufen wir in Richtung Süden auf dem Chemin de Sormiou, einer breiten, durch ein Wohngebiet führenden Straße. Nach rund 10 Minuten erreicht man einen Parkplatz mit dem Hinweisschild, dass man das Massif de Calanques betritt. Anschließend geht es die asphaltierte Straße in Serpentinen stetig hinauf, bis nach insgesamt einer halben Stunde

der Pass (Col de Sormiou) erreicht ist. Wer einen Blick zurück nach Marseille wirft, kann das Stade Velodrôme im Häusermeer ausmachen. Anschließend geht es auf der gleichen Straße in Serpentinen hinunter, bevor man in der letzten Serpentine rechter Hand **2** einen Pfad einschlägt, der direkt zur Bucht führt. Sobald wir den Asphalt erreichen, halten wir uns rechts, wo bereits ein Park- sowie Bouleplatz zu erkennen sind. Durch ein grünes Metalltor führt der Weg an den typischen Cabanons vorbei zum Strand **3** der Calanque de Sormiou.

Wer will, kann an dem schönen Sandstrand bereits einen ersten Badestopp einlegen. Das glasklare Wasser in der Bucht schillert verführerisch türkis. Wir wenden uns nach links, gehen entweder direkt am Meer entlang oder etwas oberhalb über einen Parkplatz, dann gelangen wir erneut zu einem grünen Metalltor **4**. An ein paar Häusern vorbei umrunden wir den kleinen Hafen der Calanque de Sormiou. Etwa drei Minuten später zweigt links der rot markierte Wanderpfad ab **5**. Wer weiter geradeaus geht, erreicht nach 10 Minuten einen herrlichen, über dem Meer gelegenen Picknickplatz. Der rot markierte Wanderpfad steigt langsam an, bevor er immer steiler wird. Rund 20 Minuten später, nachdem man das Meer verlassen hat, kommt eine diffizile Stelle mit einem Felsen: eine kleine Kletterpartie, bei der man auch die Hände zu Hilfe nehmen muss. Anschließend geht es dann auf gleicher Höhe um eine Felsflanke herum, wobei sich ein schöner Panoramablick auf das Meer und die dort segelnden oder fahrenden Boote bietet. Nach ein paar Minuten gelangt man zu einer Wegkreuzung **6**, die auch einen anderen, kürzeren Weg zur Calanque de Morgiou ausweist. Doch wir entscheiden uns für den schöneren, blau markierten Weg und laufen auf dem Kamm (Crête de Morgiou) weiter in Richtung Osten.

Ausflüge in die Umgebung → Karte S. 96

Einige Minuten später trifft man auf eine Felskante, von der sich eine herrliche Aussicht auf die schmale, tief unten gelegene Calanque de Morgiou bietet. Wir bleiben weiter auf dem Wanderweg, bis allmählich ein steiler Abstieg beginnt. An einer erneuten Wegkreuzung am Col de Renard **7** wenden wir uns scharf nach links und folgen dem nun schwarz markierten Wanderweg zur Calanque de Morgiou (geradeaus gelangt man zum Cap Morgiou). Es folgt erneut ein steiler Abstieg, aber nach 5 Minuten geht es weniger steil oberhalb der Küste entlang. Langsam nähern wir uns der Bucht, doch kurz bevor wir den kleinen, von einer Mole gesicherten Hafen **8** erreichen, ist noch einmal eine kurze Kletterpartie angesagt. In der Calanque de Morgiou mit dem Restaurant Nautic Bar liegen ein paar Boote vertäut; Bademöglichkeiten sind an der östlichen Seite der Bucht vorhanden.

Um zur Endhaltestelle des Busses zu gelangen, muss man nun auf der asphaltierten Straße am Ende der Bucht bergauf laufen. Anfangs ist die Steigung nur leicht, später wird der Rückweg zu einem – besonders im Sommer – schweißtreibenden Unterfangen. Am Col des Escourtines hat man mit 256 m den höchsten Punkt erreicht. Dann geht es hinunter zu einem großen Parkplatz (Parking Chemin de Morgiou). Wenig später kommt man linker Hand an der Pizzeria Chez Zé vorbei, wo man sich stärken kann. Anschließend geht es noch ein kleines Stück geradeaus auf dem Chemin de Morgiou bis zur Bushaltestelle **9**.

Tour 2:
Von Cassis zur Calanque d'En Vau

Länge/Gehzeit: 14,0 km, 4:00 Std. (Gesamtaufstieg 496 m)

Schwierigkeitsgrad: mittelschwer.

Charakter: Anfangs geht es durch den Ort, dann auf einem stark frequentierten Küstenwanderweg zur Calanque d'En Vau; sie gilt als die schönste der Buchten von Cassis, allerdings

muss ein kurzer, aber extrem steiler Abstieg bewältigt werden. Der Rückweg erfolgt auf zumeist breiten Feldwegen ohne jeglichen Schatten.

Markierung: **1** bis **4** keine, **4** bis **8** rotweiß (Fernwanderweg GR 51), **8** bis **9** rot, **8** bis **5** sehr spärlich markiert. Anfangs rot, dann auch braun und zuletzt blau gestrichelt

Ausrüstung: unbedingt Wanderschuhe, Sonnenschutz, Badesachen.

Verpflegung: zahlreiche Restaurants und Cafés in Cassis. Ausreichend Wasser mitnehmen.

Hin & zurück: Cassis liegt 20 km östlich von Marseille an der Küste. Regelmäßige Zug- und Busverbindungen mit Marseille.

Am Hafen **1** von **Cassis** mit seinen Fischer- und Ausflugsbooten herrscht den ganzen Sommer über reger Betrieb. Wir wenden uns nach Osten und umrunden, vorbei an zahlreichen Restaurants und Cafés, das Hafenbecken. Schließlich verlassen wir die Uferpromenade und ge-

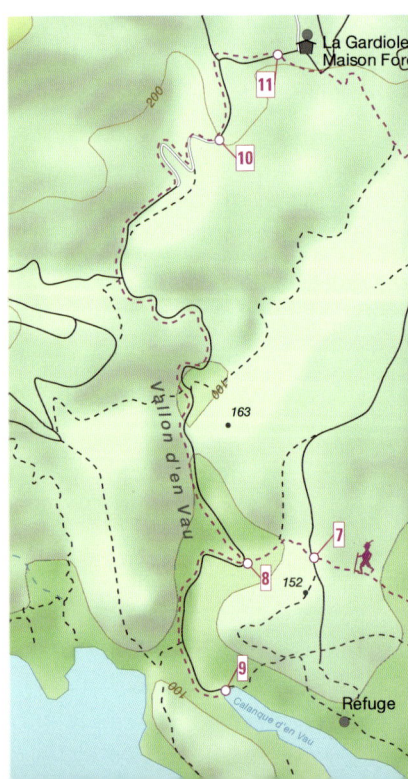

hen über eine Treppe **2** mit dem Schild „Plage du Bestouan" zu einer Straße hinauf, wo wir nach links abbiegen.

Wenig später können wir den Strand gut überblicken und laufen weiter auf der Küstenstraße Avenue des Calanques am Hotel Roches Blanches vorbei. Dann biegen wir rechts ab **3**, gehen die Straße (Avenue des Calanques) bis zu nächsten Kreuzung **4** hinauf, wo uns ein Wegweiser („Port-Miou") mit einem Wandererpiktogramm nach links in wenigen Minuten durch ein Villenviertel den Berg hinunter zur **Calanque de Port-Miou 5** bringt. Wie der Name schon andeutet, wird der hintere Teil der Calanque de Port-Miou als (Jacht-)Hafen genutzt. Am Ende der Calanque stoßen wir auf den jetzt deutlich rot-weiß markierten Fernwanderweg GR 51, der in Richtung Calanque d'En Vau führt.

Der anfangs sehr breite Weg verläuft am Westufer der Calanque Port-Miou und zieht sich in einer Rechtskurve den Berg hinauf. Noch vor dem höchsten Punkt des Weges zweigen wir auf dem Fernwanderweg links ab **6** und gelangen in wenigen Minuten hinunter zur **Calanque de Port-Pin**.

Dort beginnt nun ein steter Anstieg, bis wir bei 140 Höhenmetern einen breiten Feldweg **7** überqueren und uns weiter an den rot-weißen Markierungen orientieren. Jetzt kommt die schwierigste Passage: ein **steiler Abstieg** auf felsigem Untergrund, bei dem man sich oft mit den Händen abstützen muss.

Die Felsen sind ziemlich glatt, Vorsicht und gutes Schuhwerk sind also angebracht, wenngleich man auch immer wieder Leichtsinnige mit Badelatschen beim Abstieg beobachten kann. Am

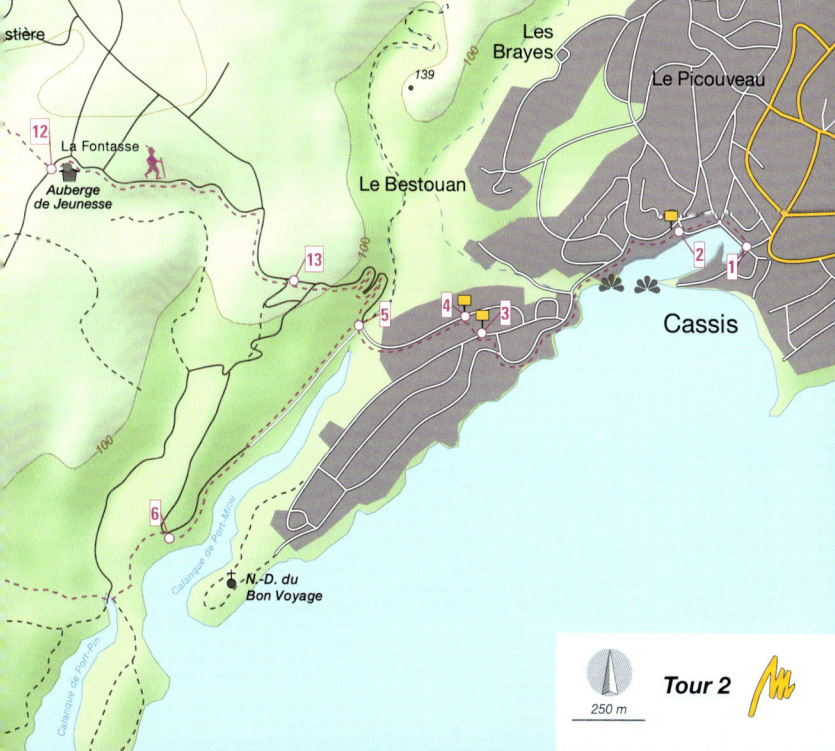

Tour 2

250 m

Grund der Schlucht erreichen wir an einer Wegkreuzung **8** einen breiten Steinweg, der uns nach links in 10 Minuten zur **Calanque d'En Vau 9** bringt. Die fjordartig in die Kalksteinfelsen eingeschnittene Bucht mit ihrem türkis schimmernden Wasser verlockt zum Baden und ist fast immer gut besucht. Beliebt sind die Felsen auch bei Sportkletterern. An schmalen Felsnadeln wie dem „Gottesfinger" überwinden die Freeclimber scheinbar mühelos die Schwerkraft und kleben mehr als 50 m über dem glasklaren Wasser an den Felsen.

Nach einem Bad machen wir uns auf den Rückweg und stoßen an der uns bereits bekannten Wegkreuzung **8** wieder auf den rot-weiß markierten GR 51, dem wir durch das enge **Vallon d'En Vau** weiter in Richtung Norden folgen. Rund eine halbe Stunde gehen wir leicht ansteigend auf dem breiten Weg durch das Tal. Der Fernwanderweg zweigt links ab, doch wir bleiben im Tal und folgen nun der roten Markierung.

Am Ende des Vallon d'en Vau folgt ein steiler Aufstieg auf einer Betonpiste, die sich in einer Rechtskurve den Berg hinaufwindet. Oben gehen wir an der Kreuzung **10** weiter geradeaus auf der jetzt nicht mehr betonierten breiten Forstpiste und lassen einen Abzweig nach rechts unbeachtet. Kurz danach erreichen wir das Metalltor eines dahinter liegenden Forsthauses, biegen vor dem Tor nach rechts ab und gehen anfangs am Zaun entlang **11**. Der Weg ist jetzt eine Zeit lang nicht konsequent, aber wenn, dann braun markiert, und bringt uns in einer Viertelstunde in südöstlicher Richtung zur Jugendherberge (Auberge de Jeunesse La Fontasse).

An einem Zaun vor der Herberge **12** gehen wir nach links und dann sofort wieder nach rechts. Auf einem Wegweiser steht, dass es noch 2 km zur Calanque de Port-Miou und 3 km nach Cassis sind. Der steinige Weg (blau gestrichelte Markierung) geht fortan leicht bergab bis zu einer Wegkreuzung **13**, an der wir uns links halten und nach 100 m wieder links, dann erst gelangen wir über einen abschüssigen Pfad und schließlich in Serpentinen zur **Calanque de Port-Miou 5**. Der Weg zurück zum Hafen **1** ist mit dem Hinweg identisch.

Glasklar: Calanque d'En Vau

Zerklüftete Küste

La Côte Bleue

Die „Blaue Küste", die sich westlich von Marseille erstreckt, wird in den Sommermonaten fast ausschließlich von Franzosen frequentiert. Aufgrund seiner Nähe zu Marseille ist der Küstenabschnitt ein beliebtes Wochenendausflugsziel für die Einheimischen.

Durch einen Bergzug (Chaîne de l'Estaque) vom Hinterland abgeriegelt, findet man an der rund 25 km langen Côte Bleue kleine Fischerdörfer, idyllische Strände und schmale Calanques. Der größte Ort ist Carry-le-Rouet, hier ein kurzer Überblick:

Niolon: Das in einer Calanque gelegene Niolon lockt nicht nur mit seinem beschaulichen Flair samt Minihafen und Tauchstation, es gibt auch Bademöglichkeiten und drei Fischlokale.

Ensuès-la-Redonne: Das Städtchen Ensuès liegt ein Stück im Hinterland auf einem Plateau. Direkt an der Küste befindet sich der Ortsteil La Redonne.

Blaise Cendrars schrieb 1927 in dem Fischerdorf große Teile seines Buches Der alte Hafen, weshalb noch immer Literaturfreunde hierher pilgern. Hinter dem zum Ort gehörenden Hafen Grand-Méjéan verläuft ein spektakuläres Eisenbahnviadukt – ein beliebtes Fotomotiv. Links und rechts von La Redonne gibt es mehrere Buchten zum Baden. In der ein paar hundert Meter weiter östlich gelegenen Calanque des Anthéors kann man auch nackt baden.

Carry-le-Rouet: Bis 1915 war Carry ein verträumtes Fischernest, doch durch den Bahnanschluss florierte der Ort. Nach dem Zweiten Weltkrieg nahm die Bevölkerung stark zu, auch der Schauspieler Fernandel, der vor allem durch seine Darstellung des Don Camillo unsterblich wurde, lebte hier in einer Villa und spielte am Dorfplatz mit Begeisterung Boule. Heute gilt Carry-le-Rouet mit seinem Jachthafen als wichtigster Badeort an der Côte Bleue. Im Sommer und an den Wochenenden sind die Strände gut besucht. Die Plage du Rouet ist ein ansprechender langer Sandstrand mit diverser Infrastruktur und Surfverleih.

Sausset-les-Pins: Ein weiterer attraktiver Küstenort mit einem Hafen und einem Château mit Park aus dem Jahr 1855. Entlang der am Meer verlaufenden Avenue du Général Leclerc erstrecken sich mehrere, meist kiesige Badebuchten. Randnotiz: Der inzwischen verstorbene französische Rockstar Johnny Hallyday gab 1959 im Alter von 16 Jahren sein erstes Konzert in Sausset-les-Pins auf einer kleinen Bühne hinter dem noch heute existierenden Hotel-Restaurant La Plage.

Carro: Als einstiges Synonym für den Thunfischfang gilt der Fischereihafen von Carro. Noch heute wird am Hafen des Ortes an jedem Vormittag von den örtlichen Fischern ein Fischmarkt abgehalten. Durch die besonderen Windbedingungen ist der Ort vor allem bei Surfern aller Couleur beliebt, die insbesondere bei Mistral durch die Wellen toben. Schöne Sandstrände sind die östlich von Carro gelegene Anse du Verdon sowie die Anse de Sainte-Croix.

Martigues: Das wegen seiner Kanäle als „provenzalisches Venedig" gepriesene Martigues bildet den westlichen Schlusspunkt der Côte Bleue und liegt bereits am Étang de Berre. Im Zentrum von Martigues befindet sich eine kleine Insel, die mit zwei Brücken am Festland „vertäut" ist. Noch vor hundert Jahren war Martigues ein beschaulicher Fischerort, der von Malern wie Félix Ziem und Camille Corot wegen seiner Ursprünglichkeit sowie den schönen und guten Lichtverhältnissen hoch angesehen war. Durch die Wertschätzung der Künstler entwickelte sich Martigues bald zur beliebten Sommerfrische. Heute wagt die Stadt gezwungenermaßen den Spagat zwischen Tradition und Gegenwart: Martigues präsentiert sich zwar als attraktiver Ferienort mit verträumten Winkeln (so am Miroir aux oiseaux), doch lässt sich die nahe Großindustrie, der zahlreiche Einwohner ihren Arbeitsplatz verdanken, nicht übersehen.

Anreisetipp: Man kann die gesamte Strecke entlang der Côte Bleue wunderbar mit dem Zug erkunden. Der Train de la Côte Bleue fährt (14-mal tgl., am Wochenende 8-mal) vom Bahnhof Marseille Saint-Charles durch zahlreiche Tunnel und über viele Viadukte bis nach Miramas. Haltestellen sind Niolon, Ensuès-la-Redonne, Carry-le-Rouet, Sausset-les-Pins und La Couronne. Allerdings verlässt die Zugstrecke nach Carry-le-Rouet die Küste und statt Meeresblau ziehen triste Industrieanlagen am Fenster vorbei.

Am Etang de Berre

Cassis

Das nur rund 20 km von Marseille entfernte Fischerstädtchen ist in den Sommermonaten und am Wochenende fest in touristischer Hand – umso erstaunlicher, dass sich Cassis seinen Charme weitestgehend bewahren konnte. Vor allem das Viertel rund um das Hafenbecken besticht durch seine Atmosphäre. Der pittoreske Hafen und die zerklüftete Landschaft inspirierten schon zahlreiche Maler, darunter Raoul Dufy, Henri Matisse, Maurice de Vlaminck und Kundera. In klimatischer Hinsicht ist das steil ansteigende Felsmassiv von großem Vorteil: Dank der windgeschützten Lage sind die Temperaturen bis weit in den Oktober hinein ideal zum Sonnenbaden. Daher tummeln sich an den Stränden links und rechts des Hafens all jene, denen der Weg zu den Calanques zu beschwerlich war.

Den Abend sollte man in einem der vielen Fischrestaurants an der Hafenmole ausklingen lassen. Während im Hochsommer ohne Vorbestellung kein Tisch im Freien zu ergattern ist, hat man im Herbst fast immer Glück. Austern, Seeigel und andere Meeresfrüchte werden fangfrisch kredenzt, und als ideale Begleitung dazu empfiehlt sich ein Cassis. Der auf den Kalksteinböden der Umgebung herangereifte Rebensaft ist ein würziger und sehr trockener Weißwein von exzellenter Qualität, der zu Recht als bester provenzalischer Weißwein gerühmt wird und seit 1936 AOC-Status genießt. So viel Lob geht dann allerdings am Preis nicht spurlos vorüber …

Geschichte

Das antike *Carsicis* wurde von Griechen aus Marseille gegründet und von den Römern „übernommen", doch schon Jahrtausende zuvor lebten Menschen an diesem Küstenabschnitt. 1991 wurden in der bei der Calanque de Sormiou gelegenen Cosquer-Grotte faszinierende naive Malereien entdeckt, die von Steinzeitkünstlern im Fackelschein an die Wand gemalt worden sind. Im Mittelalter herrschten die Grafen von Les Baux über den Ort, der sich ursprünglich unterhalb des Schlosses befand. Erst im 17. und 18. Jh. verlagerte sich das Zentrum der kleinen Stadt an seine heutige Stelle. Ein Blick auf den Stadtplan zeigt, dass die Anlage der neuen Stadt einem regelmäßigen Plan folgte. Im 18. Jh. siedelten sich in Cassis, das bis 1789 vom Bischof von Marseille verwaltet wurde, neue Industriezweige an, darunter Stockfischtrockenanlagen. Wirtschaftlich bedeutend waren vor allem die Steinbrüche: Der „Cassis-Stein" wurde beim Bau großer Häfen wie Alexandria, Algier, Piräus und Marseille verwendet.

Sehenswertes

Château: Das einstige Schloss der Grafen von Les Baux überragt noch immer den Hafen von Cassis. Allerdings muss man sich damit begnügen, das im Besitz der Reifendynastie Michelin befindliche Schloss nur von außen betrachten zu können. Errichtet wurde es um das Jahr 1225 auf Anweisung von Hugues des Baux.

Musée Municipal Méditerranéen: Das im ehemaligen Presbyterium untergebrachte Heimatmuseum zeigt archäologische Fundstücke, darunter griechische Amphoren sowie Dokumente zur Geschichte von Cassis, Trachten und Gemälde provenzalischer Meister.

Place Baragnon. Mi–Sa 10.30–12.30 und 14–18 Uhr im Sommer, 14.30–17.30 Uhr im Winter. Eintritt frei.

Praktische Infos → Karte S. 105

Information

Office de Tourisme, Maison Cassis, Quai des Moulins, 13260 Cassis. ℰ 0442017117, http://cassis.com.

Verbindungen

Tgl. rund 20 Zugverbindungen von Marseille (über Aubagne) nach Cassis. Fahrzeit ca. 20 Min. Achtung: Der **SNCF-Bahnhof** von Cassis (ℰ 3635) liegt rund 3 km nördl. des Zentrums (Mo–Sa regelmäßig Busverbindungen zum Casino). Zusätzlich besteht von Marseille (Métro-Station Castellane) zum Round-Point du Gendarmerie in Cassis mehrmals tgl. (außer So) eine **Busverbindung** (Bus M8), Fahrzeit rund 45 Min.

Parken

Autofahrer sollten angesichts der chronischen **Parkplatznot** nicht lange zögern und ihr Gefährt bei der erstbesten Gelegenheit abstellen. Außerhalb des Zentrums gibt es ausgeschilderte Parkplätze und Parkhäuser, die allesamt gebührenpflichtig sind. Vom Parking des Gorguettes gibt es alle 20 Min. einen Shuttlebus.

Markt

Jeden Mittwoch- und Freitagvormittag auf der Place du Marché.

Bootsausflüge zu den Calanques

Mehrmals tgl. von 9–18 Uhr. Abfahrt vom Quai Saint-Pierre sowie vom angrenzenden Quai des Baux. Je nach Schiff und Abfahrtszeit sind drei oder mehr Calanques im Angebot. Preis: ab 16 € für drei Calanques (45 Min.). „Landratten" sollten die kleinen Ausflugsboote bei starkem Seegang besser meiden. Kleine motorisierte Boote werden ab 100 € pro Tag vermietet. ✆ 0686558670, http://calanquesdecassis.com.

Strände

Plage de la Grand Mer, auf der dem Meer zugewandten Seite der Hafenmole, ist der größte Strand von Cassis; Plage de Bestouan, eine kleine, leider zumeist überlaufene Bucht 500 m westl. des Hafens (Hunde verboten!); Plage Bleue, nochmals rund 1000 m weiter am Ende der Avenue Jean Jacques Garcin; Plage du Corton, 1 km östl. des Hafens.

Tauchen

Centre Calanques plongée, 3, rue M. Arnaud. ✆ 0671526020,   http://cassis-calanques-plongee.com.

Übernachten

*** **De la Plage (La Mahogany)** ⑨, das Hotel ist nur durch eine Straße von der Plage de Bestouan getrennt, sodass man schon vor dem Frühstück eine Runde schwimmen kann. Gefällig ist das moderne, helle Ambiente. Fast alle Zimmer haben einen Balkon mit Meerblick! DZ 145–241 €; Frühstück 13 €; Parken 15 €. 19, avenue de l'Amiral Ganteaume. ✆ 0442010570, http://hotelmahogany.com.

** **Liautaud** ⑮, das 1875 gegründete Hotel besticht durch seine schöne Lage direkt am Hafen. Wenn möglich, sollte man unbedingt ein Zimmer – die meisten besitzen einen kleinen Balkon – mit Blick auf das Meer reservieren. Zudem sind die Zimmer sehr ordentlich und absolut sauber, die Bäder großzügig. Garage vorhanden. Nov.–Jan. Betriebsferien. DZ 95–115 €; Frühstück 9,50 €; Garage 12 €. 2, rue Victor Hugo. ✆ 0442017537, http://hotel-liautaud-cassis.com.

** **Le Grand Jardin** ⑩, zentrales, freundliches Hotel mit kleinem Garten. Frühstücksterrasse. Hunde sind nicht erlaubt. Hotelgarage, die bei der Parkplatznot in Cassis ihre 12 € sicher wert ist. Zimmer 85–94 €, die teureren Zimmer gehen zum Garten hinaus und sind sehr ruhig; Frühstück 10 €. 2, rue Pierre Eydin. ✆ 0442017010, http://hotelgrandjardin.com.

Essen & Trinken

Monsieur Brun ⑥, die Terrasse mit den auffälligen roten Stühlen ist ein gut besuchter Platz zum Entspannen. Das Café eignet sich übrigens auch wunderbar zum Frühstücken, zudem werden Meeresfrüchte serviert. 2, quai Calendal. ✆ 0442018266.

Villa Madie ⑯, der konkurrenzlose Gourmettempel (zwei Michelin-Sterne!) liegt etwas außerhalb des Hafenviertels nahe dem Sportplatz. In einer schmucken Villa zelebriert Dimitri Droisneau eine fantasievolle mediterrane Küche. Wechselndes Mittagsmenü zu 95 €, abends zu 145 und 245 €. Mo und Di Ruhetag. Günstiger, aber ebenfalls sehr lecker, isst man in der zugehörigen **Brasserie du Corton**, die allerdings nur Mo–Fr mittags geöffnet ist (Menü 32 €, Hauptgang Kalbskotelett mit Polenta und grünem Spargel). Beide Lokalitäten besitzen eine herrliche Terrasse mit Meerblick! Avenue du Revestel. ✆ 0496180000, http://lavillamadie.com.

Nino ⑦, ansprechende provenzalische Küche mit spürbar italienischem Einschlag. Ein Klassiker zum Dessert sind die *Crêpes Nino* (9 €). Menü zu 34 €. Sonntagabend in der NS, Mo sowie Mitte Dez.–Mitte Feb. geschl. Auch Zimmervermietung (drei schmucke Zimmer, zwei mit Balkon, je nach Saison 180–240 €). Quai Barthélmy. ✆ 0442017432, http://nino-cassis.com.

Fleurs de Thym ⑤, dieses in einer Seitengasse beim Hafen gelegene Restaurant war ein Tipp von Heiko Schmitz und fand inzwischen Aufnahme in zahlreiche Restaurantführer. Lohnend ist ein *Filet de rougets au pastis* gefolgt von einem *Filet de mignon de canard* mit Ingwer und Honig. Straßenterrasse. Menü zu 29,50 €. Nur abends geöffnet. 5, rue Lamartine. ✆ 0442012303.

L'Escalier ④, etwas günstiger, aber ebenfalls ausgezeichnet, speist man in diesem von Christiane Walter empfohlenen Restaurant: „Es ist sehr stilvoll eingerichtet, hat nette Bedienungen und serviert ein wundervoll angerichtetes und hervorragendes Essen. Außerdem auffallend viel einheimische Gäste." Menüs zu 21 und 31 €. 4, rue Frédéric Mistral. ✆ 0442323380.

Ausflüge in die Umgebung → Karte S. 96

La Ciotat

Kein verträumtes Fischerstädtchen, sondern eine lebendige Kleinstadt. Werftanlagen – auch wenn schon viele stillgelegt worden sind – prägen das Stadtbild. Touristisch ist die Stadt nicht vollkommen erschlossen, was aber kein Nachteil ist.

Ursprünglich war La Ciotat nur der Hafen des griechischen Katharista (das heutige Ceyreste liegt 5 km nordöstl.). La Ciotat wurde bis in die Spätantike von römischen Schiffen angesteuert, bevor es wahrscheinlich von seinen Bewohnern aufgegeben wurde. Im Mittelalter erneut gegründet, erlebte La Ciotat seine große Blüte vom 16. bis zum 18. Jh., zeitweise stand der Handelshafen sogar mit Marseille in regem Wettbewerb. Lange Zeit sicherten die ortsansässigen Werften mit der Fertigung riesiger Tank- und Passagierschiffe den Bewohnern ein festes Auskommen, doch seit mehreren Jahren kämpft die Stadt im Strudel der internationalen Schiffsbaukrise mit wirtschaftlichen und sozialen Problemen – nicht nur die Bremer Vulkan-Werft geriet durch die asiatische Billiglohn-Konkurrenz ins wirtschaftliche Abseits. Schienen erinnern noch daran, dass die Arbeiter in früheren Zeiten mit der Straßenbahn zur Werft fuhren.

Mit dem Tourismus hat sich La Ciotat seit Längerem ein zweites Standbein

geschaffen; erst vor Kurzem wurde ein neuer Jachthafen angelegt. Die windgeschützte Lage sorgt für ein mildes Klima. Zum Bummeln und Schlendern findet man in der charmanten, leicht heruntergekommenen Altstadt reichlich Gelegenheit. Im Stadtzentrum wurde die lang gestreckte Rue des Poilus mit ihren vielen Geschäften in eine schöne Fußgängerzone umgewandelt. Rund um den Alten Hafen finden sich mehrere Straßencafés, von deren Terrassen man das beschauliche Treiben beobachten kann, dabei grüßen die Schiffsbaukräne stumm im Hintergrund. Der Hausstrand von La Ciotat ist zwar recht nett, zumeist aber übervölkert; mehr Platz zum Baden bietet der Vorort Ciotat-Plage.

Sehenswertes

Musée Ciotaden: Direkt am Hafen residiert das 1941 gegründete Stadtmuseum im ehemaligen Rathaus von La Ciotat, einem stattlichen Gebäude mit Rundturm aus den 1860er-Jahren. Die interessante Dauerausstellung gibt Einblicke in die Stadtgeschichte (von der Frühgeschichte bis ins 20. Jh.), die Wohnkultur sowie die Schiffsbautradition der Hafenstadt. Modelle gewähren einen Überblick über die von der Werft von La Ciotat gefertigten Schiffe.

1, quai Ganteaume. Juli/Aug. tgl. außer Di 16–19, sonst tgl. außer Di 15–18 Uhr. Eintritt 3,50 €, erm. 2 €. http://museeciotaden.org.

Calanque et Parc du Mugel und **Calanque de Figuerolles**: Nicht nur Cassis, sondern auch La Ciotat hat seine Calanques. Etwa einen Kilometer südwestlich des Hafens kann man in zwei tief eingeschnittenen Felsbuchten baden. Hinter der größeren Calanque du Mugel erstreckt sich ein unlängst neu gestalteter botanischer Garten mit Palmen und Kakteen, der Parc du Mugel. Die Calanque de Figuerolles ist kleiner, aber ebenfalls sehr reizvoll, zudem findet sich ein gutes Restaurant in der steinigen Bucht.

La Ciotat

90 m

Toulon

Praktische Infos

Information

Office de Tourisme, Boulevard Anatole France, 13600 La Ciotat. ✆ 0442086132. http:// laciotat.info.

Verbindungen

Tgl. rund 25 Zugverbindungen von Marseille (über Aubagne und Cassis). Der **SNCF-Bahnhof** (✆ 3635) liegt rund 3 km landeinwärts in Richtung Ceyreste. Zentral, direkt neben dem Office de Tourisme ist der Busbahnhof (✆ 0442089090) zu finden. Häufige Busverbindungen von Marseille (Place Castellane): Der Bus 69 fährt über Aubagne in 46 Min. nach La Ciotat.

Parken

Ein großer gebührenfreier Parkplatz (Parking Port Vieux) befindet sich hinter dem Rathaus, 200 m vom Hafen entfernt.

Markt

Dienstagvormittag auf der Place du Marché sowie Sonntagvormittag am Hafenbecken (groß!).

Strände

Östl. des Zentrums ein viel besuchter Sandstrand, abgeschiedener badet man in der Calanque du Mugel und in der Calanque de Figuerolles, einer kleinen idyllischen Bucht mit Kiesstrand, die schon Georges Braque gemalt hat.

Im Hafen von La Ciotat

Bootsausflüge

Von März bis Okt. tgl. bis 7u vier Abfahrten zu den Calanques. Kosten 26–32 €, erm. 20–26 €. http://visite-calanques.fr.

Übernachten/Essen & Trinken

Vieux Port 🎱, modernes Best-Western-Hotel, das 2009 direkt am Hafen eröffnet wurde. Moderne Zimmer mit viel Komfort, wobei die teureren wie immer mit Meerblick sind. Der Clou ist allerdings der Panoramapool auf dem Hoteldach! Kostenloses WLAN. DZ 125–199 €; Frühstücksbuffet 16 €; Parken 13 €. 252, quai François Mitterrand. ☎ 0442040000, http://bestwestern-laciotat.com.

mein Tipp Le „R.I.F." 🎱, das von dem sympathischen Gregori betriebene R.I.F. (die Abkürzung steht für République Indépendante de Figuerolles) ist eine traumhafte, fast paradiesische Herberge in einer kleinen, von steil aufragenden Felswänden eingerahmten Bucht. Als unabhängige „Republik" besitzt das R.I.F. auch eine eigene Währung und eine eigene Zeit, die eine Stunde hinter der französischen läuft … Unter einem strohgedeckten Dach kann man tagsüber eine Kleinigkeit zu sich nehmen und dabei auf das Meer hinunterblicken, abends ist dann Restaurantbetrieb, wobei Liebhaber der mediterranen Küche auf ihre Kosten kommen. Wechselnde Tageskarte. Ein besonderes Lob verdient die *Crème brûlée*. Eine Reservierung ist ratsam. Mai–Okt. tgl. geöffnet, im Winter nur Do–So. Die drei einfachen, aber sauberen Zimmer mit Dusche und Terrasse kosten 37–70 €, die um einen idyllischen Garten gruppierten „Bungalows" und Appartements 120–170 €

(mit Kochmöglichkeiten); Frühstück 10 €. Kajak-vermietung. Das R.I.F. liegt in der Calanque de Figuerolles, 1 km westl. des Hafens. ℂ 044 2084171, http://figuerolles.com.

La Table de Nans ∎, dieses 3 km östl. des Zentrums oberhalb der Küste gelegene Lokal ist ein Tipp für Gourmets (ein Michelin-Stern!). Auf der herrlichen Panoramaterrasse werden Köstlichkeiten wie eine Wachtel mit Erbsen-Wirsing-Gemüse auf Kartoffelpüree serviert. Menüs zu 48, 80 und 120 €. So und Montag-mittag geschl. 126, corniche du Liouquet. ℂ 0442831106, http://latabledenans.com.

L'Office'in ∎, auf der schönsten Straßen-terrasse der Stadt mit Blick auf den Hafen wird eine asiatisch inspirierte Küche geboten. Mit-tagsmenü zu 18,50 €, abends 38 €. Di und Mi Ruhetag. 18, rue des Combattants. ℂ 044 2368625, http://lofficein-restaurant-ciotat.com.

Kitch & Cook ∎, an einem kleinen Platz am Rande der Altstadt liegt dieses modern ge-stylte Restaurant. Serviert werden nicht nur französische, sondern auch internationale Gaumenfreuden, so beispielsweise *Médall-lions de lotte pochés au lait de coco*. Menüs zu 17,50 € (mittags) sowie 30 €. Nette Stra-ßenterrasse. Samstagmittag und So geschl. 4, place Esquiros. ℂ 0442039136, http://kitch andcook.com.

Camping

**** **La Baie des Anges** ∎, weitläufiger, durch eine Straße geteilter Campingplatz im Gemeindegebiet von Liouquet. Bar, Restaurant und 25-m-Pool vorhanden. April–Sept. geöff-net. Chemin des Plaines Barronnes. ℂ 044 2831504, http://camping-laciotat.fr.

Marseille im Kasten
Die Stadt der Kinoväter

Wer an den Lichtspielen von La Ciotat vorbeischlendert, wird von dem überdi-mensionalen Doppelbildnis der Brüder Lumière begrüßt. Es muss zwar nicht unbedingt eine besondere Bewandtnis vorliegen, wenn ein Lichtspielhaus nach den Kinovätern Lumière benannt ist, doch La Ciotat ist ein besonderer Fall: Hier wurde Kinogeschichte ge-schrieben! Der Bahnhof von La Ciotat war nämlich der erste Drehort in der Filmgeschichte. Im Jahr 1895 postierten Auguste und Louis Lumière, die einer wohlhabenden Lyoner Industriellen-familie entstammten, während ihres Sommeraufenthaltes eine neu entwi-ckelte Kameraapparatur neben den Gleisen und filmten die Ankunft eines Zuges. Schon bei der ersten Vorführung des weniger als eine Minute langen Streifens (*L'Entrée du train en gare de La Ciotat*) geriet das Publikum in Auf-ruhr und Entsetzen: Den Zuschauern wurde nämlich gekonnt suggeriert, der Zug rase unmittelbar auf sie zu – die Wirkung des bis dato unbekannten Me-diums war enorm, der Triumphzug des Kinos begann. Auch an seiner Geburts-stätte La Ciotat feierten die laufenden Bilder große Erfolge: In dem 1889 er-richteten Eden-Théâtre zeigten die Brü-der ab 1899 ihre Filme. Der schlichte, ein paar hundert Meter östlich des alten Hafens gelegene Bau steht unter Denkmalschutz und gilt als das älteste Lichtspielhaus der Welt. Allerdings wird das Gebäude seit Längerem nicht mehr als Kino genutzt.

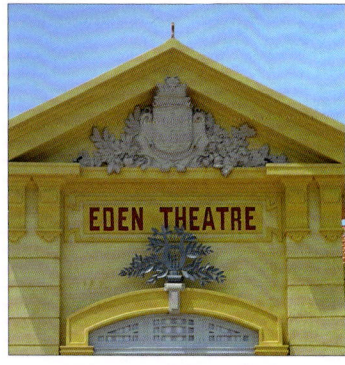

Ausflüge in die Umgebung → Karte S. 96

Cours Mirabeau

Aix-en-Provence

Befragt nach der Stadt, in der sie am liebsten wohnen möchten, nennen die meisten Franzosen Aix-en-Provence. Warum? Aix verspricht konzentrierten Lebensgenuss – Savoir-vivre vom Feinsten! Aix ist andererseits aber noch immer eine stolze Stadt, in der das alteingesessene Bürgertum nach wie vor den Ton angibt.

Der Schriftsteller Wolfgang Koeppen schilderte 1961 seine Eindrücke folgendermaßen: „Wie lieblich, wie freundlich, wie heiter, wie ganz und gar menschlich zeigt sich Aix, der heilende Ort der römischen Bäder, das trauliche Nest der Grafen der Provence, die zufriedene Gemeinde der plätschernden Brunnen und rauschenden Bäume, die akademisch-bohemische Promenade der studierenden Jugend" – dem lässt sich auch heute nur wenig hinzufügen. Aix-en-Provence, die einstige Hauptstadt der Provence, ist auch die Heimat von Emile Zola und Paul Cézanne, die gemeinsam die Schulbank drückten;

der eine – der meistgelesene Schriftsteller seiner Zeit – erschütterte mit seinem J'accuse! in der Affäre Dreyfus das Selbstverständnis der französischen Nation; der andere, ein von seinen Mitbürgern gemiedener Sonderling, zog jeden Tag aufs Neue los, um sein Lieblingsmotiv, die Montagne Sainte-Victoire, mit all seinen Nuancen auf die Leinwand zu bannen. „Wer hier geboren wurde, ist verloren. Nichts anderes gefällt einem mehr", soll Cézanne gesagt haben, und so ist er denn auch in Aix gestorben. Postum wurde Cézanne auch noch zum Stadtführer: Seit ein paar Jahren markieren bronzene Nägel mit einem großen „C" einen Stadtrundgang, der zu den wichtigsten Lebensstationen des Vaters der modernen Malerei führt.

Wer von Aix redet, spricht in gewisser Hinsicht auch vom Cours Mirabeau, der von Platanen gesäumten Prachtstraße im Herzen der Altstadt. Zu gegebener Zeit gibt sich scheinbar die gesamte Stadt ein Stelldichein auf diesem wohl schönsten Boulevard der Provence. Ein kurzes Schwätzchen hier, ein kurzes Schwätzchen dort und dann noch eine Mußestunde in einem der zahlreichen Cafés: Das „Les Deux Garçons" beispielsweise gilt als ein Klassiker unter den französischen Cafés. Schon Pablo Picasso und Blaise Cendrars beobachteten von der Terrasse aus das rege Treiben. Um den Prachtboulevard für das nächste Jahrtausend aufzumöbeln, hatte der Stadtrat umfangreiche Sanierungsmaßnahmen beschlossen, die im Jahr 2002 beendet wurden. Der Cours Mirabeau erhielt einen neuen Brunnen, kränkelnde Platanen wurden Baum für Baum ersetzt und das Parken entlang der Straße gehört der Vergangenheit an.

Der seit 1876 nach dem aus Aix gebürtigen Grafen benannte Cours Mirabeau teilt das Stadtzentrum in zwei ungleiche Hälften: Den Süden nimmt das vornehme Quartier Mazarin ein, das einen weitgehend rechtwinkligen Grundriss aufweist. Nördlich der Prachtstraße erstreckt sich ein quirliges Netz von verwinkelten Gassen und kleinen Plätzen bis zur Cathédrale Saint-Sauveur hinauf. Die Boulevards, die die Altstadt einrahmen, markieren den Verlauf der alten, abgetragenen Stadtbefestigung. Markante architektonische Akzente setzen die knapp hundert erhaltenen Stadtpaläste mit ihren teilweise überaus prachtvollen Fassaden; sie zeugen von einem ausgeprägten Repräsentationsstreben der Parlamentsmitglieder, hinter dem auch die vermögenden adeligen Grundherren der Region nicht zurückstecken wollten. Auffallend sind auch die zahlreichen, über die Stadt verteilten Brunnen, deren plätscherndes Nass bevorzugt aus steinernen Mäulern quillt. In der Stadt leben ungewöhnlich viele junge Leute, da Aix-en-Provence eine der renommiertesten französischen Universitäten besitzt.

Geschichte

Als Keimzelle von Aix-en-Provence kann zweifellos das auf dem Hügel nördlich der Stadt gelegene kelto-ligurische Oppidum Entremont bezeichnet werden. Die dort lebenden Salyer (Saluvier), ein recht kriegerisches Volk, gerieten häufig mit den griechischen Kaufleuten aus Marseille in Konflikt. Die im offenen Landkampf wenig erprobten Griechen wandten sich daraufhin hilfesuchend an die Römer, die sich nicht lange bitten ließen: Das römische Heer unter der Führung von Konsul Caius Sextinus Calvinus schlug die Salyer im Jahr 123 v. u. Z. vernichtend. Doch anders als es die Griechen wahrscheinlich erwartet hatten, entschlossen sich die siegreichen Römer, zu Füßen des Oppidums die erste römische Stadt in Gallien zu gründen: *Aquae Sextiae Saluviorum*, das heutige Aix-en-Provence. Die bereits vorhandene verkehrstechnische Infrastruktur und die von den Römern hochgeschätzten Thermalquellen dürften die Ortswahl entschieden mitbestimmt haben. Aufschlussreich ist auch die Wahl des Namens, in dem die Heilquellen, der siegreiche Feldherr und die besiegten Saluvier vereint wurden. Aix entwickelte sich zu einem florierenden Gemeinwesen. Das von den römischen Stadtmauern umschlossene Territorium erstreckte sich nach Norden und Westen hin weit über die heutige Altstadt hinaus. Durch die von Diokletian im Jahr 284 vorgenommene Neueinteilung der Provinzen des Römischen Reichs wurde Aix zur Hauptstadt der *Gallia Narbonensis Secunda* erhoben.

In dem daraufhin anbrechenden Zeitalter der Völkerwanderung verlor Aix schnell seine Vormachtstellung, wiederholt wurde die Stadt verwüstet und geplündert; zeitweise dürfte Aix mehr einem Dorf als einer Stadt geglichen haben. Erst nach Ende der Sarazeneneinfälle (972) wurde wieder ein Aufschwung spürbar. In der zweiten Hälfte des 12. Jh. wählten die Grafen der Provence Aix zur ihrem Hauptsitz. In den nächsten beiden Jahrhunderten entwickelte sich Aix-en-Provence zu einer

Ausflüge in die Umgebung ↓ Karte S. 96

blühenden Residenzstadt. Doch machten die Bürger 1383 einen schwerwiegenden Fehler: Sie erkannten Ludwig von Anjou nicht als rechtmäßigen Nachfolger der Königin Johanna an, woraufhin der geschmähte Herrscher die Stadt eroberte und schwer verwüstete. Aix-en-Provence blieb aber dennoch Hauptstadt der Provence, 1409 wurde eine Universität gegründet. Während der langen Regierungszeit (1434–1480) von René, dem „guten König", überflügelte Aix Avignon als kulturelles Zentrum der Provence. Der König selbst ging mit gutem Beispiel voran: René soll fünf Sprachen beherrscht, Gedichte geschrieben, Musikstücke komponiert und sogar gemalt haben.

Nachdem die Provence 1481 Teil des französischen Königreichs geworden war, wurde Aix-en-Provence quasi über Nacht von einer prachtvollen Residenz- zur schnöden Provinzstadt degradiert. Eine Situation, mit der sich das stolze Bürgertum nicht abfinden wollte: Wie in der gesamten Provence wurde auch hier der Unmut offen geäußert, Autonomiebestrebungen in die Wege geleitet. Der französische König gründete daraufhin 1501 in Aix ein Parlament, um der Unzufriedenheit die Spitze zu nehmen. Durch dieses Parlament behielt die Provence zwar ein gewisses Mitbestimmungsrecht, allerdings war es bei der Bevölkerung in späteren Zeiten wegen seines selbstherrlichen Stils und der hohen, von ihm verhängten Steuerlast alles andere als beliebt. Einen erheblichen Bedeutungsverlust musste Aix-en-Provence infolge der revolutionären Umwälzungen hinnehmen: Die einst so stolze Hauptstadt der Provence wurde auf den Status einer Unterpräfektur des neu geschaffenen Départements Bouches-du-Rhône herabgedrückt; innerhalb weniger Jahrzehnte folgte auch der wirtschaftliche Niedergang. Die Zeiten, als Aix-en-Provence im 19. Jh. als unbedeutende Unterpräfektur vor sich hin dämmerte und

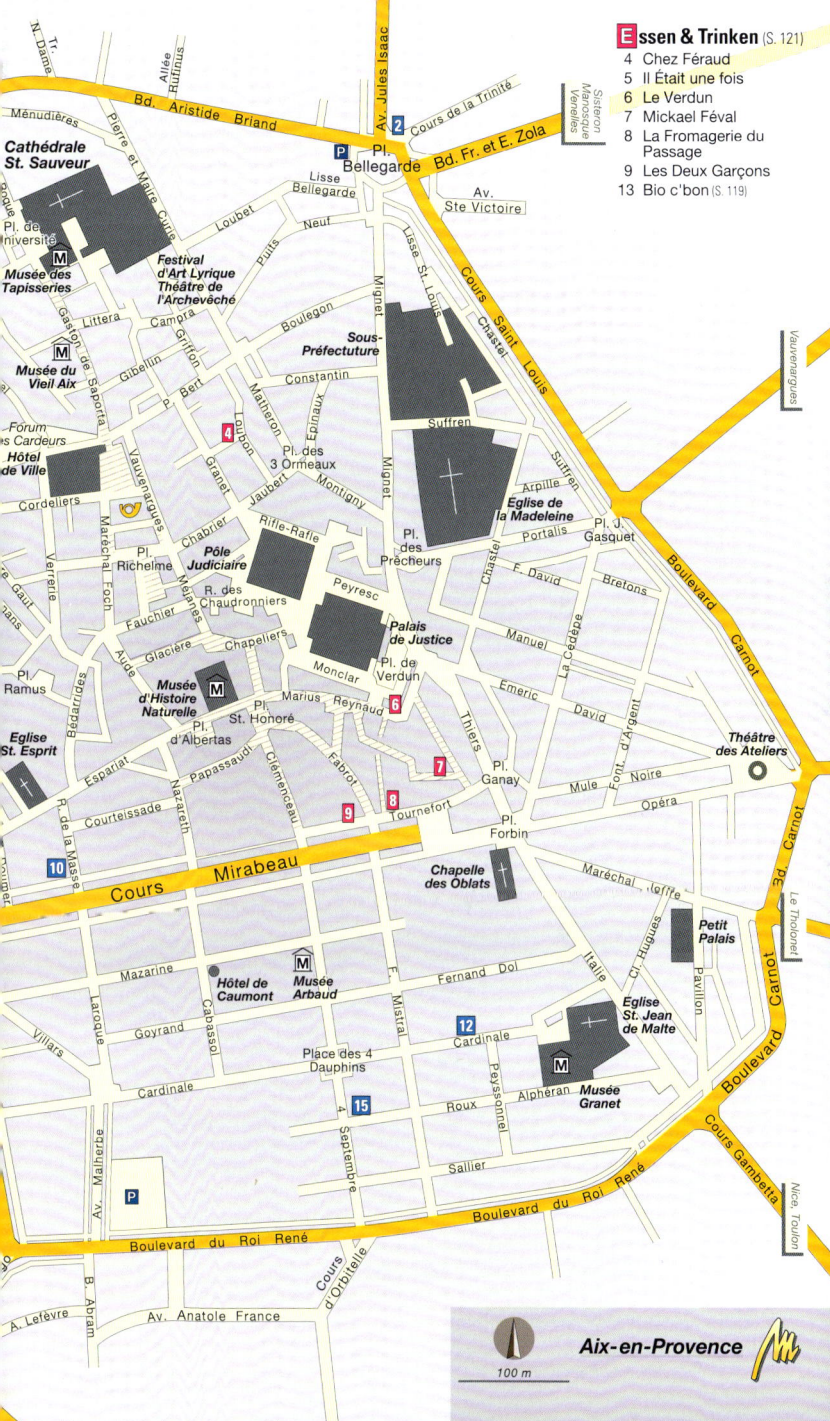

Essen & Trinken (S. 121)
4 Chez Féraud
5 Il Était une fois
6 Le Verdun
7 Mickael Féval
8 La Fromagerie du Passage
9 Les Deux Garçons
13 Bio c'bon (S. 119)

Aix-en-Provence

100 m

der Publizist Moritz Hartmann sich über die mit Gras bewachsenen Straßen einer „gestorbenen Welt" mokierte, sind längst vorbei: Das heutige Aix-en-Provence ist eine überaus lebendige Stadt mit der renommiertesten Universität Südfrankreichs, an der derzeit rund 35.000 Studentinnen und Studenten – dies entspricht knapp einem Viertel der Gesamteinwohnerzahl – eingeschrieben sind. Tagsüber widmen sie sich ihren Jurastudien oder den Literaturwissenschaften, abends bevölkern sie die zahlreichen Kneipen und Bistros. Jeder Stadtfremde spürt bereits nach wenigen Stunden: Aix ist international – und eine Stadt mit vielfältigem Kunst- und Kulturangebot. Jedes Jahr findet hier im Sommer das traditionsreiche *Festival d'Aix-en-Provence* statt, eines der größten und schönsten Opernfestivals Europas. Bereits seit 1948 geben sich im Hof des ehemaligen Erzbischofpalastes namhafte Künstler die Klinke in die Hand. Heute finden die Opern- und Konzertaufführungen auch auf weiteren Bühnen in der gesamten Stadt verteilt statt, u a. im eigens für diesen Zweck 2007 erbauten Grand Théâtre de Provence.

City Pass

Wer mehrere Sehenswürdigkeiten der Stadt besichtigen möchte, sollte sich den City Pass besorgen. Er gewährt freien Zutritt zu vielen Sehenswürdigkeiten (Atelier Cézanne, Musée Granet etc.) sowie weitere Ermäßigungen und die Nutzung der öffentlichen Verkehrsmittel. Kosten: 25 € (24 Std.), 34 € (48 Std.), 43 € (72 Std.), Kinder 17/21/26 €.

Sehenswertes

Cathédrale Saint-Sauveur: Aix-en-Provence wurde erst gegen Ende des 4. Jh., und daher im Vergleich zu anderen römischen Städten relativ spät, zum Bischofssitz erhoben. Die erste Kathedrale, von der noch das Baptisterium erhalten ist, stand im 5. Jh. bereits an der Stelle der heutigen Cathédrale Saint-Saveur: Durch ihre lange Baugeschichte vereint die Cathédrale Saint-Sauveur verschiedene Baustile, die mit der Zeit zu einem harmonischen Ganzen verschmolzen sind; selbst ein Mauerstück aus römischer Zeit ist in die Fassade integriert worden. Vorherrschendes Stilelement ist die Spätgotik, besonders schön zeigt sich die im Flamboyant-Stil ausgeführte Westfassade. Im Inneren der Kirche verdienen ein spätantiker Sarkophag, die Grablege des heiligen Mitrias sowie das Triptychon „Maria mit dem brennenden Dornbusch" besondere Aufmerksamkeit. Das im südlichen Seitenschiff integrierte, zu den ältesten Sakralbauten Frankreichs zählende **Baptisterium** beschreibt – wie die mit ihm verwandten Taufkapellen von Fréjus und Riez – einen oktogonalen Raum. Einzig die Kuppel wurde im 16. Jh. erneuert. Südlich der Kathedrale schließt sich ein kleiner, sehr formvoll-

Pavillon de Vendôme

endeter **Kreuzgang** an; er stammt noch aus dem 12. Jh. und ist nur im Rahmen einer Führung zu besichtigen. Beachtung verdienen die fein gearbeiteten Kapitelle. Gelungen ist die Figur des heiligen Petrus mit Schlüssel und Buch in der Hand. Wer den Kreuzgang oder das Triptychon sehen will, muss sich an das Aufsichtspersonal wenden.

Tgl. außer So 8–12 und 14–18, So nur 14–18 Uhr. Der Kreuzgang ist nur im Rahmen von halbstündigen Besichtigungen zugänglich.

Musée des Tapisseries: Direkt an die Kathedrale grenzt der erzbischöfliche Palast, in dem heute das Tapisserie-Museum untergebracht ist. Ausgestellt sind neben kostbaren Gobelins aus Flandern und der Werkstatt von Beauvais auch Möbel und Gemälde. Sehenswert ist eine Serie von Wandteppichen mit Motiven aus dem Leben des Don Quichote. Ein Teil des Museums ist für Wechselausstellungen reserviert. Der Innenhof wird als Spielort des *Festivals d'art lyrique et de musique* genutzt.

28, place des Martyrs de la Résistance. Mitte April–Mitte Okt. tgl. außer Di 10–12.30 und 13.30–18, sonst tgl. außer Di 10–12.30 und 13.30–17 Uhr. Eintritt 3,50 €.

Pavillon de Vendôme: Über Aix-en-Provence verstreut, lassen sich Dutzende prachtvoller Adelspalais bewundern. Zu den herausragendsten Zeugen dieser repräsentativen Epoche zählt in jedem Fall das von 1664 bis 1667 für den Kardinal und Herzog von Vendôme errichtete Landhaus. Der westlich der Thermen gelegene Pavillon de Vendôme, ein dreigeschossiger Barockbau, ist von einem originalgetreu angelegten französischen

Garten umgeben. Das Schlösschen wurde im 18. Jh. sehr einfühlsam um eine Etage aufgestockt, sodass der Gesamteindruck nicht darunter gelitten hat. Möbliert ist der Pavillon mit erlesenen zeitgenössischen Einzelstücken im Stil Louis XIII. und Louis XIV. In den Räumlichkeiten finden regelmäßig Wechselausstellungen statt. Der lauschige Garten mit seinen vielen Bänken ist jeden Tag zugänglich und eignet sich hervorragend für eine kurze Pause.

13, rue de la Molle. Mitte April–Mitte Okt. tgl. außer Di 10–12.30 und 13.30–18, sonst tgl. außer Di 10–12.30 und 13.30–17 Uhr. Eintritt 3,50 €, erm. 2 €.

Musée Granet: Das nach dem aus Aix stammenden Maler François-Marius Granet (1775–1849) benannte Museum – es ist in einer ehemaligen Malteser-Komturei untergebracht – beherbergt die bedeutendste Kunstsammlung der Stadt; seit 1984 sind hier als Dauerleihgabe auch mehrere Gemälde von Paul Cézanne ausgestellt. Breiten Raum nehmen zudem die Werke anderer französischer Meister (Le Nain, Fragonard, Mignard, Ingres etc.) sowie die italienische und flämische Malerei ein (Rembrandt, Rubens etc.). Moderne Kunst ist mit Giacometti, Léger, Mondarin, Klee und Picasso vertreten. Sehr interessant sind die im Untergeschoss ausgestellten archäologischen Exponate, so bieten Grabungsfunde des Oppidums Entremont einen Einblick in die bis heute nur bruchstückhaft erschlossene Kultur der kelto-ligurischen Bevölkerung. Anlässlich des Cézanne-Jahrs wurde das Museum 2006 umfangreich renoviert und erweitert.

Place Saint-Jean-de-Malte. Juni–Sept. tgl. außer Mo 10–19, sonst tgl. außer Mo 12–18 Uhr. Eintritt 10 €, erm. 8 €, in der NS 5,50 €, erm. 4,50 €. http://museegranet-aixenprovence.fr.

Atelier Paul Cézanne: Fünf Jahre vor seinem Tod erwarb Cézanne (1839–1906) nördlich der Stadt ein Anwesen, um sich im ersten Stock ein Atelier einzurichten. Das von einem zugewucherten Garten umgebene Haus wurde weitgehend im Originalzustand belassen und später der Öffentlichkeit zugänglich gemacht. Das Atelier selbst ähnelt mit den ausgestellten Malerutensilien einem Stillleben.

9, avenue Paul Cézanne. Juni–Sept. tgl. 10–18 , sonst tgl. 10–12.30 und 14–17/18 Uhr. Eintritt 6,50 €, erm. 3,50 €. http://atelier-cezanne.com.

Fondation Vasarély: Seit das Vasarély-Museum in Gordes aufgelöst wurde, konzentriert sich der Besucherstrom auf das 1975 vor den Toren von Aix eingerichtete Museum, das sich zugleich auch als Begegnungsstätte versteht. Victor Vasarély (1908–1997), ein gebürtiger Ungar, hatte sich seit Ende des Zweiten Weltkriegs fast ausschließlich mit der reinen Farbe und den reinen (abstrakten) Formen auseinandergesetzt. Er gilt als Begründer der Op-Art und Farbkinetik: Durch sich kreuzende Linien bzw. Netzüberlagerungen werden Bewegungseffekte hervorgerufen. Vasarélys Arbeiten beruhen dabei auf exakten mathematischen Berechnungen. Das futuristisch anmutende Museum wurde übrigens nach Entwürfen Vasarélys errichtet.

Avenue Marcel Pagnol. Buslinie 4. Tgl. 10–18 Uhr. Eintritt 9 €, erm. 6 €. http://fondation vasarely.org.

Praktische Infos

→ Karte S. 114/115

Information

Office de Tourisme, 300, avenue Giuseppe Verdi, 13100 Aix-en-Provence. ☎ 0442161161, http://aixenprovencetourism.com.

Verbindungen

Stündlich Zugverbindungen von Marseilles Saint-Charles nach Aix. Der **SNCF-Bahnhof** von Aix (☎ 3635) liegt südlich der Altstadt, nur wenige Fußminuten vom Cours Mirabeau entfernt.

In der Regel verkehrt einmal pro Stunde ein Bus vom Flughafen Marseille-Marignane nach Aix, hinzu kommen Expressbusse vom Busbahnhof Gare Routière Saint-Charles in Marseille. In Aix befindet sich der **Busbahnhof** in der Rue de l'Europe 12 (℡ 0891024025). Es verkehren zudem noch mehrere städtische Buslinien in die Außenbezirke. Im Zentrum von Aix fahren die Kleinbusse La Diabline für 0,60 €. http://la-diabline.com.

Parken

In die Innenstadt mit dem eigenen PKW zu fahren, sollte man tunlichst vermeiden. Aber auch in den Randbezirken gilt: Parkplätze sind Mangelware.

Stadtführungen

Das Office de Tourisme veranstaltet an verschiedenen Wochentagen in französischer/englischer Sprache zweistündige themenorientierte Stadtführungen (Der Rundgang „Sur les pas de Cézanne" findet bspw. immer Do um 10 Uhr statt). Ein Prospekt ist beim Office de Tourisme erhältlich. Kosten 10 €.

Feste und Veranstaltungen

Das **Festival international d'art lyrique d'Aix-en-Provence** findet jedes Jahr drei Wochen im Juli statt. Ticketbestellung ab Ende Januar auf http://festival-aix.com/fr. Weitere Festivals in Aix sind z. B. das **Jazz-Festival** im August und das Musikfestival **Aix en Juin** im Juni.

Markt

Täglich findet auf der Place Richelme einer der schönsten Märkte der Provence statt, während auf der Place des Prêcheurs und der Place de Madeleine nur Di, Do und Sa buntes Markttreiben herrscht. Blumen kauft man Di, Do und Sa auf der Place de la Mairie sowie sonntags auf der Place de la Madeleine. Di, Do und Sa findet vormittags zudem ein Flohmarkt auf der Place de Verdon vor dem Palais du Justice statt.

Thermen

Die wiedereröffneten Thermen von Aix bieten zahlreiche Anwendungen. Genauere Informationen findet man im Internet unter http://thermes-sextius.com oder vor Ort in der Rue des Étuves. Öffnungszeiten: Mo–Fr 8.30–19.30, Sa 8.30–13.30 und 14.30–18.30 Uhr.

Ökokost

🌿 **Bio c'bon 13**, großer Biosupermarkt, unweit des Office de Tourisme. Avenue des Belges.

Übernachten

*** **Des Augustins 24**, in einer Seitenstraße des Cours Mirabeau. Die äußerst stilvollen Räumlichkeiten befinden sich in einem ehemaligen Augustinerkloster, das 1984 restauriert worden ist; die Rezeption wird von einem gotischen Gewölbe überdacht. Allerdings wurde der Service von Lesern bemängelt. Zimmer zu 109–159 €, EZ ab 99 €; Frühstück 12 €. 3, rue de la Masse. ℡ 0442272859, http://hotel-augustins.com.

Mein Tipp **Hôtel en Ville 3**, kleines Designhotel (nur zehn Zimmer) in einem alten Haus am Altstadtring. Aber dank der Schallschutzfenster dringt der Straßenlärm glücklicherweise nicht in die klimatisierten Räumlichkeiten. Trotz der weißen Wände und glatten Estrichböden wirken die Zimmer nicht unterkühlt, sondern zeitgemäß schlicht. Keine provenzalischen Farbspiele, erdfarbene Töne dominieren. Offene Duschen und Designerwaschbecken gefallen im Nassbereich. Selbstverständlich gibt es auch einen Flatscreen. Abends arbeitende Reisejournalisten müssen allerdings auf einen Schreibtisch verzichten. Preislich ist das Hotel für die Leistung nicht überteuert, Zimmer für 100–160 €; Frühstück 12,50 €; Parken 12,50 €. 2, place Bellegarde. ℡ 0442633416, http://hotelenville.fr.

*** **Aquabella 4**, direkt neben den historischen Thermen wurde ein modernes Hotel errichtet, das als großen Reiz eine schöne Terrasse und direkt neben der Stadtmauer einen großen Garten mit Pool besitzt, an dem sich auch heiße Tage überbrücken lassen. Zimmer 175–245 €, die teuersten mit Terrasse; Frühstück 17 €. 2, rue des Etuves. ℡ 0442991500, http://aquabella.fr.

*** **Rotonde 27**, das Hotel ist von außen ein eher langweiliger Bau, aber an den modernen Zimmern gibt es nichts zu mäkeln. Zudem gibt es kostenlose Parkplätze neben dem Haus. DZ 129–149 €; Frühstück 11 €. 15, avenue des Belges. ℡ 0442262988, http://hotel-rotonde.com.

*** **Saint Cristophe 25**, alteingesessenes Hotel (seit 1956 in Familienbesitz) am Rand der Altstadt. Im Erdgeschoss die Brasserie Lépold im Pariser Stil. Skurrile Garage. DZ je nach Ausstattung 125–165 €. 2, avenue de Victor Hugo. ℡ 0442260124, http://hotel-saintchristophe.com.

** **Les Quatre Dauphins 29**, das in einem beschaulichen Haus an einer ruhigen Straßenecke im historischen Quartier Mazarin gelegene Hotel ist eine angenehme Herberge, daran

Ausflüge in die Umgebung → Karte S. 96

Die Innenstadt von Aix
ist weitgehend verkehrsberuhigt

hat auch der Besitzerwechsel nichts geändert. Die charmanten, etwas kleinen Zimmer sind im freundlichen provenzalischen Stil eingerichtet, dürften aber mal wieder renoviert werden. DZ 99–129 €, EZ ab 79 €; Frühstück 9 €. 54, rue Roux Alphéran. ℘ 0442381639, http://lesquatre dauphins.fr.

** **Cardinal** 26, unweit des Quatre Dauphins. Während der Eingangsbereich wenig Flair ausstrahlt, begeistern aber die großzügigen, geschmackvollen Zimmer – teilweise mit Kamin – mit den schönen Bädern. Zimmer Nr. 3 besitzt sogar eine Terrasse, die allerdings den ganzen Tag im Schatten eines Hinterhofs liegt. DZ je nach Saison und Ausstattung 80–119 €; Frühstück 10 €. 24, rue Cardinale. ℘ 0442383230, http://hotel-cardinal-aix.com.

* **Paul** 2, nur 100 m nördl. der Kathedrale wohnt man gut und günstig. Die zum Garten gerichteten Zimmer sind beträchtlich ruhiger und etwas teurer. An Sonn- und Feiertagen ist die Rezeption von 12 bis 18 Uhr geschlossen. Altertümliche Zimmer, je nach Lage von 59–69 €; Frühstück 5 €. 10, avenue Pasteur. ℘ 044 2232389, hotel.paul@wanadoo.fr.

Essen & Trinken

Mickael Féval 18, ein Name, ein Programm. Der mit einem Michelin-Stern dekorierte Chefkoch Mickael Féval verwöhnt seine Gäste mit kreativer Küche in einem zeitgenössisch modernen Ambiente. Mittagsmenü 29 oder 35 €, abends 59 oder 85 €. So und Mo Ruhetag. 11, petite rue Saint-Jean. ℘ 0442932960, http://mickaelfeval.fr.

Chez Féraud 7, etwas versteckt an der Ecke zweier Gassen befindet sich dieses Restaurant im Herzen von Aix. Küchenchef Jacques Féraud versteht sich auf deftige provenzalische Küche (*Pieds et paquets*) ebenso wie auf ihre ambitionierten Varianten, so z. B. auf die gegrillten Rotbarbenfilets (*Filet de rougets*). Seine Frau Monique koordiniert den Service mit wachem Auge. Angenehmes, ruhiges Ambiente mit Landhausflair. Keine Straßenterrasse. Menüs zu 23 und 28 € (mittags) sowie 36 und 60 €. So, Mo und im August geschl. 8, rue du Puits Juifs. ℘ 0442630727.

mein.Tipp **La Fromagerie du Passage** 19, im 1. Stock öffnet sich hier der Himmel für Käseliebhaber und Weinfreunde. Im Angebot sind aber nicht nur Dutzende von Käsesorten und erlesene französische Weine – die man im Laden im Erdgeschoss auch kaufen kann –,

sondern auch ein Tatar vom Rind oder Lachs sowie weitere Köstlichkeiten wie Salate und Desserts. Besonders zu empfehlen sind die verschiedenen Käseteller. Wer will, kann sich für 19,80 € seine fünf Lieblingskäsesorten selbst zusammenstellen! Die warmen Gerichte sind allerdings eher von bescheidenerer Qualität. Das Restaurant mit einfachem Holzmobiliar befindet sich im ersten Stock, darüber lockt die (beheizbare) Dachterrasse. *Entrée du jour* und *Plat du jour* kosten zusammen 25 €. Sonntagsbrunch 28 €. Mo Ruhetag. 55, cours Mirabeau (Passage Agard). ℘ 0442229000, http://la fromageriedupassage.com.

Il Était une fois 12, erst 2013 eröffnet, gehört dieses Lokal mit seinem modernen, einladenden Ambiente zu den besten der Stadt. Julie Mazet und Joan Sampietro verstehen sich auf eine innovative Küche, wobei sie auch bodenständige Akzente wie ein Frikassee aus Kalbsbries (*Ris de veau*) zu setzen wissen. Mittagsmenüs zu 18,50 und 24 €, abends Menüs zu 39 und 49 €. Di und Mi Ruhetag. Mitte Aug.–Anfang Sept. Betriebsferien. 4 rue Lieutaud. ℘ 0442587856, http://iletaitunefois-aix.fr.

Le Verdun 16, typisches französisches Bistro mit großer Straßenterrasse, das von zahlreichen Einheimischen frequentiert wird. Die Küche ist zu loben und befriedigt auch anspruchsvollere Gaumen. Mittagsmenü für 19.90 € (mit einem Glas Wein), abends für 27,90 €. Kein Ruhetag. 20, place de Verdun. ℘ 0442270324, http://cafe-le-verdun.fr.

Les Deux Garçons 20, das bereits 1792 eröffnete „2 G" ist der Klassiker unter den Cafés am Cours Mirabeau. Bis spät abends sind die Tische stets gut besucht. Der Innenraum glänzt im Empire-Stil. Nach einem Pächterwechsel – jetzt tragen die Kellner Fliege – hat sich die Qualität des Essens verbessert. Serviert werden schmackhafte Tagesgerichte zu annehmbaren Preisen. Menüs zu 26 und 30 €. Perfekter Service, schöne Straßenterrasse. Kein Ruhetag. 53, cours Mirabeau. ℘ 0442260051, http://les deuxgarcons.fr.

Direkt nebenan befindet sich ein Pizzastand (**Pizza Capri**), der sehr leckere und sehr günstige Pizzen auch portionsweise (2–3,50 €) zum Mitnehmen verkauft.

Nachtleben

In der Rue de la Verrerie findet man mehrere Bars und Kneipen, z. B. das **L'Elfike** oder das **O'Shannon Pub**.

Ausflüge in die Umgebung → Karte S. 96

Über den Dächern von Aubagne

Aubagne

Die lebendige Kleinstadt ist der Geburtsort des Schriftstellers und Filmregisseurs Marcel Pagnol (1895–1974) und eines der Herstellungszentren der beliebten provenzalischen Santons.

Obwohl Aubagne durchaus Charme besitzt, findet sich nur in den wenigsten Reiseführern eine Beschreibung der Stadt, manchmal taucht nicht einmal der Name im Index auf. Die Vororte wirken nicht sehr einladend, doch besitzt die dörfliche Altstadt noch Reste einer mittelalterlichen Stadtmauer; die Kirche Les Pénitents-Blancs besticht durch ihre schmucke Barockfassade aus dem späten 18. Jh. In zahlreichen Werkstätten werden in Aubagne Keramiken und die traditionellen, *santons* genannten Krippenfiguren produziert, die sich in der Weihnachtszeit großer Beliebtheit erfreuen. Das Heilige und das Profane liegen nah beieinander: Seit 1962, dem Jahr der Unabhängigkeit Algeriens, hat die berühmt-berüchtigte Fremdenlegion ihr Hauptquartier in Aubagne aufgeschlagen. Seither gehört das *képi blanc*, die typische Kopfbedeckung der Fremdenlegionäre, zum Stadtbild; Soldaten aus 132 verschiedenen Nationen gehören zur Légion Etrangère. Alljährlich werden 1000 Bewerber neu aufgenommen, die „Frankreich bis zum Äußersten" dienen wollen. Wer auf den Spuren von Marcel Pagnol auf dem „Circuit Marcel Pagnol" die Umgebung Aubagnes erkunden will, bekommt praktische Anregungen im Office de Tourisme. Das Geburtshaus von Pagnol steht übrigens am Cours Barthélemy, Hausnummer 16. Historisch gesehen reichen die Wurzeln Aubagnes bis ins Mittelalter zurück, als die Herren von Aubagne hier eine Burg errichten ließen. Einen gewissen Reichtum erlebte die Stadt durch die seit dem 16. Jh. bekannten Töpfereien; noch heute beherbergt Aubagne die einzige Töpferschule der Provence.

Sehenswertes

La Maison Natale de Marcel Pagnol: Seit 2003 ist des Geburtshaus des Schriftstellers Marcel Pagnol eine Gedenkstätte. Im Erdgeschoss bietet eine Dauerausstellung mit zahlreichen historischen Fotos und einer Filmvorführung einen Einblick in das Leben Pagnols. Auf der anderen Seite hat man in drei Räumen versucht, die Wohnsituation der vorletzten Jahrhundertwende nachzustellen. Wenn man wieder auf die Straße tritt, dann muss man sich vorstellen, dass man zu Zeiten von Pagnols Geburt noch Boule unter den Platanen des Cours Barthélmy gespielt hat.

16, cours Barthélmy. April–Okt. tgl. 9.30–12.30 und 14–18, sonst tgl. außer So 9–12.30 und 14–17.30 Uhr. Eintritt 3 €, erm. 2 €.

Cité de l'Art Santonnier Thérèse Neveu: Die ehemalige Ausstellung „Petit Monde de Pagnol" mit 200 provenzalischen Santons befindet sich seit 2018 in der Cité de l'Art. Das Jahr über werden Szenen aus Romanen und Filmen von Pagnol dargestellt, darunter der unvergessene Fernandel und der beliebte Raimu.

Zur Weihnachtszeit wird ein Krippenensemble aufgebaut.

4, cour de Clastre. Di–Sa 10–12 und 14–18 Uhr. ℡ 0442711781, www.tourisme-paysdaubagne.fr/de/die-kleine-welt-marcel-pagnols.

Musée de la Légion Etrangère: Das Museum dokumentiert die Geschichte der Fremdenlegion und ihrer Kampfeinsätze von der Gründung im Jahre 1831 bis in unsere Tage. Ausgestellt sind Waffen, Uniformen und Trophäen. Westlich des Zentrums, an der Straße (D 44A) nach Les Camoins.

Quartier Viénot. Mi–So 10–12 und 14–18 Uhr. Eintritt frei. http://musee.legion-etrangere.com.

Praktische Infos

Information

Office de Tourisme, 8, cours Barthélemy, 13400 Aubagne. ℡ 0442034998, http://tourisme-paysdaubagne.fr.

Verbindungen

Tgl. zahlreiche Zugverbindungen von Marseille nach Aubagne und zurück. Der **SNCF-Bahnhof** in Aubagne (℡ 3635) befindet sich am Square Marcel-Soulat.

Markt

Dienstagvormittag auf dem Cours Maréchal-Foch und Cours Voltaire, Samstagvormittag am Cours Beaumond, Donnerstag- und Sonntagmorgen am Cours Voltaire. Am letzten So des Monats findet ein beliebter Flohmarkt bei den städtischen Schlachthöfen statt. Von April bis Dez. findet zudem freitags ab 15 Uhr ein *Marché du soir* statt.

Feste

Festival International du Film d'Aubagne, Fimfestival in der zweiten Märzhälfte; http://aubagne-filmfest.fr.

Übernachten

*** **Linko Hotel (Souleia)**, ein ansprechendes modernes Hotel am Rand der Altstadt. Sehr schön eingerichtete Zimmer mit tollen Bädern! Wenn möglich, so sollte man sich für eines der wenigen, etwas teureren Zimmer mit Balkon entscheiden, so Nr. 308 oder Nr. 309. DZ je nach Saison und Ausstattung 79–119 €;

das Frühstück (12 €) mit guter Auswahl wird auf der Panoramaterrasse im 4. Stock serviert. Parkgarage ums Eck (10 €). Pont de l'Étoile. ℡ 0442186440, http://hotel-souleia.com.

** **Le Mas de l'Étoile**, modernes, farbenfrohes Hotel mit einem guten Preis-Leistungs-Verhältnis. Für die heißen Tage gibt es einen Swimmingpool. DZ je nach Saison ab 68 €; Frühstück 8 €. Pont de l'Étoile. ℡ 0442045554, http://hotel-masdeletoile.com.

Chambres d'hôtes

La Royante, in einer Residenz (19. Jh.) des Erzbischofs von Marseille vermieten Sophie und André drei schöne Gästezimmer mit eigenem Bad und WC. Tagsüber kann man am eigenen Swimmingpool relaxen. Nordwestlich des Zentrums gelegen. Übernachtung im DZ 135–155 € (inkl. Frühstück). Chemin de la Royante. ℡ 0442038342, http://laroyante.fr.

Essen & Trinken

Albizia, eine kleine, liebevoll geführte Crêperie an einem ruhigen Platz in der Altstadt. Es gibt jeweils rund 30 Variationen von deftiges Galettes (ab 8,50 €) und süßen Crêpes. Nette Straßenterrasse. Mo Ruhetag. 11, place Joseph Rau. ℡ 0651976957, http://creperie-lalbizia.fr.

Le Florentin, kulinarisch kein Highlight, aber mitten im Zentrum gelegen und mit großer Terrasse. Gutes Preis-Leistungs-Verhältnis mit üppigen Portionen. 14, cours Maréchal Foch. ℡ 0442030086.

Ausflüge in die Umgebung → Karte S. 96

Eines der zahlreichen Graffitis im Panier-Viertel am Cours Julien

Nachlesen & Nachschlagen

Die antiken Hafenanlagen im Jardin des Vestiges

Stadtgeschichte

Marseille ist nicht nur die älteste Stadt Frankreichs, sondern eine der ältesten in der westlichen Hemisphäre. Ganze Bibliotheken ließen sich mit einer umfassenden Stadtchronik füllen, der Schriftsteller Joseph Roth skizzierte die mehr als 2600-jährige Geschichte Marseilles dennoch mit knappen Worten: „Das ist die Erbin und die alte Feindin Karthagos, die schöne Freundin Roms, die griechische Stadt, das ‚gallische Athen'. Hier versanken Visigoten, Lombarden, Sarazenen und Normannen, besiegte Eroberer in lateinisch-griechisch-phönizischer Kultur. Hier wurde die große Revolution mit Jubel begrüßt, hier fand sie ihre zweite Heimat, ihre eigentliche, ihren Text und ihre Melodie."

Griechen und Römer

Der liebliche Küstenabschnitt rund um Marseille und das zugehörige Hinterland müssen schon in Urzeiten eine besondere Anziehungskraft ausgeübt haben; nicht umsonst gehört die Region zu den ältesten Siedlungsgebieten der Menschheitsgeschichte. Erst unlängst wurden entlang der Ardèche, im Rhône-Tal sowie in Küstennähe mehrere Höhlen (z. B. Grotte Calvet) mit faszinierenden naiven Malereien entdeckt. Am Mont Ventoux und in der Nähe von Aix-en-Provence ist der Neandertaler belegt. Aufgrund der zahlreichen Funde aus den verschiedensten Epochen besteht kein Zweifel daran, dass die Provence zu den ältesten, kontinuierlich besiedelten Regionen Europas zählt. Auch das wahrscheinlich älteste Bauerndorf Frankreichs – Spuren von Getreideanbau konnten eindeutig nachgewiesen werden – wurde in Courthézon im Rhône-Tal zwischen Orange und Avignon entdeckt; es handelt sich um eine Gruppe von Hütten mit jeweils rund 15 m2 Grundfläche, die mehr als 6500 Jahre alt sind.

Im Zuge der griechischen Kolonisation, die die **Griechen** zuvor schon an die Küsten Kleinasiens, Süditaliens und Siziliens geführt hatte, gründeten die Kolonisten auch das heutige Marseille. Wie Ausgrabungen im Bereich des Alten Hafens untermauert haben, wurde *Massalia* wahrscheinlich im Jahre 620 v. u. Z. von griechischen Kolonisten aus Phokaia gegründet. Damit gilt Marseille als die älteste Stadt Frankreichs! Die neu gegründete Kolonie *Massalia* – der erste Teil des Namens soll sich von dem Wort *mas* (Anwesen, Haus) ableiten, der zweite Teil auf den kelto-ligurischen Stamm der Salyer hinweisen – erstreckte sich auf dem Hügel nördlich des Vieux Port. Die Beziehungen zur Mutterstadt Phokaia blieben stets intensiv: Noch im Jahr 130 v. u. Z. intervenierte Marseille bei den mit der Stadt befreundeten Römern zugunsten von Phokaia. Der berühmte römische Geograf Strabo schrieb über die „Massilienser": „Sie bewohnen eine Ölbäume und Weinstöcke tragende, aber der Rauheit wegen an Getreide dürftige Gegend, weshalb sie, mehr der See vertrauend als dem Lande, mehr die zur Schifffahrt geeignete Lage benutzen. Später jedoch vermochten sie durch Tapferkeit einige umliegende Ebenen dazu zu erobern." Bis heute wird Marseille übrigens auch als *Cité phocéenne* bezeichnet.

Als Marseille im 2. Jh. v. u. Z. von den Salyern, einem kelto-ligurischen Volksstamm, angegriffen wurde, suchte die Stadt bei den verbündeten Römern um Hilfe nach. Die **Römer** erkannten sofort die Möglichkeiten, die ihnen dieser Mittelmeerabschnitt offerierte. Es lockte nicht nur der Gedanke, dass die römischen Kaufleute hier neue Absatzmärkte finden konnten, vielmehr waren die Römer daran interessiert, die natürliche Landverbindung zwischen der bereits eroberten iberischen Halbinsel und Italien in ihren Besitz zu bringen. Die Römer standen den Griechen erfolgreich militärisch bei; doch zogen sie danach nicht wieder ab, sondern gründeten unterhalb des noch heute zu besichtigenden Oppidums Entremont die Stadt Aquae Sextiae, das heutige Aix-en-Provence. Teile Südfrankreichs wurden im Jahr 121 v. u. Z. schließlich zur römischen Provinz (daher auch der Name Provence) erklärt und zügig romanisiert, wenngleich der griechische Einfluss noch lange Zeit spürbar blieb.

Die Römer hatten zudem im Kampf gegen die aus Nordgallien eindringenden Teutonen eine harte Bewährungsprobe zu bestehen. Im Jahr 105 v. u. Z. mussten sie bei *Arausio* (Orange) eine schwere Niederlage hinnehmen. Erst drei Jahre später konnten die Römer ihre Herrschaft durch den triumphalen Sieg des römischen Feldherrn Caius Marius über eine vereinte Streitmacht der Teutonen bei *Aquae Sextiae* endgültig festigen; sie unterwarfen die keltisch-ligurischen Stämme und überzogen die *Provincia Gallia Narbonensis*, die sich zwischen den Alpen und den Pyrenäen entlang des Mittelmeers sowie im Norden bis zu den Cevennen und an den Genfer See erstreckte, mit einem Netz prachtvoller Bauten, die teilweise heute noch erhalten sind. Man denke nur an das Theater von Orange oder den Pont du Gard – zwei Monumente, die zweifellos zu den schönsten römischen Bauten überhaupt gezählt werden dürfen. Keine andere französische Region besitzt auch nur annähernd so viele Denkmäler aus der römischen Epoche. Nach römischem Vorbild wurden die Städte planmäßig angelegt und konnten sich frei entfalten, da sie nicht wie keltische Oppida befestigt waren. Die Straßen bildeten ein rechtwinkliges Netz, zwei Hauptstraßen teilten die Stadt in vier gleich große Viertel. Selbstverständlich besaßen die Städte die für römische Gründungen typischen Bauten: Tempel, Amphitheater, Triumphbögen und Thermen. Bereits Plinius nannte die von einem Prokonsul regierte *Gallia Narbonensis* „Italien ähnlicher als einer Provinz". Cicero rühmte Marseille „als jene

Stadt, die weit entfernt von allen griechischen Ländern, von der Kultur und
Sprache wie eine Verbannte existiert;
die am äußersten Ende der Erde, umgeben von gallischen Völkern, von der Flut
der Barbarei umspült wird: Marseille
wird von seinem Adel derart regiert,
daß es leichter ist, seine Institutionen
zu loben als mit ihnen zu wetteifern".

Die zwei Jahrhunderte nach Augustus
Tod gelten als die eigentliche Blütezeit
der Provinzen Gallia Narbonensis und
Alpes Maritimae. Es folgte eine lange
Periode des Friedens und der wirtschaftlichen Prosperität. Die Entwick-
lung des Handels und die Erschließung
des Hinterlandes wurden von der
Rhône stark begünstigt. Schon der berühmte Geograf Strabo, ein Zeitgenosse
von Augustus, hat in seinen Erdbe-
schreibungen die Vorzüge des Rhône-
Tals gepriesen: „Die Rhône bildet einen
langen Wasserweg ins Landesinnere,
und zwar für schwere Frachten und für
weite Strecken des Landes; denn sie
hat Nebenflüsse, die schiffbar sind und
die schwersten Lasten tragen." Doch
bereits seit der Mitte des 3. Jh. kündig-
ten Alemanneninvasionen das Ende
der römischen Herrschaft über die Provence an. Selbst Diocletian und Constantin konnten den Niedergang nicht
aufhalten. Ein letzter, kurzer Glanz-
streifen fiel im Jahr 406 auf die Provence, als Constantin III., der Kaiser des
Weströmischen Reiches, Arles zu seiner Residenzstadt erwählte.

In der römischen Epoche musste die
nunmehr *Massilia* genannte Stadt ein-
en erheblichen, „selbstverschuldeten"
Bedeutungsverlust hinnehmen, denn
Marseille hatte sich in der Auseinan-
dersetzung zwischen Caesar und Pompeius (49 v. u. Z.) auf die Seite des
Pompeius – und damit auf die Verlie-
rerseite – gestellt. Nach längerer Bela-
gerung eroberte Caesar Marseille; die
Stadt entging zwar weitgehend der Zerstörung, doch die Gunst Roms hatte sie

verloren. Caesar protegierte andere
Städte und schon bald wurde Marseille
von Arles und Narbonne überflügelt.
Aufgrund der langen griechischen Tradition konnte sich Marseille zwar eine
gewisse Eigenständigkeit bewahren –
die Schulen der Stadt etwa genossen
ein hohes Ansehen –, doch der einstige
Glanz war dahin. Ein Jahrhundert später schrieb Tacitus in seinem *Agricola*,
die Stadt sei bekannt für „griechischen
Charme und provinzielle Einfachheit".
Im Laufe der nächsten Jahrhunderte
wurde Marseille immer „römischer",
neue Bauvorhaben (Stadtmauer, Dockanlagen etc.) veränderten allmählich
das Stadtbild. Ungefähr zeitgleich mit
dem sich ankündigenden Niedergang
des Römischen Reiches fasste das
Christentum auch in Marseille schnell
Fuß, einen Bischof gab es spätestens
im Jahr 313. Von den ersten Kirchen-
bauten sind nur Spuren erhalten; das
Baptisterium von Marseille zählt zu
den ältesten Sakralbauten Frankreichs.
Die Sorgfalt, mit der der Bau dieser Taufkapellen betrieben wurde, zeugt von der
hohen Bedeutung, die die christliche
Glaubensgemeinschaft diesem Initia-
tionsritus damals beigemessen hatte.

Mittelalter und Frühe Neuzeit

Auch nach dem Zusammenbruch des
Weströmischen Reiches blieb die spät-
römische Verwaltungsstruktur und
Wirtschaftsordnung in der Provence
weitgehend intakt. Das lag unter anderem am schnellen Herrscherwechsel:
Die Westgoten, die 471 Arles erobert
hatten, wurden kurzzeitig von den Bur-
gundern und diese wiederum von den
Ostgoten in ihrer Vormachtstellung ab-
gelöst. Die südfranzösischen Städte er-
holten sich relativ schnell von den
durch die **Völkerwanderung** ausgelös-
ten Invasionen des 5. Jh. Marseille besaß eine hohe Bevölkerungsdichte und
diente unter der Herrschaft der Ostgoten weiterhin nicht nur als administra-

tives und kirchliches Zentren, sondern blieb auch wichtiger Handels- und Gewerbestandort. Als Hafenstadt litt Marseille zwar erheblich, doch kam der Handel im Gegensatz zu vielen anderen provenzalischen Städten niemals vollkommen zum Erliegen. Die Stadt gehörte im 6. Jh. zu den wichtigsten Wirtschaftszentren des Mittelmeerraumes. Gehandelt wurde hauptsächlich mit Luxuswaren: Edle Gewürze, feine Textilien, Schmuck, Edelsteine und Papyrus wurden umgeschlagen und gelangten auf den bewährten Römerstraßen entlang der Rhône bis in den Norden Frankreichs. Dann folgte ein steter Niedergang, da die europäischen Mittelmeerküsten immer wieder von den aus Nordafrika stammenden **Sarazenen** heimgesucht und verwüstet wurden. Marseille wurde 838 angegriffen und geplündert. Die langfristigen Schäden, hervorgerufen durch die arabischen Eroberungsstreifzüge, waren katastrophal: Marseille vegetierte in wirtschaftlicher Bedeutungslosigkeit dahin.

Eine erneute Blüte setzte im 11. Jh. ein, als das von den Grafen der Provence geförderte Marseille seine alten Handelsbeziehungen wieder neu belebte. Der französische König Ludwig der Fromme errichtete mit Aigues-Mortes zwar einen Konkurrenzhafen in direkter Nachbarschaft, doch konnte der alsbald verlandende Hafen von Aigues-Mortes nie wirklich mit Marseille konkurrieren. Auf Selbstbestimmung bedacht, gelang es alteingesessenen Familien mit gräflicher Unterstützung, sich von der Herrschaft des Bischofs zu lösen, Marseille wurde Stadtrepublik. Die politische Situation veränderte sich erst, als die Stadt durch das Aussterben der Anjou zusammen mit der übrigen Provence an Frankreich fiel.

Nur ein Jahrhundert später hatte Marseille, begünstigt durch die unruhigen Zeiten der französischen Glaubenskriege, wieder zur faktischen Selbststän-

digkeit zurückgefunden. Unabhängig, katholisch und ligistisch, folgte die Stadt in Erinnerung ihrer republikanischen Tradition schon im April 1588 nur den eigenen politischen Leidenschaften. Unter der fast diktatorisch anmutenden Führung von Charles de Casaulx näherte sich Marseille politisch Spanien an, aber der militärische Druck auf die Stadt wuchs. Doch erst nachdem Casaulx am 7. Februar 1596 ermordet worden war, unterwarf sich Marseille dem Bourbonen Heinrich von Navarra. „Erst jetzt bin ich König von Frankreich", soll dieser beim Eintreffen der guten Nachricht gesagt haben. Zwei Generationen später sah sich Ludwig XIV. gezwungen, Marseille erneut in seine Schranken zu weisen: Am 2. März 1660 besetzten königliche Soldaten die Stadt, eine loyale Stadtregierung wurde inthronisiert, die den Hafen schützenden Forts Saint-Jean und Saint-Nicolas blieben vorsorglich in königlicher Hand. Ihre Kanonen wurden so ausgerichtet, dass sie, wenn nötig, auch die Stadt beschießen hätten können. Das traditionsgeprägte Selbstbewusstsein der Stadtoberen blieb aber ungebrochen: Noch im 18. Jh. erklärten die Verantwortlichen von Marseille, die Stadt sei dem König von Frankreich nur in seiner Eigenschaft als Graf der Provence Gehorsam schuldig.

Seit dem Ende des 17. Jh. erlebte Marseille einen enormen wirtschaftlichen Aufschwung, erst jetzt wuchs die Stadt weit über ihre antiken Grenzen hinaus, südlich und östlich des Hafens entstanden neue Wohnviertel. Hauptverantwortlich für den Aufschwung war ein Edikt, das die Stadt 1669 zum Freihafen erklärte, Waren aus dem Orient, die über andere Häfen nach Frankreich gelangten, wurden mit einer 20-prozentigen Sondersteuer belegt; Marseille besaß damit faktisch das Monopol über den gesamten Warenumschlag aus dem Orient. Auch im Seeverkehr mit der

Karibik spielte Marseille alsbald eine führende Rolle. Die Marseiller Händler wussten ihre Beziehungen zu nutzen und verkauften Zucker und Kaffee von den Antillen im Osmanischen Reich.

Das große Handelsgeflecht hatte aber auch seine Schattenseiten: Ein aus Syrien kommendes Schiff mit dem Namen Le Grand Saint Antoine brachte 1720 die Pest mit. Der Kapitän hatte zwar die Hafenverwaltung vor den an Bord befindlichen Kranken gewarnt, doch machten sich einflussreiche Kaufleute für die Umgehung der Quarantäne stark, da sie sehnlichst auf die Fracht des Schiffes warteten. Die Folgen sind bekannt: Allein in Marseille raffte der „Schwarze Tod" 50.000 Menschen dahin. Die Katastrophe, der jeder zweite Bewohner zum Opfer gefallen war, wurde erstaunlich schnell überwunden: Zu Beginn der Französischen Revolution hatte sich Marseille mit 120.000 Einwohnern zur drittgrößten Stadt Frankreichs entwickelt.

Revolution

Auch in Marseille führte die Revolution zu einem tiefgreifenden Wandel: Da sich die Bürger dem jakobinischen Konvent offen entgegenstellten, wurde Marseille zur *Ville sans nom*, zur „namenlosen Stadt" degradiert, zudem verhinderte der Sturz Robespierres am 9. Thermidor (27. Juli 1794) den Bau eines Tempels der Vernunft, der in Marseille geplant war.

Bekanntermaßen wurde 1792 die Monarchie abgeschafft, das Königspaar wenig später sogar hingerichtet. Ebenfalls im Jahr 1792 zog zur Unterstützung der Revolution ein Marseiller Freiwilligenbataillon in Paris ein. Fröhlich sangen sie beim Einmarsch in die Hauptstadt ein Kampflied, das von dem Elsässer Rouget de Lisle für den aus dem Bayerischen Wald stammenden Nikolaus Graf von Luckner komponiert worden war; unter dem Namen *Marseillaise* stieg das Lied wenig später zur französischen Nationalhymne auf.

Marseille im Kasten
Nikolaus Graf von Luckner – eine Revolutionskarriere

Nikolaus Luckner stammte aus einfachen Verhältnissen. Als zweitjüngstes Kind eines Bierbrauers und Hopfenhändlers erblickte er am 11. Januar 1722 im bayerischen Cham das Licht der Welt, in die er wie der sprichwörtliche „Hans im Glück" hinauszog. Bereits als 17-Jähriger nahm er als Kadett am Türkenkrieg teil, später wurde er Husarenleutnant, wirkte als Major in Holland und diente dem englischen König als Generalleutnant. Zwischenzeitlich vom dänischen König Christian in den Grafenstand erhoben, nahm der bald 70-jährige Luckner das Angebot Frankreichs an, die französische Rhein-

armee als Marschall zu kommandieren. Ein letzter, verhängnisvoller Höhepunkt einer ungewöhnlichen Karriere: Nachdem Luckner die Österreicher bei Courtray besiegte hatte, wurde er in Straßburg als „Retter Frankreichs" gefeiert, Rouget de Lisle widmete ihm die berühmte *Marseillaise*. Ein geruhsamer Lebensabend blieb dem Helden jedoch verwehrt: Als man ihm die Auszahlung seines Ruhegehalts verweigerte, reiste Nikolaus Graf von Luckner nach Paris, wo er auf Betreiben Robespierres einer Verschwörung beschuldigt, angeklagt und am 4. Januar 1794 durch die Guillotine hingerichtet wurde.

Finanziell wirkte sich die Französische Revolution nachteilig aus: Die Herrschaft Napoleons und die gegen Frankreich verhängte Handelsblockade lähmten die heimische Wirtschaft. In der nun anbrechenden Restaurationszeit kam die Provence in den Genuss eines relativen Wohlstands. Marseille beispielsweise, das anstelle des traditionsreicheren Aix-en-Provence zur Hauptstadt des Départements Bouches-du-Rhône ernannt wurde, stieg zum größten Hafen Frankreichs auf. Ohne Frage profitierte die Stadt in erheblichem Maße von der Gründung des französischen Kolonialreichs in Nordafrika, Marseille wurde zum Hauptumschlagplatz für Waren aller Art. Der seit Mitte des 19. Jh. erfolgte Ausbau des französischen Eisenbahnnetzes ermöglichte es den provenzalischen Bauern zudem, nun auch Pfirsiche, Kirschen, Tomaten, Auberginen und andere leicht verderbliche landwirtschaftliche Produkte anzubauen, die auf dem Schienenweg schnell in großen Mengen zu den Verbrauchern im Norden Frankreichs transportiert werden konnten. Einen weiteren Aufschwung bescherte der 1869 eröffnete Suezkanal, der Handel mit asiatischen Waren und Rohstoffen stieg sprunghaft an. Die Bevölkerung von Marseille wuchs von 130.000 auf über 550.000 Menschen, neue Wohnquartiere entstanden, der Hafen wurde ausgebaut.

Dunkle Jahre

Als Walter Benjamin 1928 nach Marseille kam, erlebte er die Stadt als ein den Touristen abstoßendes Rätsel, als Ort des Verfalls, in dem „die große Entscheidungsschlacht zwischen Stadt und Land tobte", ein „Nahkampf von Telegraphenstangen gegen Agave, Stacheldraht gegen stachlige Palmen". Und weiter: „Marseille – gelbes, angestocktes Seehundsgebiß, dem das salzige Wasser zwischen den Zähnen herausfließt. Schnappt dieser Rachen nach den schwarzen und braunen Proletenleibern, mit denen die Schiffskompanien ihn nach dem Fahrplan füttern, so dringt ein Gestank von Öl, Urin und Druckerschwärze daraus hervor." Auch Simone de Beauvoir war „niedergeschmettert", als sie erfuhr, im Herbst 1931 als Lehrerin an ein Gymnasium in Marseille versetzt zu werden. Dies lag allerdings weniger an Marseille, das Simone de Beauvoir bis dato nicht kannte, sondern in dem Umstand begründet, fortan weit weg von Jean-Paul Sartre leben zu müssen, der damals an der Universität von Le Havre Philosophie lehrte. Doch in Marseille angekommen, verfiel sie umgehend der Anziehungskraft des Midi: „Ich turnte über sein Kopfsteinpflaster, ich streifte durch seine Gäßchen, ich atmete den Geruch von Teer und Seeigeln im Vieux Port. [...] Marseille war unerschöpflich."

Nach der Machtergreifung Hitlers in Deutschland wurde Frankreich und vor allem Südfrankreich, das bis November 1942 zur unbesetzten Zone gehörte, für wenige Jahre zum Sammelbecken für politisch und ethnisch Verfolgte. Schon ab 1933 entwickelte sich das kleine Fischerdorf Sanary-sur-Mer zum begehrten Domizil zahlreicher, aus dem nationalsozialistischen Deutschland geflohener Literaten. Zu Dutzenden trafen sich deutsche Schriftsteller, darunter berühmte Namen wie Thomas Mann und Lion Feuchtwanger, in den Cafés am Hafenkai, eine kleinere Kolonie entstand auch in Nizza, wo Theodor Wolff, Heinrich Mann, Hermann Kesten und Joseph Roth lebten. Für wenige Jahre galt Südfrankreich als das gelobte Land der deutschen Exilliteratur: „Wenn ich ... von Paris mit dem Nachtzug zurückkommend, des Morgens das blaue Ufer wiedersah, die Berge, das Meer, die Pinien und Ölbäume, wie sie die Hänge hinaufkletterten, wenn ich die aufgeschlossene Behaglichkeit der Mittelmeermenschen wieder um mich fühlte, dann atmete ich tief auf und freute mich, dass ich mir diesen Himmel gewählt hatte, unter ihm zu leben", schrieb Lion Feuchtwanger in seinem autobiografischen Buch *Der Teufel in Frankreich*. Lange konnte sich Feuchtwanger allerdings nicht der Mittelmeersonne erfreuen, spätestens im Mai 1940 war es mit der trügerischen Ruhe vorbei. Nach Kriegsbeginn wurde Marseille zu einer Drehscheibe für deutsche, österreichische und italienische **Emigranten**. Weit mehr als tausend Verfolgte erhielten vom amerikanischen Emergency Rescue Committee, das von Varian Fry geleitet wurde, die zur Ausreise notwendigen Pässe, Visa und Finanzmittel. Wer Pech hatte oder weniger bekannt war, landete schnell in einem der berüchtigten Internierungslager, beispielsweise in Les Milles, im Südwesten von Aix-en-Provence. Lion Feuchtwanger und Thomas Mann hatten Glück und trafen sich wenig später in Los Angeles wieder; auch Alfred Döblin, Siegfried Kracauer und

Marseille im Kasten
Varian Fry – Retter der Verfolgten

Marseille 1940: Tausende von antifaschistischen deutschsprachigen Emigranten, die nach der Kapitulation Frankreichs in den unbesetzten Süden des Landes geflohen waren, hatten sich unfreiwillig in der traditionsreichen Hafenstadt versammelt. Die Flüchtlinge waren nur scheinbar in Sicherheit, da sich die Pétain-Regierung im Waffenstillstandsabkommen zur Auslieferung von Flüchtlingen verpflichtet hatte. Jederzeit drohte die Gefahr, festgenommen zu werden: „Sie müssen sich vorstellen: die Grenzen waren gesperrt, man saß in der Falle, jeden Augenblick konnte man von neuem verhaftet werden, das Leben war zu Ende – und nun steht da plötzlich ein junger Amerikaner in Hemdsärmeln, stopft dir die Taschen mit Geld voll, legt den Arm um dich und zischelt mit schlecht gespielter Verschwörermiene: ‚Oh, es gibt Wege, Sie herauszubringen' …", erinnerte sich der 1993 verstorbene Hans Sahl in seinen Memoiren an seinen Retter.

Der junge, geheimnisvolle Amerikaner hatte einen Namen: Varian Fry. Am 15. August 1940 war Fry (1907-1967) im Auftrag des Emergency Rescue Committee – dessen Gründung übrigens auf eine Anregung von Erika Mann zurückging – in Marseille angekommen, um ein paar Wochen lang renommierten, von den Nazis verfolgten Künstlern die Ausreise zu ermöglichen. Fry blieb jedoch wesentlich länger: Bis zu seiner Verhaftung am 29. August 1941 verhalf der „Schutzengel einer ganzen Sippe exilierter Intellektueller und Poetaster" (Walter Mehring) mit illegal erworbenen Pässen und Visa zur Flucht in das sichere Ausland; insgesamt waren es mehr als tausend Verfolgte, denen Fry geholfen hatte. So bekannte Persönlichkeiten wie Lion Feuchtwanger, Heinrich Mann, Siegfried Kracauer, Walter Mehring, Max Ernst, Anna Seghers sowie André Breton und Marc Chagall verdankten ihr Leben den unerschrockenen Bemühungen des „Engels von Marseille". Eine Anerkennung ist ihm zu Lebzeiten leider nicht zuteil geworden: Weder Lion Feuchtwanger noch Heinrich Mann, weder Marc Chagall oder Max Ernst haben sich bei ihm bedankt, Eleanor Roosevelt tadelte seine Aktionen gar im Namen Amerikas. Fry, der zuletzt als Lateinlehrer an einer Provinzschule tätig war, starb 1967 einsam und weitgehend vergessen. In Marseille erinnert eine Gedenktafel vor dem amerikanischen Konsulat an Varian Fry und seinen unermüdlichen Einsatz.

Hans Sahl, der eine Zeit lang für das Emergency Rescue Committee gearbeitet hatte, verdankten Varian Fry ihre Rettung vor den Nazischergen.

Noch ein letztes Schicksalsdatum in der Geschichte Marseilles ist zu vermerken: Am Morgen des 24. Januar 1943 begann die deutsche Armee das Joliette-Viertel am Alten Hafen zu evakuieren. Wenige Tage später kam es zu einer schrecklichen Demonstration der deutschen Macht: Das unübersichtliche historische Hafenviertel hinter dem Quai du Port, zu dem auch der Rotlichtbezirk Les Bricks gehörte, wurde gesprengt, um flüchtigen Juden und der Résistance das Leben im Untergrund zu erschweren. Innerhalb von 17 Tagen wurde das gesamte Hafenviertel mit seinen knapp 1500 Häusern in Schutt und Asche gelegt. Ein barbarischer Akt systematischer Zerstörung, der im Zweiten Weltkrieg beispiellos blieb. Dass dadurch 30.000 Menschen über Nacht zu Obdachlosen wurden, scherte niemanden; mit deutscher Gründlichkeit ging man ans Werk, nur einige wenige Häuser wie das barocke Hôtel de Ville und die Maison Diamantée blieben verschont. Als das Areal nach Kriegsende neu errichtet wurde, versäumten es die Stadtväter, architektonische Akzente zu setzen, sodass die Nordseite des Hafens seither von langweiligen Betonkästen verunziert wird.

Nach dem Einmarsch der Alliierten in Nordafrika (November 1942) hob Hitler die „freie" Zone auf; die französische Flotte versenkte sich selbst im Hafen von Toulon, um nicht in die Hände der Nazis zu fallen, die entgegen der Waffenstillstandsvereinbarungen versuchten, sich der Flotte zu bemächtigen. Für ein knappes Jahr agierten italienische Soldaten als Besatzer, bevor nach der Kapitulation Italiens die Deutschen an ihre Stelle traten. Von Anfang an sahen sich die Deutschen mit Gerüchten einer bevorstehenden Invasion an der fran-

Ein Panzer erinnert an die Kampfhandlungen des Zweiten Weltkriegs

zösischen Mittelmeerküste konfrontiert; in Toulon und Marseille wurden Truppen zusammengezogen, um eine Landung der Alliierten zurückschlagen zu können. Doch die Alliierten besannen sich anfangs auf ihre Luftüberlegenheit und überzogen den Küstenstreifen ab dem 28. April 1944 mit beständigen Bombenangriffen; zahlreiche Häuser in Marseille überstanden den Bombenhagel nicht. Am 6. Juni begann die alliierte Großoffensive bekanntlich in der Normandie; als dann mehr als zwei Monate später, am 15. August 1944, alliierte Landungstruppen an einem rund 50 km breiten Küstenabschnitt im Osten Toulons die Eroberung Südfrankreichs in Angriff nahmen, waren die Würfel schon gefallen. Angesichts der aussichtslosen Lage ergab sich General Neuling bereits am 17. August in Draguignan. Am 23. August drangen die ersten Streitkräfte unter der Führung von General de Montsabert in Marseille ein, wobei die meisten Soldaten aus Algerien und Marokko stammten. Allerdings dauerte es noch fünf Tage, bis General Schäfer im Fort Saint-Nicolas kapitulierte und 11.000 deutsche Soldaten in Gefangenschaft gerieten. Die Résistance hatte einen entscheidenden Anteil an der Befreiung der Stadt. Allerdings mischten sich in den letzten Kriegstagen auch viele Opportunisten und stille Sympathisanten unter die Résistance: Am 29. August 1944 nahmen an der Siegesparade anlässlich der Befreiung von Marseille 10.000 stolze „Kämpfer" teil, obwohl

kurz zuvor nur rund 700 Mitglieder aktiv an den Gefechten beteiligt waren …

In den nächsten beiden Wochen wurden alle größeren Städte Südfrankreichs mit tatkräftiger Unterstützung der Résistance zurückerobert, am 12. September trafen in Châtillon-sur-Seine die Invasionstruppen aus der Normandie und der Provence zusammen; die Befreiung Frankreichs war abgeschlossen. Eine Abrechnung mit den Kollaborateuren erfolgte anschließend nur oberflächlich. Zwar wurden im Zuge der Befreiungskämpfe rund 10.000 Franzosen hingerichtet, doch zahlreiche Mitläufer und Nutznießer des Vichy-Regimes kamen äußerst glimpflich

Marseille im Kasten

Die Ankunft der Pieds noirs

Wenig später sollte der Süden Frankreichs mit den Auswirkungen dieses weltpolitischen Ereignisses konfrontiert werden: Das Ende des algerischen Unabhängigkeitskrieges hatte den massenhaften Zuzug von Algerienfranzosen, den sogenannten Pieds noirs (Schwarzfüße), zur Folge. Rund eineinhalb Millionen seit Generationen in Nordafrika ansässiger Franzosen wurden quasi über Nacht an die Häfen ihres Mutterlandes gespült. Im Hafen von La Joliette landeten damals innerhalb kürzester Zeit rund 450.000 Menschen. Die Stadtverwaltung war überfordert. Ein Großteil der Pieds noirs blieb in der französischen Mittelmeerregion, ähnelten die klimatischen Bedingungen hier noch am ehesten der verlorenen Heimat. Anfänglich wurden die 120.000 Algerienfranzosen, die sich in Marseille ansiedelten, verächtlich behandelt und geschnitten, doch gelang es ihnen meist recht schnell, Fuß zu fassen. Vor allem in der Landwirtschaft und im Fischfang entfalteten die Einwanderer eine ungeahnte Dynamik, von der die

gesamte Region profitierte. Schwerer hatten es dagegen diejenigen Algerier, die vor 1962 freiwillig in der französischen Armee gedient hatten und daher als Harkis, „Verräter", die Rache ihrer Landsleute zu fürchten hatten; aus Angst um ihr Leben flohen sie nach Frankreich. Dort mussten sie die bittere Erfahrung machen, dass die Franzosen alles andere als erfreut waren, sie wiederzusehen. Anfangs wurden die Harkis in Durchgangslagern interniert, bevor sie in den ghettoähnlichen Siedlungen der Großstädte unterkamen. So notierte Wolfgang Koeppen Anfang der 1960er-Jahren seine Eindrücke über zwei junge Araber: „Ihre europäischen Anzüge wirkten ärmlich und saßen schäbig auf den mageren Körpern; die Anzüge waren dreckig, sie waren zerrissen. Die Augen der jungen Leute schienen scheu zu blicken. Die beiden Araber erinnerten an verprügelte Hunde. Sie liefen wie Wild durch einen Wald von Jägern. Aber sie waren ein Wild, das die Jäger in diesem Wald ausgesetzt hatten."

davon. In Südfrankreich traten bei diesen Auseinandersetzungen auch klassenkämpferische Aspekte hervor. So richteten sich die Aktionen der kommunistisch geprägten Widerstandsbewegung häufig gegen Industrielle, Geistliche und bürgerliche Parteifunktionäre. Der Übergang zur politischen Normalität fand im Oktober 1945 statt, als die Franzosen eine Nationalversammlung wählten, deren Auftrag es war, eine neue Verfassung zu erarbeiten. Nach dem kurzen Zwischenspiel der Vierten Republik, die durch den Militärputsch von Algier ein Ende fand, wurde Charles de Gaulle am 21. Dezember 1958 zum Staatspräsidenten der **Fünften Republik** gewählt.

Die Fassade des MuCEM

Aufbruchsstimmung

Die Stadtgeschichte nach dem Zweiten Weltkrieg war gezeichnet durch die Herausforderungen des Wiederaufbaus und die Ankunft zahlloser *Pieds noirs* nach 1962. Das gesamte Viertel nördlich des Vieux Ports wurde in relativ kurzer Zeit geplant und errichtet, hinzu kamen weitere Bauprojekte, darunter die berühmte Cité Radieuse von Le Corbusier oder der Neubau der Universität Luminy. Die pragende Figur der Stadtpolitik war der Sozialist und ehemalige Résistancekämpfer Gaston Deferre, der von 1944 bis 1946 und dann nochmals von 1953 bis 1986 Bürgermeister von Marseille war. Deferre, der aufgrund seiner langen Amtszeit den Spitznamen „König der Canebière" trug, etablierte das sogenannte Systéme marseillais, das durch seine Klientelpolitik und die damit einhergehende Korruption bestimmt war. Um die Reputation der Stadt stand es jahrzehntelang nicht gut. Erst im Zuge der Fußballweltmeisterschaft 1998 konnte Marseille einen Imagegewinn verbuchen: Das Office de Tourisme verzeichnete in den ersten drei Monaten 1999 eine Steigerung der Besucherzahlen um 30 Prozent. Durch den Hochgeschwindigkeitszug TGV ist Marseille zudem ins Blickfeld reicher Pariser gerückt. Der Umstand, dass man in rund drei Stunden von der Seine ans Mittelmeer gelangen kann, hat die Stadt zum beliebten Ziel für einen Wochenendausflug werden lassen. Manche haben sich gar eine Ferienwohnung gekauft. Spürbar zur Verbesserung des Klimas hat auch das Infrastrukturprojekt Euroméditerranée (→ *Euroméditerranée – Marseille baut um*, S. 31) beigetragen. Alte Speicher wurden restauriert, Wohnungen gebaut, neue Promenaden und Plätze am Alten Hafen angelegt, Cafés und Restaurants brachten Leben in die einstigen Brachflächen. Ein Glanzpunkt war das „Museum für die Kulturen des Mittelmeerraums" (MuCEM), das als Symbol für die Erneuerung der Stadt gilt. Die Eröffnung des Museums hing natürlich mit dem Jahr 2013 zusammen, in dem Marseille neben dem slowakischen Košice als Europäische Kulturhauptstadt fungierte. In einer nationalen Ausscheidung setzte sich Marseille, das sich zusammen mit der Provence beworben hatte, gegen die heimischen Mitbewerber Bordeaux, Lyon und Toulouse durch. Bis heute profitiert Marseille nachhaltig von den Umbauten und Projekten des Kulturhauptstadtjahres.

Vieux Port: vom Warenumschlagplatz zum Yachthafen

Wirtschaft, Politik und Gesellschaft

Marseille hat nicht nur den wichtigsten französischen Hafen an der Mittelmeerküste, sondern auch den größten europäischen Mittelmeerhafen. Seit mehr als 2000 Jahren fungiert die Stadt als Handelsdrehscheibe Südfrankreichs.

„Marseille ist das Tor zur Welt, Marseille ist die Schwelle der Völker. Marseille ist Okzident und Orient", schwärmte 1925 der Schriftsteller Joseph Roth. Daran hat sich bis heute nur wenig geändert: Die Arbeitsmigranten aus Nordafrika kommen hier erstmals mit Frankreich in Berührung; sie erleben nicht nur einen gigantischen Moloch, der sich weit in das Umland hineingefressen hat, sondern auch eine Stadt, die seit langem mit sozialen Missständen und hoher Arbeitslosigkeit kämpft. Mehr als ein Drittel der Einwohner von Marseille wurde nicht in Frankreich geboren. Die Fremdenangst scheint ein nicht endendes Übel

zu sein: Traditionell ist in Marseille der rechtsradikale Front National von Marine Le Pen, deren Vater Jean-Marie Le Pen schon mehrfach versprochen hatte, die Stadt von ihren „nordafrikanischen Abfällen" zu reinigen – besonders erfolgreich, allerdings entschied sich Marseille bei der Präsidentschaftswahl 2017 mehrheitlich für Emmanuel Macron, während der Front National in manchen Wahlbezirken der umliegenden Provence sogar mehr als 50 Prozent der Stimmen erreichte.

Vor allem das Belsunce-Viertel im Norden der Canebière ist vielen Front-National-Wählern ein Dorn im Auge, und auch die Stadtverwaltung versucht mit administrativen Mitteln, die Nordafrikaner aus dem Zentrum in die trostlosen Armenviertel im Norden von Marseille zu verbannen. Doch es regt sich auch Widerstand gegen die rassistischen Tendenzen in der Stadt: Die Anti-Rassismus-Initiativen *Marseille Fraternité* und *Marseille-Espérance* werben seit Jahren um mehr Verständnis für die Immigranten und deren Nachkommen. Eigentlich sollte man erwarten können, dass sich Marseille Fremden gegenüber liberal und aufgeschlossen zeigt, denn die Hafenstadt hat eine lange Tradition als letzter Rettungsort für Flüchtlinge und als Hoffnungsträger für Immigranten: Allein in den letzten hundert Jahren spannt sich der Bogen von revolutionsflüchtigen Russen und von türkischem Völkermord bedrohten Armeniern bis hin zu Italienern, Spaniern, Algeriern, Deutschen und Juden, die Zuflucht vor den faschistischen Regimen ihrer Heimat suchten; Walter Benjamin nannte die Stadt daher eine „Bahnhofshalle". Manch ein Kind dieser Immigranten ist später im Sport- und Showbusiness groß herausgekommen, so beispielsweise der Spielmacher Zinédine Zidane, der Frankreich bei der Fußballweltmeisterschaft 1998 zum Titel führte, oder auch der Sänger und Schauspieler Charles Aznavour(ian) sowie ein gewisser Ivo Livi, der unter seinem Künstlernamen Yves Montand französische Filmgeschichte geschrieben hat.

Die letzten Jahren der Stadtpolitik wurden von dem Konservativen Jean-Claude Gaudin geprägt, der 1995 erstmals zum Bürgermeister von Marseille gewählt wurde und dieses Amt bis heute innehat. Gaudin hat sich für das Infrastrukturprojekt Euroméditerranée eingesetzt und den Aufstieg zur Europäischen Kulturhauptstadt 2013 gefördert, mit dem ein wirtschaftlicher Aufschwung einherging. Die Arbeitslosenquote ist auf rund zehn Prozent gefallen, woran auch der Tourismus seinen Anteil hat, der als Wirtschaftsfaktor den Fischfang längst überholt hat. Derzeit werden in Marseille jährlich mehr als fünf Millionen Touristen gezählt, davon sind 1,6 Millionen Teilnehmer einer Mittelmeerkreuzfahrt. Trotzdem ist das soziale Gefälle immer noch groß. Die Hälfte der Bewohner der Quartiere im Norden der Stadt lebt unter der Armutsgrenze. Perspektiven für die Jugend sind dort kaum vorhanden. Problemviertel wie Kalliste, Saint-Antoine, Campagne-Lévêque oder Saint-Mauront, wo das Elend in Hochhäusern wuchert, deren heruntergekommene Treppenhäuser selbst die Polizei meidet. In den, vor allem im Norden von Marseille gelegenen Trabantenstädten sind Armut und Perspektivenlosigkeit zu Hause, nur jeder zweite junge Erwachsene hat einen Arbeitsplatz. Statt dem Gesetz regiert der Drogenhandel. Bewaffnete Banden haben die Banlieue fest im Griff.

Die organisierte Kriminalität hat in Marseille eine lange Geschichte. Bereits in den 1930er-Jahren bildete sich die *French Connection*, ein mafiöses Netzwerk unter korsischem Einfluss, das aufgrund guter Verbindungen zur Stadtverwaltung bis in die 1970er-Jahre den Heroinhandel in der Mittelmeermetropole beherrschte. Korruption, Mauscheleien, Gewalt und Rassismus prägen Marseille leider bis heute. Jährlich werden in der Stadt mehr als drei Dutzend Menschen ermordet, wobei die Hälfte der Todesfälle auf den organisierten Drogenhandel oder Bandenkriege zurückzuführen ist. Die sozialen Gräben sind tief. Reich und arm driften immer mehr auseinander. Auch links und rechts der Canebière mit ihren großbürgerlichen Häusern ist das Elend nicht zu übersehen: Obdachlose ohne Schuhe oder verkrüppelte junge Männer, die sich auf zusammengeklebte Krücken stützen.

Und auch die ethnischen Grenzen sind klar auszumachen: Im Süden der Stadt leben die arrivierten Franzosen, im Norden die Muslime mit ihrem Migrationshintergrund. Es gibt Straßenzüge, da ruht der Verkehr, wenn sich die Gläubigen beim Freitagsgebet gen Mekka verbeugen. In den Gassen rund um den Cours de Belsunce tragen die Mehrheit der Männer die Dscheballa genannte bodenlange Tunika. Die quirligen Märkte besitzen das Flair eines orientalischen Basars, und in den umliegenden Restaurants gibt es Couscous statt Bouillabaisse. Seriöse Schätzungen gehen davon aus, dass jeder vierte Einwohner von Marseille ein Muslim ist.

Haute Cuisine

Essen
und Trinken

Rosmarin, Thymian, Majoran, Oregano, Estragon, Fenchel, Basilikum und Salbei – neben den klassischen Kräutern der Provence, die selbstverständlich nicht wahllos in ihrer Gesamtheit Verwendung finden, sondern gekonnt zur Verfeinerung der Speisen eingesetzt werden, kommt aber auch kein Koch ohne Pfeffer, Olivenöl und Knoblauch aus. Die beiden Letzteren bilden zusammen mit Eigelb und Zitronensaft die Grundlage des allgegenwärtigen *aïoli*, einer würzigen Knoblauchmayonnaise, die nicht als Zutat eines Gerichtes, sondern im Mittelpunkt einer Mahlzeit steht, zu der meist Fisch (aber auch Lammkoteletts), Kartoffeln und verschiedene Gemüsearten gereicht werden. Frédéric Mistral rühmte einst den Aïoli, weil die Creme „in ihrem Wesen die Hitze, die Stärke, die Liebenswürdigkeit der Provence vereint – und daneben die angenehme Eigenschaft besitzt, Fliegen zu vertreiben". Zum Salzen verwendet man gerne Meersalz aus der Camargue, besonders beliebt ist *fleur de sel*, denn die in Handarbeit von der Wasseroberfläche abgeschöpfte „Salzblume" zeichnet sich durch einen besonders milden Geschmack aus.

Besonderen Wert legt man in Marseille auf frische Zutaten, Tiefkühl- und Dosenkost sind verpönt, wenngleich die Mikrowelle ihren Triumphzug bis ins letzte Dorf hinein fortgesetzt hat. Neben Gemüsegerichten wie *ratatouille* – ein aus Auberginen, Paprika, Zucchini, Zwiebeln und viel Knoblauch bestehender Gemüseeintopf – spielen **Meeresfrüchte** und **Fisch** traditionell eine große Rolle: Da die Fanggründe des Mittelmeeres heute nicht mehr sehr ergiebig sind, wird zwangsweise Atlantikfisch importiert. Das Spektrum der angebotenen Fischgerichte ist daher noch immer sehr vielfältig: Es reicht von Edelfischen, die vorzugsweise gegrillt werden, über Stockfisch (*stocaficada*) bis hin zu Seeigeln (*oursins*); Letztere werden nicht nur in Cassis mit Vorliebe dutzendweise verspeist. Die roh in der Schale servierten, nur mit

Weißwein angemachten Seeigel sind aber sicherlich nicht jedermanns Sache. Ein regelrechtes Muss ist hingegen die *bouillabaisse*. Über die exakte Zusammensetzung des wohl berühmtesten Fischgerichts der Welt gehen die Meinungen zwar auseinander, als unverzichtbare Zutaten gelten aber Drachenkopf (*racasse*), Knurrhahn (*grondin*), Seeaal (*congre*) sowie weitere fangfrische kleinere Fische. Serviert wird die Bouillabaisse zusammen mit einer *rouille*, worunter man eine sämige Sauce versteht, die aus Knoblauch, scharfen Pfefferschoten, Salz, Pfeffer, Safran und Olivenöl zubereitet wird. Hoch geschätzt wird auch die *bourride*, eine der Bouillabaisse ähnelnde Fischsuppe, die mit Aïoli gebunden wird und zu deren festen Zutaten Seeteufel (*boudroie*), Seehecht (*merlan*) und Wolfsbarsch (*loup*) gehören.

In seinem Roman *Chourmo* enthüllte Krimiautor Jean-Claude Izzo die Zusammensetzung einer perfekten Bouillabaisse, welche die Wirtin Céleste in ihrem Restaurant Félix zuzubereiten wusste: „Ihre Bouillabaisse war eine der besten in Marseille. Drachenkopf, Rotbarsch, Meeraal, Petersfisch, Seeteufel, Petermännchen, Meerbarbe, Rotbrasse, Knurrhahn, Wolfsbarsch ... Dazu ein paar Krebse und gelegentlich eine Languste. Nur Felsenfische. Nicht wie bei so vielen anderen. Für die Rouille hatte sie ihr einzigartiges Geheimnis, Knoblauch und Pfeffer mit Kartoffeln und Seeigelfleisch zu verbinden. Aber die Bouillabaisse stand nie auf der Speisekarte. Man mußte regelmäßig anrufen und fragen, wann sie eine kochte."

Fleischgerichten kommt in Marseille nicht die gleiche Bedeutung zu wie im übrigen Frankreich. Sehr häufig wird eine leckere *daube* angeboten, ein in Rotwein geschmortes Rindfleischragout, das auch eine Variante aus der Camargue kennt (*daube de gardian*). Um manche deftige Spezialitäten, wie *pieds et paquets*, in Weißwein und Kalbsfond gekochter Schweinebauch mit Pansen sowie Lammfüße und -kutteln, werden viele einen Bogen machen, doch gehören sie zu den typisch provenzalischen Gerichten. Sehr beliebt

Ein Klassiker: Bouillabaisse

sind hingegen Lammgerichte; das auf den würzigen provenzalischen Weiden gezüchtete **Lamm** (*agneau*) genießt in Feinschmeckerkreisen einen ausgezeichneten Ruf. Allerdings stammt nicht jedes in Sisteron geschlachtete Lamm von den heimischen Weiden, aus ganz Frankreich werden die Lämmer zum Schlachthaus von Sisteron gekarrt, um ihnen das berühmte Prädikat zu verleihen.

Suppenliebhaber werden vor allem an zwei Gerichten ihre helle Freude haben: Unbedingt versuchen sollte man die *soupe au pistou*, im Namen schwingt noch das ligurische Pesto mit: Die **Suppe** erhält ihren unverkennbaren Geschmack durch eine Paste aus Basilikum, Knoblauch, Olivenöl und Käse. Ebenfalls sehr lecker ist *aigo-boulido* („gekochtes Wasser"), eine Knoblauchsuppe, die mit Olivenöl, Eigelb, Salbei und anderen Kräutern verfeinert wird. Typische Snacks, die zum Apéritif gereicht werden, sind *tapenade* und *anchoïade*, die entweder aufs Brot gestrichen werden oder in die man Gemüse dippt. Für alle, die dies vor oder nach dem Urlaub ausprobieren wollen, hier sind zwei Rezepte:

Tapenade: 6–9 Sardellenfilets und 50 Gramm Kapern so klein wie möglich schneiden und zusammen mit 300 Gramm schwarzen (entsteinten) Oliven in einer Küchenmaschine zu einer Paste verarbeiten. Dann einen Teelöffel von dem Püree zuvor blanchierten und zerdrückten Knoblauchzehen daruntermischen und das Ganze je nach gewünschter Konsistenz mit etwas Olivenöl verfeinern. Anschließend mit gerösteten Baguettescheiben servieren.

Anchoïade: 300 Gramm Sardellenfilet in einer Küchenmaschine zu einer Paste verarbeiten und ganz langsam einen halben Liter Olivenöl zugeben. Dann sechs Teelöffel von den zuvor blanchierten und zu einem Püree zerdrückten Knoblauchzehen sowie zwei Teelöffel Dijon-Senf und drei Teelöffel Rotweinessig dazugeben. Anschließend noch zwei Teelöffel klein geschnittenes Basilikum unterrühren und mit Gemüsestreifen (Blumenkohl, Karotten, Fenchel, Sellerie) servieren.

Im Gegensatz zu anderen französischen Regionen hat die Provence keine großen **Käsesorten** hervorgebracht. Milchkühe sind rar, sodass hauptsächlich Schafs- oder Ziegenkäse (*chèvre*) angeboten wird. Am bekanntesten ist der *Banon de Banon*, ein in Kastanienblättern gereifter Ziegenkäse aus der Haute-Provence, der je nach Reifegrad mild und cremig oder pikant bis leicht säuerlich schmeckt. Dem Banon wurde 2003 mit einer Appellation d'Origine Contrôlée (AOC) gewissermaßen der „Ritterschlag" verliehen, da diese Auszeichnung nur wenigen erlesenen Käsesorten vorbehalten ist. Ein anderer lokaler Käse ist *Brousse du Rove*, es handelt sich um einen Ziegenfrischkäse, der nach dem Ort Le Rove in den westlich von Marseille gelegenen L'Éstaque-Bergen benannt ist.

Die französische Küche hat ihren Preis

Ein durchschnittliches Menü mit Vorspeise, Hauptgericht und Dessert schlägt mit mindestens 15 € zu Buche, in der Regel wird man mit 18 bis 40 € rechnen müssen. Es gibt nur wenige Restaurants, die diese 15-Euro-Grenze geringfügig unterschreiten. Wer hingegen in edlem Ambiente über vier oder fünf Gänge hinweg dinieren möchte, wird leicht das Doppelte los. Die Preisspannen der bekannten Gourmetrestaurants bewegen sich ab 40 € aufwärts. *A la carte* zu bestellen lohnt sich nur in den seltensten Fällen, meist ist eine selbst zusammengestellte, dreigängige Mahlzeit mindestens eineinhalbmal so teuer wie ein vergleichbares Menü. Deutlich günstiger sind die Preise für ein Mittags- bzw. Tagesmenü.

Zum Essen sollte man viel Zeit mitbringen, da sich ein Menü mit drei oder vier Gängen leicht über zwei Stunden erstrecken kann. Aus diesem Grund werden die Tische in guten Restaurants pro Abend nur einmal vergeben. Wer mittags nur schnell eine Kleinigkeit zu sich nehmen will, ist daher in einem Café, einem Bistro oder einer Brasserie besser aufgehoben. Die französische Höflichkeit gebietet, dass der Gast im Restaurant nicht einfach den nächstbesten freien Tisch ansteuert, sondern sich am Eingang geduldet, bis ihm ein Platz angeboten wird; eigene Wünsche können selbstverständlich geäußert werden. In der Hochsaison ist vor allem abends eine Reservierung dringend zu empfehlen – man erspart es sich, mit hungrigem Magen und dem Hinweis *complet* abgewiesen zu werden. Im Restaurant wird erwartet, dass man sich zumindest für ein dreigängiges Menü entscheidet, mittags kann man allerdings – falls angeboten – problemlos nur das Tagesgericht (*plat du jour*) ordern. Obwohl eine Karaffe mit einfachem Leitungswasser (*l'eau plate*) – das leider oftmals stark nach Chlor schmeckt – sowie Brot (zumeist Baguette) kostenlos zu jedem Essen gereicht werden, bestellen die Franzosen zum Wein oft noch ein stilles (Vittel, Evian etc.) oder kohlensäurearmes Mineralwasser (Badoit, Vichy, Pellegrino etc.); am meisten Kohlensäure enthält das an seiner grünen Glasflasche leicht zu erkennende Perrier. Zwar verkündet ein geflügeltes deutsches Sprichwort, Käse schließe den Magen, die Franzosen lassen auf den Käsegang aber meist noch ein Dessert oder Obst folgen. Zum Ausklang genehmigt man sich häufig einen kleinen Kaffee ohne Milch. Der Kellner wird übrigens mit *Monsieur* und nicht etwa als *garçon* angesprochen. Wer dem Wirt etwas mitteilen will, wendet sich an den *patron*.

Wein

Die Zeiten ändern sich bekanntlich: Heute versuchen die französischen Weinbauern, ihre Produkte durch ein Gütesiegel (**AOP** = Appellation d'Origine Protégée), das eine bestimmte Herkunft garantiert, zu schützen. Dies bedeutet aber nicht, dass ein Landwein (*Vin de Pays*) ohne AOP-Siegel automatisch von minderwertiger Qualität sein muss, genauso wenig verspricht jeder AOP-Wein höchsten Trinkgenuss.

Zum Wohl!

Die bekanntesten provenzalischen Weinanbaugebiete sind neben dem berühmten Châteauneuf-du-Pape Cassis, Bandol, Côtes de Provence, Côtes du Rhône, Côtes du Luberon und Côtes du Ventoux. Die Bezeichnung Côtes du Rhône garantiert hingegen keine provenzalische Herkunft, denn das Anbaugebiet erstreckt sich über 200 km hinweg und reicht hinauf bis nach Vienne. Man sollte daher lieber auf einen Côtes du Rhône Villages – beispielsweise einen Rasteau – zurückgreifen, der aus einem östlich von Orange gelegenen Weinanbaugebiet stammt. Ein großes Lob verdienen die **Biowinzer** – zumeist Ausländer und Neulinge in der Branche. Ohne ihr anfangs belächeltes Engagement wäre der Aufschwung des südfranzösischen Weinbaus ausgeblieben. Mittlerweile setzen auch viele eingesessene Winzerfamilien auf den ökologischen Anbau und verzichten bewusst auf Kunstdünger, Herbizide und andere Gifte. Der Lohn ist nicht ausgeblieben: Die Qualität ihrer Rebensäfte hat sich deutlich verbessert.

Bereit für die Gäste

Es gibt rund ein Dutzend verschiedener Appellationen in der Provence. Die bekanntesten der **Appellation Contrôlée** (AC) an der Rhône sind Gigondas und Vacqueyras. Als König unter den südostfranzösischen Weinen gilt der **Châteauneuf-du-Pape**; er verdankt seine außerordentliche Qualität unter anderem dem Kieselsteinboden, auf dem er gedeiht. Tagsüber speichern die einst von der Rhône angeschwemmten Kieselsteine die Sonnenhitze, die sie nachts an die Trauben abgeben; diese erreichen dadurch einen besonders hohen Reifegrad. Der Alkoholgehalt beträgt mindestens 13,5 Prozent, bei guten Jahrgängen auch schon mal 15 Prozent. Eine weitere Qualitätsgarantie für einen Châteauneuf-du-Pape ist die Beschränkung der Winzer auf einen Höchstertrag von 35 hl pro Hektar Anbaufläche, was zwangsläufig zur Auslese minderwertiger Trauben führt. Einzigartig ist in Frankreich, dass insgesamt dreizehn verschiedene Rebsorten zugelassen sind, wenngleich hauptsächlich Grenache, Mourvèdre und Syrah angebaut werden. Da fast 98 Prozent der Ernte als kraftvoller Rotwein in den Handel kommt, wissen die wenigsten, dass auch gute und langlebige Weißweine in Châteauneuf-du-Pape gekeltert werden. Von vergleichbarer Qualität, aber erschwinglicher ist der **Gigondas**, ein ebenfalls schwerer Roter, der zu Füßen der Dentelles de Montmirail heranreift. Auch die Appellation **Bandol** ist für ihren Rotwein bekannt. Der hauptsächlich aus Mourvèdre-Trauben gekelterte Wein mit seinem vollmundigen aromatischen Bouquet ist mehr als zehn Jahre haltbar und erfreut sich unter Weinkennern großer Beliebtheit. Qualitativ gute Weine bringen auch die östlich der Rhône gelegenen Anbaugebiete **Côtes du Luberon** und **Côtes du Ventoux** hervor, wenngleich auch große Mengen minderwertiger Tisch- und Landweine mit dieser Bezeichnung in den Supermärkten angeboten werden.

Wer ein Faible für die leichteren Rosé-weine hat, die vor allem bei sommerlichen Temperaturen angesagt sind, dem sei der **Côtes de Provence** empfohlen. Auf einer, größtenteils zum Département Var gehörenden Fläche von 18.000 ha wird der Côtes de Provence angebaut. Mit einer jährlichen Produktion von rund 80 Millionen Flaschen handelt es sich um eines der größten französischen Weingebiete; fast zwangsweise kommen dabei auch körperlose, langweilige Weine in den Handel und auf die Tische der Restaurants. Weist ein Rosé einen Alkoholgehalt von nicht einmal 11,5 Prozent auf, sollte man ihn lieber gleich im Regal stehen lassen. 75 Prozent der Ernte werden als Rosé, 20 Prozent als Rot- und 5 Prozent als Weißwein verkauft. Die bevorzugten Rebsorten für Rosé- und Rotweine sind Syrah, Grenache, Cinsault, Cabernet, Carignan, Mourvèdre und Tibouren, für den Weißwein greift man auf Rolle, Sémillon, Ugni Blanc und Clairette zurück. Die guten Rosé-weine mit dem AOP-Siegel Côtes de Provence zeichnen sich durch ihren eleganten und trockenen, aber dennoch fruchtigen Geschmack aus und werden zumeist in schwungvoll geformte Flaschen abgefüllt. Außer dem Côtes de Provence zählen noch der **Côteaux Varois** und der **Côteaux d'Aix en Provence** zu den in großen Mengen produzierten Roséweinen. Weniger bekannt hingegen ist der **Tavel**, ein orange schimmernder trockener Rosé, der aus der gleichnamigen Anbauzone nordwestlich von Avignon stammt.

Weißweine sind bekanntermaßen in der Provence eher selten. Als bester Weißwein der Provence gilt zweifelsohne der **Cassis**, von dem nur ein sehr geringer Teil exportiert wird. Der auf den küstennahen Kalksteinböden herangereifte Wein – aus den Rebsorten Ugni Blanc, Clairette, Marsanne und Sauvignon erzeugt – zeichnet sich durch einen recht würzigen, aber trockenen Geschmack aus, der vor allem zu Fischgerichten hervorragend passt.

Der bekannteste Süßwein der Provence ist der **Beaumes-de-Venise**. Noch vor drei Jahrzehnten war der aus Muscat blanc à petits grains hergestellte *vin doux* einer der beliebtesten Süßweine der Welt. Diesen Stellenwert hat er zwar verloren, lecker ist er dennoch allemal.

Marseille im Kasten
Der „kleine Gelbe"

Der auch *petit jaune* genannte Pastis gehört zu Marseille wie der Alte Hafen. Er ist der beliebteste und weitverbreitetste Aperitif, obwohl inzwischen am Vieux Port schon seit ein paar Jahren auch Aperol Spritz getrunken wird. Genau genommen ist der Pastis nur ein Ersatzprodukt für den 1915 gesetzlich verbotenen Absinth, daher auch der von *pastiche* („Nachahmung") abgeleitete Name. Wie der Absinth, so ist auch der Pastis ein anishaltiges Getränk und weist einen Alkoholgehalt von bis zu 45 Prozent auf. Zu den bekanntesten Pastissorten gehören der seit 1932 von Paul Ricard gebrannte *Vrai Pastis de Marseille* („echter Marseiller Pastis") sowie *Pernod 51*. Serviert wird Pastis traditionell mit (Eis-)Wasser. Der Pastis wird mit der fünf- bis sechsfachen Menge Wasser verdünnt, wodurch das Getränk durch den sogenannten Louche-Effekt die typische milchige, weißgelbe Farbe annimmt. Gelegentlich wird der angerichtete Pastis dann noch mit einem Schuss Likör oder Sirup abgerundet.

Das Epizentrum des Nachtlebens liegt rund um den Cours Julien

Kultur- und Nachtleben

Marseille hat ein buntes und vielfältiges Kultur- und Nachtleben zu bieten. Das Spektrum reicht vom klassischen Theater bis zum coolen Musikclub. Nächtliche Hotspots sind das Südufer des Vieux Port und der Cours Julien.

Theater

Ballet National de Marseille, modernes und klassisches Tanztheater. 20, boulevard de Gabès. ☎ 0491327272, http://ballet-de-marseille.com.

Station Alexandre, Kulturzentrum für diverse Veranstaltungen. 31, boulevard Charles Moretti.

Théâtre de la Criée, das Nationaltheater in der ehemaligen Fischauktionshalle bietet klassisches Theater, aber auch modernen Tanz. 30, quai de Rive Neuve. ☎ 0496178000, http://theatre-lacriee.com.

Théâtre Joliette, moderne Inszenierungen. 2, place Henri Verneuil. ☎ 0491907428, http://theatrejoliette.fr.

Théâtre de l'Odéon, Operetten und Gastspiele. 162, La Canebière. ☎ 0496125270, http://odeon.marseille.fr.

Théâtre du Gymnase, historische Spielstätte mit schönem stuckverziertem Ambiente. Klassische und zeitgenössische Stücke. 4, rue du Théâtre Français. ☎ 0491243524, http://les theatres.net.

Théâtre Marie-Jeanne, alternatives Theater mit witzigen Clownsaufführungen. 56, rue Berlioz. ☎ 0952281584, http://theatre-marie jeanne.com.

Théâtre Toursky, Aufführungen jenseits des Mainstreams. 16, promenade Léo Ferrè. ☎ 049 1025835, http://tursky.fr.

Théâtre Silvain, einem Amphitheater nachempfundene Freiluftbühne (Konzerte, Kino etc.) mit 5000 Plätzen unweit der Küste. Chemin du Pont-de-la-Fausse-Monnaie. ☎ 049 6206206, http://marseille1-7.fr/silvain bzw. http://facebook.com/theatresilvain.

Kino

L'Alhambra, unabhängiges Programmkino. 2, rue du Cinéma. ☎ 0491038466, http:// alhambracine.com.

Château de la Buzine, das (außerhalb gelegene) Maison des Cinématographies de la Méditerranée ist bekannt für ein gutes Kinoprogramm jenseits des Mainstream. 56, traverse de la Buzine. ☎ 0491452760, http://labuzine.com.

Le Gyptis, das Kino im Kulturzentrum La Friche zeigt moderne, aber auch viele Autorenfilme und Retrospektiven. 136, rue Loubon. ☎ 0491110091, http://lafriche.org.

Cinema les Variétés, kleines, in die Jahre gekommenes Kinocenter mit 5 Sälen und sehr ansprechendem Programm. Zudem finden zahlreiche Filmfestivals statt. 37, rue Vincent Scotto. ✆ 0892680597, http://cinemetroart.com.

Pathé Madeleine, 8 Kinosäle mit den aktuellen Filmen. 36, avenue Maréchal Foch. ✆ 089 2696696, http://cinemasgaumontpathe.com.

Musik

Opéra de Marseille, Marseille war 1685 die zweite Stadt in Frankreich mit einem eigenen Opernhaus. Das heutige Opernhaus stammt aus dem Jahr 1924. Es verfügt über 1800 Sitzplätze und bietet ein ansprechendes Programm. 2, rue Molière. ✆ 0491551499, http://opera.marseille.fr.

Silo, der einstige Getreidesilo am Fährhafen wird für zahlreiche Veranstaltungen (Konzerte, Tanztheater, Oper etc.) genutzt. 35, quai du Lazaret. ✆ 0491900000, http://silo-marseille.fr.

Le Cri du Port, seit 1981 ist dies ein beliebter Veranstaltungsort für ansprechende Jazz-Musik, darunter immer wieder auch berühmte Künstler. 8, rue du Pasteur Heuzé. ✆ 049171 7710, http://criduport.fr.

Montevideo, je nach Programm (Musik, Theater, Literatur, Tanz) Publikum aller Altersgruppen. Es gibt verschiedene kulturelle Veranstaltungen. Meist am Wochenende, aber auch jeden Mittwoch findet etwas statt. 3, impasse Montévidéo. ✆ 0491379735, http://montevideo-marseille.com.

Cabaret Aléantoire, im Kulturzentrum Friche de la Belle de Mai, Konzerte (Elektro, Rock, aber auch Funk) und DJs. Weitere Events auf der Dachterrasse (*Toit-Terrasse*). 41, rue Jobin. http://cabaret-aleatoire.com.

Espace Julien, Konzerthalle mit wechselnden, teilweise bekannten Musikern. 39, cours Julien. ✆ 0491243410, http://espace-julien.com.

L'Embobineuse, gute Adresse im Viertel Belle de Mai. Spät abends fährt man am besten mit dem Taxi hin und wieder zurück. 11, boulevard Boués. ✆ 0491506609, http://lembobineuse.biz.

Data, alternativ-experimentelle Musik. 44, rue des Bons Enfants. ✆ 0952322340, http://datamedia.tumblr.com.

Le Poste à Galène, Konzerte auf einer kleinen Bühne, mit Newcomer-Bands, DJs und Mottoabende am Samstag ab 23 Uhr (z. B. Nuit Années 80"). 103, rue Ferrari. http://leposteagalene.com.

Clubs und Bars

La Ruche 🔳41 → Karte S. 52/53, eine beliebte Weinbar südlich des Hafens. Am Wochenende geht es oft so quirlig wie in den namensgebenden Bienenstöcken zu. Hoher Flirtfaktor. Serviert werden kleine Tapas (*Planche de fromage* oder *Ceviche de thon*) für 6–12 €. Di–Sa 18–2 Uhr. 129, rue Sainte. ✆ 0491216203, http://laruche-marseille.fr.

Le Bazar, seit Jahrzehnten eine feste Adresse im Nachtleben, unweit des Fußballstadions. Es legen internationale DJs auf. Bei gutem Wetter geht die Party im Freien ab. Eintritt 15 €. Fr und Sa 24–6 Uhr. 90, boulevard Rabatau. Métro 2: Round-Point du Prado. http://bazarmarseille.com.

Unic Bar 🔳13 → Karte S. 52/53, beliebtes Café-Bistro mit schrillem Dekor, unweit des Vieux Port. Tagsüber sitzen ein paar Touristen auf der Terrasse, aber je später der Abend, desto bunter wird das Publikum. Tgl. 8–4 Uhr. 11, cours Jean-Ballard. ✆ 0491334584.

O'Malley's 🔳6 → Karte S. 52/53, ein beliebter Irish Pub. Bei schönem Wetter sind die Fässer mit Hafenblick belagert. Tgl. 15–1.30, Fr und Sa bis 3.30 Uhr. 9, quai de Rive Neuve. https://omalleysmarseille.com/irish-pub.

L'Endroit, eine Mischung aus Restaurant (Menüs ab 30 €) und Partyclub samt Karaoke. Manko: weit außerhalb. Tgl. von 18 Uhr bis zum Morgengrauen. 242, route des 3 Lucs. ✆ 0491247113, http://lendroitrestoclub.fr.

Le Trolley Bus 🔳17 → Karte S. 52/53, eine beliebte Diskothek in einem labyrinthartigem Kellergewölbe am Vieux Port, viel junges Publikum. Von Mi bis Sa wird von 23.30–6 Uhr viel Techno und House gespielt. 24, quai de Rive Neuve. http://letrolley.com.

Pelle-Mêle 🔳14 → Karte S. 52/53, eine traditionsreiche Jazzkneipe mit viel Stammpublikum. Es gibt häufig Livekonzerte. Straßenterrasse. Tgl. 18–3 Uhr. 8, place aux Huiles.

La Caravelle 🔳14 → Karte S. 20/21, in der Nachbarschaft, ebenfalls ein Restaurant mit Jazz. 34, quai du Port. ✆ 0491903664, http://lacaravelle-marseille.fr.

Living Art's 🔳26 → Karte S. 70/71, beliebte Adresse am Cours Julien. Passables Restaurant und wechselnde Livemusik. Di–Sa 16–2 Uhr. 50, cours Julien. ✆ 0952823549, http://living-arts.fr.

Spartacus Club, weit außerhalb gelegen, aber mit seinem Pool ein Fixpunkt im Nachtleben der Schwulenszene. Gespielt wird Elektro- und Technomusik. 346, route de Rans, Cabriès. http://spartacusclub.fr.

WarmUP 15 → Karte S. 82, die Pointe-Rouge-Strände ziehen abends viel Partyvolk an. Das WarmUP ist ein Hotspot der Szene. Di–Sa 21–2 Uhr. 8, boulevard Mireille Jurdan-Barry.

Veranstaltungskalender

Januar

Biennale des arts du cirque: Das Zirkusfestival findet alle zwei Jahre (2019, 2021 etc.) statt.

Februar

Open 13: Ende Februar treffen sich einige der weltbesten Tennisspieler zu diesem Hallenturnier. http://open13.fr.

März

Run in Marseille: Große Laufveranstaltung mit verschiedenen Distanzen (10 km, Halbmarathon und Marathon). Start und Ziel am Vieux Port. http://runinmarseille.com.

Printemps du Cinema: Mitte März in zahlreichen Kinos der Stadt. http://printempsducinema.com.

Babel Med Music: Festival mit Jazz- und Worldmusik. Mitte März in den Docks des Suds. http://babelmedmusic.com.

April

Massilia Cup: Segelwettbewerb in der Bucht von Marseille. http://cntl-marseille.com.

Mai

Festival de musique sacrée: Festival kirchlicher Musik in der Église Saint-Michel.

Juni

Fête de la Musique: Am 21. Juni gibt es auf zahlreichen Plätzen in der gesamten Stadt kostenlose Konzerte.

Marsatac: Ein Festival mit Elektro- und House-Musik im Parc Chanot (Mitte Juni). Im Jahr 2018 stand Paul Kalkbrenner auf dem Programm. http://marsatac.com.

Festival de Marseille: Ab Mitte Juni stehen drei Wochen lang Tanz, Musik und zeitgenössisches Theater auf dem Programm. http://festivaldemarseille.com.

Marseillais des Femmes: 5-Kilometer-Lauf entlang der Küste. Nur für Frauen. http://marseillaisedesfemmes.com.

Les Voiles du Vieux Port: Segelregatta mit historischen Jachten. http://lesvoilesduvieuxport.com.

Juli

Jazz des Cinq Continents: Stars aus der ganzen Welt wie Maceo Parker, Herbie Hancock, Fela Kuti oder Norah Jones spielten schon in den Gärten des Palais Longchamp. http://marseillejazz.com.

Ciné Plein Air: Freiluftkino an verschiedenen Spielorten, beispielsweise auf der Place du Refuge: http://cinetilt.org.

Mondial à Pétanque: Alljährlich treffen sich die weltbesten Boulesspieler in Marseille. http://mondialapetanque.com.

September

Septembre en Mer: Ende September finden zwischen Martigues und La Ciotat zahlreiche Veranstaltungen statt. http://septembreenmer.com.

Oktober

Fiesta des Suds in Marseille: Die alte Hafenstadt verwandelt sich in eine riesige Konzertbühne (Jazz, Swing, Reggae, Rap, Swing und Raï). http://dock-des-suds.org.

Marseille-Cassis: Sehr beliebter Halbmarathon entlang der Küste mit nicht unerheblichen Anstiegen (letzter Sonntag im Okt.). http://marseille-cassis.com.

Oktoberfest: Richtig gelesen! Auch Marseille feiert sein Oktoberfest mit Paulaner, Weißwurst und Schweinshaxen. Parc Chanot. (Ende Okt.–Anfang Nov.). http://oktoberfestmarseille.fr.

November

Foire aux Santons: Von Mitte Nov. bis Ende Dez. findet auf der Place Charles-de-Gaulle am Alten Hafen ein Markt statt, auf dem die berühmten Krippenfiguren verkauft werden. http://foire-aux-santons-de-marseille.fr.

Dezember

Noël: Das provenzalische Weihnachtsfest gilt als sehr stimmungsvoll. Überall in den Kirchen gibt es Krippenspiele mit den Santons genannten Krippenfiguren. In allen größeren Orten finden Weihnachtsmessen statt.

Marseille im Kasten
Marseille im Film

Nicht nur durch die Internationalen Filmfestspiele von Cannes hat sich der Süden Frankreichs einen festen Platz in der Kinogeschichte erobert. Der Bahnhof von La Ciotat diente beispielsweise als Drehort für den ersten Film der Kinogeschichte. Im Jahr 1895 filmten die Brüder Lumière dort mit großem Erfolg die Ankunft eines Zuges (→ *Die Stadt der Kinoväter*, S. 111). Die Filmstudios von Marseille genossen vor dem Zweiten Weltkrieg einen ausgezeichneten Ruf. Der Schriftsteller und Regisseur Marcel Pagnol, der postum noch durch seine verfilmten Kindheitserinnerungen *Der Ruhm meines Vaters* und *Das Schloss meiner Mutter* bekannt wurde, hatte bereits ab 1929 mit seiner Marseille-Trilogie *Marius*, *Fanny* und *Angèle* ein sehr touristisches Bild von Marseille entworfen und seinen Kamerablick vor allem auf den Hafen gerichtet.

Die dunkle Seite der Stadt rückte erst später in den Fokus der Filmschaffenden. Jean-Luc Godard eröffnet seinen Klassiker *Außer Atem* 1960 mit einer kurzen Szene am Alten Hafen: Jean-Paul Belmondo stiehlt ein Auto und beginnt seine abenteuerliche Flucht, die ihn nach Paris führt. Auch die in den 1970er-Jahren entstandenen Kriminalfilme wie *Borsalino* und *French Connection* zeichneten ein zwielichtiges Bild der Stadt. Filmstars wie Alain Delon, Gene Hackman und Yves Montand strolchten durch die dunklen Gassen und entlang der Hafenkais. Im Jahre 1998 konnten sich die Cineasten zudem an Luc Bessons *Taxi* erfreuen, der ebenfalls in Marseille spielt. Marseille ist ein beliebter Drehort des Regisseurs Robert Guédiguian, der für seine sozial engagierten Filme bekannt ist. Sein Durchbruch gelang Guédiguian – er hat einen armenischen Vater und eine deutsche Mutter – mit *Marius & Jeannette*, einer Liebesgeschichte, die im Vorort L'Estaque spielt und ebenfalls 1998 in die deutschen Kinos kam. Mit *Die Stadt frisst ihre Kinder* zeichnete Guédiguian später ein Portrait des Arbeitermilieus seiner Heimatstadt. Im Mittelpunkt steht eine Fischhändlerin, deren Kind sich in den Drogenkonsum flüchtet. Ebenfalls in Marseille spielt Guédiguians Film *Schnee am Kilimandscharo* (2011). Bei uns relativ unbekannt ist die Regisseurin Claire Denis, deren Geschichte eines Geschwisterpaares, *Nénette et Boni* von 1996, im Hinterland des Hafens spielt.

Von den Franzosen wird Marseille heute vor allem mit zwei Serien in Verbindung gebracht: Zum einen durch die beliebte Fernsehserie *Plus belle la vie*, die im Panier-Viertel spielt und seit dem Jahr 2004 jeden Werktag ausgestrahlt wird, zum anderen durch die Netflix-Serie *Marseille*, in der Gérard Depardieu als Bürgermeister Robert Taro die Macht und die Drogen liebt – eine Art *House of Cards* á la français.

Graffitikunst

Literaturtipps

Die passende Urlaubslektüre ist genauso wichtig wie der Strandhut. Da die Literatur über Marseille und die Provence in ihrer Fülle nur schwer überschaubar ist, möchte die folgende Auflistung Hilfestellungen geben.

Agulhon, Maurice/Coulet, Noël: Histoire de la Provence. Presses Universitaires de France, 2018. Preisgünstiges kleines Taschenbuch der „Que sais-je?"-Reihe von zwei angesehenen französischen Geschichtsprofessoren.

Bonnot, Xavier-Marie: Die Melodie der Geister. Unions Verlag, Zürich 2016. Die Verstrickungen der Marseiller Unterwelt in einen Handel mit Kultobjekten.

Botermann, Helga: Wie aus Galliern Römer wurden. Klett-Cotta Verlag, Stuttgart 2005. Umfassende Darstellung der Lebenswelt im antiken Südfrankreich, wobei die Integration der Kelten in das römische Wertesystem mit vielen Beispielen geschildert wird.

Charef, Mehdi: Harki. Beck & Glückler, Freiburg 1991. Charef, bekannt geworden als Autor des „Tee im Harem des Archimedes", schildert das Schicksal der Algerier, die vor der Unabhängigkeit ihres Landes in der französischen Armee gedient hatten; von ihren eigenen Landsleuten als Verräter gehasst, flüchteten sie 1962 nach Frankreich.

Cortázar, Julio und Dunlop, Carol: Die Autonauten auf der Kosmobahn. Eine zeitlose Reise Paris–Marseille. Suhrkamp 1996. Phantastische „Expedition" über die 65 Parkplätze der Autoroute du Soleil.

du, Die Rhône. Ein Fluss und seine Dichter. Das im Februar 1997 erschienene Heft der anspruchsvollen Schweizer Kulturzeitschrift du geht entlang der Rhône auf literarische Spurensuche.

Feuchtwanger, Lion: Der Teufel in Frankreich. Aufbau Verlag Taschenbuch, Berlin 2000. Ergreifende Schilderung der Zustände im Internierungslager Les Milles.

Fry, Varian: Auslieferung auf Verlangen. Fischer Taschenbuch, Frankfurt 1994. Varian Fry, der einstige Organisator des Hilfskomitees, berichtet über die Rettung deutscher Emigranten in Marseille 1940/41.

Grandjonc, Jacques/Grundtner, Theresia (Hg.): Zone der Ungewißheit. Rowohlt Taschenbuch, Reinbek 1993. Umfangreiche Abhandlung über das Thema Exil und Internierung in Südfrankreich von 1933–44.

Izzo, Jean-Claude: Marseille-Trilogie (Total Cheops, Chourmo und Solea). Unions Verlag, Zürich 2000 ff. Die Kriminalromane von Jean-

Claude Izzo gelten als Klassiker des Genres, die auch Nicht-Krimi-Freunde wegen ihrer realistischen Darstellung der Marseiller Verhältnisse zu schätzen wissen. Interessant sind auch der Roman „Aldebaran" und die Anthologie „Izzo's Marseille". http://jeanclaude-izzo.com.

Kluy, Alexander: Jüdisches Marseille. Mandelbaum Verlag, Wien 2013. Eine Spurensuche nach dem jüdischen Leben in Südfrankreich.

Liehr, Günter: Marseille – Porträt einer widerspenstigen Stadt. Rotpunktverlag, Zürich 2013. Facettenreiche und hintergründige Darstellung der Geschichte Marseilles, wobei der Schwerpunkt der sehr umfassenden Studie auf den letzten beiden Jahrhunderten liegt. Lesenswert!

Manotti, Dominique: Schwarzes Gold. Argument Verlag, Berlin 2016. Marseille im Jahr 1973: Korruption, Ölhandel und Kriminalität bilden den Hintergrund des Romans.

Meyer, Ahlrich: Die deutsche Besatzung in Frankreich 1940–1944. Wissenschaftliche Buchgesellschaft, Darmstadt 2000. Anschauliche Darstellung des Terrors, den die deutschen Besatzer im Zweiten Weltkrieg in Frankreich ausübten.

Nestmeyer, Ralf: Roter Lavendel. Emons Verlag, Köln 2015. Stimmungsvoller Provence-Krimi, der zu einem längst vergessenen Verbrechen aus der Résistance-Zeit führt und zu einem Teil auch in Marseille spielt.

Nestmeyer, Ralf: Provence und Côte d'Azur. Literarische Reisebilder aus dem Midi. Ehemals Klett-Cotta Verlag, jetzt nur noch als E-Book. Kenntnisreiche Einführung in die Literatur Südfrankreichs.

Pagnol, Marcel: Marcel. Eine Kindheit in der Provence. Piper Taschenbuch, München 1999. Der 1974 verstorbene Schriftsteller und Regisseur hat hier die Erinnerungen an seine unbeschwerte Kindheit in leicht ironischer Form verewigt. Der Roman wurde 1990 verfilmt.

Pujol, Philippe: Die Erschaffung des Monsters. Hanser Berlin 2017. Eine interessante literarische Studie über Elend und Macht im modernen Marseille. Pujol zeichnet das Bild einer Stadt zwischen Korruption und Kriminalität, die unter ihren sozialen Gegensätzen zu zerbrechen droht.

Sahl, Hans: Die Wenigen und die Vielen. Luchterhand Verlag, Frankfurt 1991. Der Exilschriftsteller Hans Sahl verarbeitet die Erlebnisse aus seiner Marseiller Exilzeit in romanhafter Form.

Seghers, Anna: Transit. Aufbau Taschenbuch, Berlin 2000. Roman über die tragische Situation deutscher Emigranten in Marseille zu Beginn des Zweiten Weltkriegs.

Tödt, Daniel: Vom Planeten Mars – Rap in Marseille und das Imaginäre der Stadt. LIT Verlag 2012. Eine lesenswerte Studie über die Musikkultur der Stadt.

Winkler, Daniel: Marseille! Eine Metropole im filmischen Blick. Schüren Verlag 2013. Eine Filmanalyse als Kulturgeschichte der Stadt.

Winter, Daniel: Marseille und die Provence. Wagenbach Verlag, Berlin 2013. Literarische Anthologie mit teilweise unbekannten Texten.

Ein Sonnenbad am Fort Saint-Jean

L'Ombrière: riesiger Sonnenschutz

Marseille mit Kindern

Marseille ist nicht nur für Shopping- und Kunstfreunde eine tolle Stadt, auch für Familien gibt es zahlreiche Attraktionen, die den Nachwuchs begeistern. Langeweile kommt da so schnell nicht auf. Und ein gelungener Urlaub hängt bekanntlich auch davon ab, dass der Nachwuchs zufrieden ist.

Marseille liegt glücklicherweise am Meer. Dies bildet natürlich den Hintergrund für eine ganze Reihe von Aktivitäten, angefangen vom Sandburgenbauen bis zum Baden. Eine interessante Abwechslung ist sicherlich, an der Plage du Prado Drachen steigen zu lassen oder sich einen Picknickplatz am Strand zu suchen. Wer will, kann vom Jardin du Pharo oder vom MuCEM aus die in den Vieux Port einfahrenden Segelschiffe beobachten.

Mit Boot und Bimmelbahn

Bootsfahrten wecken beim Nachwuchs meist den Entdeckergeist. Als Ziel bieten sich Château d'If (→ S. 92) mit der berühmten Zelle des Grafen von Monte Christo an oder eine Fahrt zu den Calanques (→ S. 97). Mehr für ältere Jugendliche geeignet ist eine Kajaktour (→ S. 168) in den Nationalpark der Calanques oder ein Tauchkurs (→ S. 172). Ein kurzes, aber reizvolles Vergnügen ist es, mit dem „Ferry boat" (→ S. 155) durch den Alten Hafen zu schippern. Und auf dem Festland bietet sich eine Fahrt mit dem „Petit Train" an. Der Touristenzug fährt auf zweierlei Routen durch die Stadt, einmal durch das Panier-Viertel, die andere Tour führt hinauf zu Notre-Dame de la Garde (→ S. 49). Wer gerne skatet, kann im Kulturzentrum Friche de la Belle de Mai (→ Tour 6, S. 85) oder im Bowl de Marseille bei der Plage de Borély (→ Tour 5, S. 77) über die Betonrampen springen.

Ins Museum

Nicht nur bei schlechtem Wetter können Museumsbesuche eine willkommene Abwechslung sein. Das Musée d'Histoire Naturelle (→ Tour 4, S. 68) ist zwar ein etwas altertümliches Naturkundemuseum, aber nicht ohne Reiz. Das Spektrum reicht von ausgestopften Giraffen und Elefanten bis zu einem riesigen Walskelett. Im Parc Longchamp unweit des Museums gibt es zudem einen „Funny Zoo" mit bunten Tierfiguren in Originalgröße und einen schönen Kinderspielplatz. Das im Panier-Viertel gelegene Kindermuseum Préau des Accoules (→ Tour 2, S. 37) verfolgt einen sehr interessanten kunstpädagogischen Ansatz, allerdings sind die Möglichkeiten der Verständigung aufgrund mangelnder Sprachkenntnisse natürlich eingeschränkt. Auch das neue Marseiller Museumsflaggschiff MuCEM (→ Tour 1, S. 25) eignet sich durchaus für Kinder, außerdem

lassen sich die Festungsanlagen des Fort Saint-Jean wunderbar erkunden. Wer will, kann dort auf das Dach der Tour du Roi René hinaufsteigen.

Ermäßigungen

Fast alle Sehenswürdigkeiten und Museen halten besondere Vergünstigungen für Kinder und Jugendliche bereit, manchmal in Kombination mit einem Familienticket. Dies gilt selbstverständlich auch für die Fahrpreise des öffentlichen Nahverkehrs und für Bootstouren entlang der Küste oder zu den Frioul-Inseln. In den französischen Restaurants lohnt auch ein genauer Blick auf die Speisekarte. Meist gibt es spezielle Kinderteller (*menu enfant*), die im Gegensatz zu Deutschland mehr als Fischstäbchen und Schnitzel mit Pommes zu bieten haben. In guten Restaurants erwarten den Nachwuchs oft sogar wirkliche kulinarische Köstlichkeiten zu günstigen Preisen.

Café am Cours Julien

Marseille (fast) umsonst

Ein Stadturlaub ist teuer. Umso besser, wenn man da und dort ein wenig sparen kann. In Marseille finden sich zahlreiche Attraktionen, die man kostenlos besichtigen kann, sowie Aktivitäten, die man gratis unternehmen kann. Angefangen von einem aussichtsreichen Spaziergang entlang der Küstenstraße oder durch den Parc Borély. Und wer den schönsten Panoramablick über die Stadt genießen will, muss nur zur Wallfahrtskirche Notre-Dame de la Garde hinaufsteigen. Eine Wandertour entlang der Calanques ist ebenfalls kostenlos, zudem kann man mit dem öffentlichen Nahverkehr bis fast an die Küste fahren. Die Badesachen sollte man bei dieser Unternehmung auf keinen Fall vergessen.

Schattige Pause am Hafen

Gratis ins Museum

Glück hat, wer am ersten Sonntag eines Monats in Marseille weilt, denn dann verlangen die Museen keinen Obolus. Lohnend ist auch eine Besichtigung des MuCEM, denn nur das Museum ist eintrittspflichtig, die Dachterrasse und die Außenanlagen kann man kostenlos erkunden. Und für alle EU-Bürger unter 26 Jahren ist der Besuch des Museums ebenso gratis wie eine Besichtigung des Château d'If! Architekturliebhabern empfiehlt sich ein Abstecher zur Cité Radieuse von Le Corbusier. Der Zugang zu dem zum UNESCO-Weltkulturerbe gehörenden Gebäude ist frei! Man kann darüber hinaus mit dem Aufzug auf die Dachterrasse fahren und die tolle Aussicht genießen.

Günstiges Mittagsmenü

Ein richtiges Schnäppchen sind auch die Mittagsmenüs, die fast alle Restaurants anbieten. So kann man selbst in einem Sternetempel mittags bereits für 35 € ein dreigängiges Menü bestellen, das alle Geschmacksnerven zum Jubilieren bringt. Abends wird man hingegen oft schnell das Dreifache und mehr los. Einfache, bodenständige Lokale, die von ihren Stammgästen leben, haben manchmal bereits für 12 € ein Mittagsmenü im Angebot, wobei man bei diesen günstigen Preisen meist keine Auswahl hat.

City Pass Marseille

Wer die Sehenswürdigkeiten von Marseille intensiv erkunden möchte, sollte sich beim Office de Tourisme den City Pass kaufen. Er bietet für 26, 33 bzw. 41 € (Kinder 17, 20 bzw. 23 €) die Möglichkeit, einen, zwei oder drei Tage lang alle städtischen Museen kostenfrei zu besichtigen, zudem an Stadtführungen teilzunehmen und gratis mit dem Petit Train sowie mit der Fähre zum Château d'If zu fahren. Auch die öffentlichen Verkehrsmittel dürfen kostenlos benutzt werden.

Die Ausflugsboote starten am Alten Hafen

Anreise

Mit der Bahn

Das Zauberwort im französischen Eisenbahnwesen heißt **TGV** (*Train à Grande Vitesse*) – jedoch nur, wenn man über Paris anreist. Der Hochgeschwindigkeitszug (Reservierungspflicht!) bewältigt die Strecke zwischen dem Pariser Gare de Lyon und Marseille in sagenhaften 3 Stunden und 10 Minuten, dabei wird eine Höchstgeschwindigkeit von 270 km/h erreicht. Auf den anderen Strecken geht es etwas gemächlicher zu: Von Nizza nach Avignon sind es 3:04 Stunden, von Nizza nach Marseille 2:20 Stunden. Seit März 2012 startet auch ein TGV von Frankfurt nach Marseille (7:43 Stunden), eine weitere TGV-Verbindung zwischen Basel und Marseille folgte 2013 (5:20 Stunden).

Ermäßigungen: Die Deutsche Bahn vermarktet günstige Angebote unter der Bezeichnung „Sparpreis Europa", auch der InterRail-One-Country-Pass ist für Jugendliche bis 27 Jahre mit 148 € und für Erwachsene mit 170 € für jeweils 3 Tage eventuell eine Alternative (http://de.interrail.eu). Lohnend sind die Sondertarife für den TGV oder die Fahrt nach Paris. Eine gute Übersicht bietet https://en.oui.sncf/en. Zudem gibt es für Bahncard-Besitzer mit RailPlus weitere Prozente – auf dem Netz der französischen Staatsbahnen allerdings nur für Jugendliche unter 26 Jahren sowie Senioren über 60 Jahren. Kinder müssen im Ausland dagegen den halben Fahrpreis bezahlen.

Der SNCF-Bahnhof Marseille Saint-Charles (℡ 3635) liegt relativ zentral im Herzen der Stadt, rund 15 Fußminuten vom Vieux Port entfernt. Es bestehen von 5 Uhr morgens bis 1 Uhr nachts rund 50 Zugverbindungen nach Toulon (Fahrzeit: ca. 40 Min.) Die Hälfte der Züge hält u. a. in Aubagne, Cassis, La Ciotat und Bandol, ansonsten Direktverbindungen. Vom Bahnhof Saint-Charles bestehen zusätzlich stündlich Busverbindungen nach Aubagne, nach Cassis starten die Busse mehrmals täglich an der Métro-Station Castellane (Métro M1). Ebenso häufig Zugverbindungen nach Aix-en-Provence und weiter nach Gap sowie über Arles, Tarascon und Avignon nach Lyon.

Gleich neben dem Bahnhof befindet sich der **Busbahnhof** (Gare routière, 3, place Victor Hugo. ✆ 0491919210, http://rtm.fr). Von hier bestehen Verbindungen zu fast allen größeren provenzalischen Städten, so fahren tgl. mindestens 20 Busse (Navette 50, 51 und 53) nach Aix-en-Provence (auch von der Place Jules Guesde). Nach Cassis fährt die Linie M8 (Fahrzeit 45 Minuten), die in Marseille an der Halte routière Sud an der Place Castellane (Métro M1) startet. Nach La Ciotat fährt der Bus 69 über Aubagne in 46 Minuten. Start in Marseille ebenfalls an der Halte Routière Sud.

Mit dem Flugzeug

Die Flughafen von Marseille (Marignane) liegt rund 20 km nordwestlich bei der Kleinstadt Marignane am Étang de Berre und wird regelmäßig direkt von Deutschland und der Schweiz aus angeflogen. Wer von einem der kleineren Flughäfen abfliegen will, muss zumeist in Frankfurt bzw. in Zürich oder Genf umsteigen, bei der Air France wird häufig in Lyon oder Paris das Flugzeug zu wechseln sein – eine zeitraubende Prozedur.

Das Tarifsystem auf dem Flugreisemarkt ist nicht gerade übersichtlich, auf der Suche nach den günstigsten Verbindungen kann man leicht Stunden im Internet verbringen. Nur eins steht fest: In der Business Class ist es am teuersten. Günstiger ist es immer dann, wenn man sich langfristig auf das Hin- und Rückflugdatum festlegen kann.

Marseille-Provence (✆ 0442141414, http://marseille.aeroport.fr); 2008 wurde der Low-Cost-Terminal „MP2" eröffnet. http://mp2.aeroport.fr.

> Wer sich um die CO2-Emission seines Fluges sorgt, kann eine Spende in Höhe der Umweltbelastung für Klimaprojekte leisten: http://atmosfair.de bzw. http://myclimate.org.

Vom Flughafen in die Stadt: Vom Flughafen verkehren **Navettes** genannte Zubringerbusse alle 15 Minuten zum SCNF-Bahnhof und halten an der *Gare routière* an der Rückseite des Bahnhofs Saint-Charles. Fahrzeiten ab Flughafen: 4.50 bis 0.10 Uhr, vom Bahnhof zum Flughafen: 4.10 bis 23.30 Uhr; Fahrtdauer 25 Minuten. Kosten: 8,30 €, erm. 5,80 € (einfach) bzw. 13,40 € für Hin- und Rückfahrt. Wer will, kann einen City Pass mit Navette-Option erwerben: 33,70, 39,70 oder 46,50 € für 24, 48 oder 72 Stunden. Tickets gibt es am Schalter oder Online, nicht aber im Bus.

Es gibt auch einen kostenlosen Shuttlebus zur Gare Vitrolles-Aéroport. Von diesem Bahnhof erreicht man Saint-Charles in 20 Minuten. Ticket: 5,10 € (einfach). Ein Taxi zum Flughafen kostet einfach zwischen 50 und 60 €.

http://navettemarseilleaeroport.com

Mit dem Auto

Für Österreicher, Schweizer und Süddeutsche ist die An- und Abreise durchaus in einem Tag zu bewältigen; wer jedoch in Norddeutschland wohnt bzw. aus Kostengründen oder des gemächlichen Tempos wegen nur Landstraßen benutzen will, sollte eine Übernachtung einplanen. Ein Beispiel für die zu bewältigenden Entfernungen: Von Nürnberg nach Marseille sind es via Lyon rund 1100 km; benutzt man durchgehend die Autobahn, müssen für die Anreise zwischen elf und zwölf Stunden veranschlagt werden.

Marseille besitzt zwei Métro-Linien

Unterwegs in Marseille

Mit öffentlichen Verkehrsmitteln

Marseille besitzt ein gutes öffentliches Verkehrsnetz mit zwei Métro-Linien, drei Trambahnen und zahlreichen Buslinien – Letztere fahren abends ab 21.30 bis 0.45 Uhr als Nachtbus allerdings nur sehr eingeschränkt auf wenigen Linien. Eine Einzelfahrkarte kostet 1,70 € (bei Kauf im Bus 2 €) und ist in einer Fahrtrichtung eine Stunde gültig. Wer mehrmals pro Tag in Marseille mit öffentlichen Verkehrsmitteln unterwegs sein wird, sollte sich eine 24 Std. gültige Tageskarte (5,20 €, 72 Std. 10,80 €, nicht im Bus erhältlich) oder einen City Pass (26–41 € inkl. diverser Eintritte) zulegen. Tickets gibt es in den Métro-Stationen, am Bahnhof sowie in den Bar-Tabacs mit RTM-Logo.

Es gibt zudem drei öffentliche Buslinien mit denen man Marseille gut erkunden kann. Die **Linie 83** fährt ab Vieux Port entlang der Corniche an allen Stränden vorbei bis zum Prado Plage. Die **Linie 82** umrundet den gesamten Alten Hafen und fährt weiter bis zu den historischen Dockanlagen La Joliette. Lohnend ist auch eine Fahrt mit der **Linie 60**, die beim MuCEM startet, den Vieux Port teilweise umrundet und schließlich zur Wallfahrtskapelle Notre-Dame de la Garde hinauffährt.

http://rtm.fr

Schiffsfahrten und -ausflüge

Die kürzeste Bootsfahrt, die man in Marseille unternehmen kann, ist die Durchquerung des Vieux Port. Seit 1880 tuckerte das alte Boot hin und her, bevor es 2010 durch eine moderne Fähre ersetzt wurde, wobei **Le Ferry Boat** für die 283 m lange Strecke zwischen drei und vier Minuten benötigt.

Tgl. 7.30–20.30 Uhr alle 10 Min. Kosten 0,50 € (im City Pass enthalten). http://rtm.fr/ferry-boat bzw. http://ferryboat-marseille-info.com.

Vom Alten Hafen fahren mehrmals tgl. **Boote zu den Îles du Frioul** sowie zum Château d'If (10,80 € bzw. 16,20 € für zwei Inseln, Familienticket 8,10 € bzw. 12,10 €). Mehrmals tgl. fahren Boote zu den Calanques (3–4 Std., ab 23 €).

http://frioul-if-express.com; http://visite-des-calanques.com bzw. http://croisieres-marseille-calanques.com

Von Mai bis September gibt es noch die **Navette Maritime**, eine Schiffslinie, die vom Vieux Port nach L'Estaque (stdl. zwischen 8.30 und 19.30 Uhr, Ticket 5 €) oder zum Pointe Rouge fährt (stdl. zwischen 8 und 19 Uhr, Ticket 5 €), im Juli und Aug. bis 22 bzw. 22.30 Uhr, zudem gibt es in den beiden Sommermonaten noch eine weitere Verbindung von der Pointe Rouge nach Les Goudes (zwischen 9.15 und 19.35 Uhr, Ticket 8 €).

http://rtm.fr/guide-voyageur/se-deplacer/navettes-maritimes

Stadtrundfahrten

Es gibt mehrere Möglichkeiten, Marseille zu erkunden. Einmal mit der Bummelbahn **Petit Train Touristique de Marseille**. Die Linie 1 fährt alle 20 Minuten von der Südseite des Hafens an der Küste entlang, bevor es hinauf geht zur Basilika Notre-Dame-de-la-Garde (10–12.30 und 13.40–18.20 Uhr). Die Linie 2 tuckert alle 30 Minuten durch Vieux Marseille und zu den Terrasses du Port (10–12.30 und 14–18 Uhr). Kosten 8 €.

http://petit-train-marseille.com

Zudem fährt mit dem **ColorBus** ein oben offener Doppeldecker durch die Stadt. Der Bus startet von 10–17 Uhr alle 30 Minuten in der Nähe des Rathauses am Vieux Port. Wer will, kann beliebig oft aus- und wieder einsteigen. Kosten 19 €, zwei Tage 22 €, Kinder von 4–11 zahlen 8 €.

http://colorbus.fr

mein Tipp Die städtische **Buslinie 83** fährt vom Alten Hafen direkt entlang der Corniche Kennedy und bietet dabei ein eindrucksvolles Küstenpanorama. Die Buslinie endet an der Métro-Station Rond-Point du Prado (Métro 2).

Taxi

Taxis können entweder auf offener Straße angehalten werden, oder man steigt an einem mit „T" gekennzeichneten Taxistand zu. Wird ein Taxi über eine Taxizentrale bestellt oder am Bahnhof bzw. Flughafen bestiegen, kommt zum Fahrpreis eine Anfahrtspauschale hinzu. in Frankreich setzt man sich nicht auf den Beifahrersitz. Alle Gepäckstücke über 5 Kilogramm werden zusätzlich berechnet (jeweils 1 €). 10 Prozent Trinkgeld gelten als angemessen.

☎ 0491022020, www.taximarseille.com.

Fahrräder

Es gibt im ganzen Stadtgebiet zahlreiche Verleihstationen von Le Vélo (Fahrräder mit blauem Schutzblech). Es empfiehlt sich, ein *ticket 7 jours* für 1 € zu kaufen, mit dem man beliebig oft ein Fahrrad leihen kann (die erste halbe Stunde ist immer gratis, jede weitere Stunde kostet 1 €). Bezahlt wird mit Kreditkarte.

http://levelo-mpm.fr

Parken

Wer mit dem Auto nach Marseille reist, sollte sein Fahrzeug am besten in einem Parkhaus oder einer Tiefgarage abstellen. Insgesamt gibt es rund 20 Parkhäuser mit 9000 Stellplätzen, auch in zentraler Lage, so beim Hôtel de Ville an der Place Jules Verne. QPark betreibt beispielsweise ein Parkhaus direkt an der Nordseite des Vieux Port. 24 Std. kosten 15,30 €. Reservierungsmöglichkeiten im Internet.

http://q-park-resa.fr

Der Pool des Radisson Blu

Karte S. 160/161

Übernachten

Hotels

Wie überall in Frankreich sind die 120 städtischen Hotels in fünf mit Sternchen gekennzeichnete Kategorien eingeteilt. Die **Klassifizierung** – ersichtlich an einem blauen Schild am Eingang – reicht vom Luxushotel über die gehobene Mittelklasse bis hin zum einfachen Ein-Stern-Hotel. Die Sterne beziehen sich nur auf den Komfort, nicht auf die Preise. Doch sollte man sich nicht allzu sehr von den Sternen leiten lassen, ein niedriger eingestuftes Hotel kann einem höheren durchaus an Sauberkeit, Ausstattung und Flair überlegen sein. Ein Kriterium für ein Drei-Sterne-Hotel ist beispielsweise, dass die Badezimmer mit einem Fön ausgestattet sind und das Frühstück auf Wunsch im Zimmer serviert wird; ein Zimmer in einem Vier-Sterne-Hotel muss mindestens 16 m2 groß sein und ab zwei Stockwerken einen Aufzug besitzen. Neben den klassifizierten Hotels gibt es Beherbergungsbetriebe ohne Stern – dies muss aber keineswegs bedeuten, dass die Ausstattung schlechter wäre als die eines Hotels mit einem Stern. Neben stilvollen Herbergen mit historischem Flair und gestylten Hotels, die die Handschrift zeitgenössischer Designer tragen, gibt es auch schlichte Unterkünfte mit der Toilette auf dem Flur.

Das folgende grobe **Preisschema** soll als Orientierungshilfe dienen: Ein Doppelzimmer ohne Frühstück kostet in einem Ein-Stern-Hotel 45–70 €, in einem Zwei-Sterne-Hotel 50–110 € und in einem Drei-Sterne-Hotel 80–170 €, ein Zimmer in einem Vier-Sterne-Hotel ist nicht unter 120 € zu bekommen. In den Hotels der Luxusklasse ist preislich beinahe alles möglich. Während der Hauptpreisezeit (April bis Juni sowie September und Oktober) ziehen die Übernachtungspreise deutlich an, im August kann man hingegen Schnäppchen machen. Die Hotels sind verpflichtet, die aktuellen Preise am Eingang, an der Rezeption sowie in den Zimmern auszuhängen.

Die Franzosen unterscheiden zwischen einem Zimmer mit zwei Betten (*une chambre à deux lits*) und einem Zimmer mit einem breiten Französischen Bett (*une chambre avec un grand lit*); Letzteres ist in der Regel etwas günstiger. Allerdings ist das Französische Bett normalerweise nur 135 oder 140 cm breit, sodass sich eine gewisse nächtliche Nähe fast zwangsläufig einstellt. Hinzu kommt, dass es nur eine Zudecke gibt und man anstelle von zwei Kopfkissen (*oreiller*) mit einer fürchterlichen Bettwurst (*traversin*) vorliebnehmen muss. Wer also nicht als Liebespaar unterwegs ist, sollte darauf Wert legen, ein Zimmer mit zwei Betten zu reservieren. Einzelreisende werden durch die Übernachtungspreise fast immer benachteiligt, da zumeist für das Zimmer bezahlt wird, gleichgültig, ob man alleine oder zu zweit im Bett liegt. Wenn überhaupt, ist ein Einzelzimmer nur unwesentlich günstiger als ein gleich ausgestattetes Zweibettzimmer. Die Zimmerpreise beinhalten nur in seltenen Fällen das **Frühstück** (*petit déjeuner*), sodass je nach Hotel noch einmal zwischen 5 und 20 € berechnet werden. Zudem wird pro Person und Nacht je nach Kategorie zusätzlich eine Kurtaxe zwischen 0,50 und 3 € erhoben.

Chambres d'hôtes

Es werden in Marseille häufig auch Gästezimmer (*Chambres d'hôtes*) mit Frühstück vermietet. Sie sind vergleichbar mit dem englischen *Bed and Breakfast*. Diese Unterkunftsmöglichkeiten bieten viel Kontakt zu den Gastgebern, Sprachkenntnisse vorausgesetzt. Obwohl in einem *Chambres d'hôtes* höchstens fünf Gästezimmer angeboten werden dürfen, leben manche Vermieter hauptsächlich von diesen Einnahmen. Für ein Doppelzimmer sind dabei je nach Komfort zwischen 60 und 120 € (inkl. Frühstück) zu veranschlagen. Die Luxusvariante wirbt auch gerne unter der Bezeichnung *Maison d'hôtes* oder *Demeure d'hôtes*.

http://chambres-hotes.org   bzw.   http://chambresdhotes.fr

Marseille im Kasten
Freiheit für die Beine!

Auch wenn die Franzosen seit der Revolution die Freiheit zu einem Bürgerrecht erhoben haben, gilt diese Freiheit nicht für die Beine in einem französischen Bett. Die Franzosen stopfen nämlich die Zudecke rundherum unter die Matratze, wodurch das Ganze einem überdimensionalen Schlafsack ähnelt, der nur am Kopfende einen Einschlupf frei lässt. Wer gerne mal ein Bein ins Freie streckt, muss das nächtliche Gefängnis erst zerstören. Doch vergeblich – das Hotelpersonal wird nicht müde, den ursprünglichen Zustand wieder herzustellen, denn ein Bett mit allseitig freiem Zugang ist für einen Franzosen scheinbar ein nicht akzeptabler Zustand.

Hotels

***** Le Petit Nice **24**, traumhaftes Hotel (Relais et Châteaux), direkt an der Küste mit Meerwasserpool. Auch von den Preisen können die meisten Reisenden wahrscheinlich nur nen die meisten Reisenden wahrscheinlich nur träumen. Apropos träumen: Der Gourmethimmel des zugehörigen Restaurants öffnet sich mittags ab 100 € oder abends ab 250 €. Dafür gibt es dann auch drei Michelin-Sterne. So Ruhetag. DZ ab 199 € im Winter, sonst 295–660 €; Frühstück 37 €. Corniche Kennedy. ☎ 049159 2592, www.passedat.fr.

***** C2 **17**, ein erst 2014 eröffnetes intimes Designerhotel beim Cours Pierre Puget. In dem Herrenhaus aus dem 19. Jh. gibt es nur 20 individuelle Zimmer mit erlesenen Einzelstücken auf vier Etagen. Außerdem Spa mit Pool sowie ein Privatstrand für Hotelgäste. DZ 229–379 €. 48, rue roux de Brignoles. ☎ 0495051313, http://c2-hotel.com.

**** Radisson Blu **13**, direkt am Alten Hafen bietet dieses unlängst eröffnete Hotel viel Komfort auf hohem Niveau. Die entweder im provenzalischen oder afrikanischen Design gehaltenen Zimmer sind großzügig und haben schöne Bäder. Erstklassiger Service und hervorragendes Frühstück mit großer Auswahl. Und Björk war auch schon unter den Gästen. Weitere Extras: quadratischer Pool mit Sonnenterrasse. Gut speist man auch im zugehörigen Restaurant. Eine Parkgarage befindet sich direkt nebenan. DZ ab 150 € (Frühstück 25 €), ab der Business Class gibt es eine Nespresso-Maschine im Zimmer. 38–40, quai de Rive Neuve. ☎ 0488445200, http://radissonblu.com/en/hotel-marseille.

*mein*Tipp **** La Résidence du Vieux Port **8**, ein herrliches Hotel – erst 2013 eröffnet – ebenfalls direkt am Alten Hafen mit dem Flair der 1950er-Jahre. Fast alle der angenehm-modernen Zimmer haben Hafenblick und einen Balkon. Direkt vom Bett aus schaut man auf Notre-Dame de la Garde und die Lichter des Vieux Port – da braucht man abends keinen Fernseher! DZ 179–250 €; das hervorragende Frühstück mit Lachs, Wurst, Käse, Eiern etc. kostet 18 €, besonders schön sitzt man auf dem lang gestreckten Frühstücksbalkon. Im Erdgeschoss befindet sich das ausgezeichnete Restaurant Le Relais 50. 18, quai du Port. ☎ 049 1919122, http://hotel-residence-marseille.com.

**** Grand Hôtel Beauvau **9**, nur eine Minute vom Vieux Port entfernt, mit dem geübten Service eines Hotels der oberen Preiskategorie. In den 1930er-Jahren wohnten hier schon berühmte Schriftsteller wie George Sand, Jean Cocteau und Stefan Zweig. Die Einrichtung ist modern mit ein paar alten Einzelstücken. Warum die Rezeptionisten blau-weiß gestreifte Seemannspullover tragen müssen, bleibt ein Rätsel. Schöne Hotelbar. Viele Zimmer mit Blick auf den Hafen! Im 5. Stock mit Balkon. DZ je nach Lage und Saison 99–420 €, die günstigen

Zimmer blicken allerdings nur auf den Innenhof oder zum Landesinneren; sehr gutes Frühstücksangebot mit frischen Früchten und Lachs (25 €). 4, rue Beauvau. ☎ 0491549100, http://sofitel.com.

*mein*Tipp **** Newhotel Bompard **21**, dieses etwas abgelegene Hotel ist eine herrliche Adresse für ein paar entspannte Tage in Marseille. In einem eher unspektakulären Viertel gelegen, erscheint diese an einen renovierten Altbau angefügte moderne Herberge wie eine Oase der Ruhe. Schon am Morgen kann man auf der Frühstücksterrasse relaxen, den späten Nachmittag verbringt man vorzugsweise am Swimmingpool. Die Zimmer sind sehr komfortabel und verfügen größtenteils über einen Balkon oder eine Terrasse. Restaurant vorhanden sowie kostenlose Parkplätze im Innenhof. DZ je nach Ausstattung ab 95 € im Internet, sonst 160, 180 sowie 220 €; Frühstück 12 €. 2, rue des Flots bleus. ☎ 0491992222, http://newhotel.com.

*** Saint Ferréol **12**, ausgesprochen günstiges, sehr empfehlenswertes Drei-Sterne-Hotel inmitten der Fußgängerzone. Komfortable, individuelle Zimmer ab 65 €, mit „Whirlpool" 140 €; Frühstück 9,50 €. 19, rue Pisançon. ☎ 0491331221, http://hotel-stferreol.com.

*** Carré Vieux Port **10**, ebenfalls am Hafen, das Interieur der Empfangshalle gibt sich zeitgenössisch modern. Auch die hellen und freundlichen Zimmer enttäuschen nicht und kosten ab 109 € (DZ); Frühstück 12 €. 6, rue Beauvau. ☎ 0491330233, http://hotel-carre-vieux-port.com.

*mein*Tipp *** Alizé **11**, nach der stilvoll-modernen Renovierung ist dieses Hotel am Vieux Port unser Tipp in dieser Preisklasse und Lage. Klimaanlage und Schallschutzfenster vorhanden. DZ 89–109 €, die Zimmer mit Hafenblick sind naturgemäß etwas teurer, in der Hochsaison bis 129 €; Frühstück 9,50 €. 35, quai des Belges. ☎ 0491336697, http://alize-hotel.com.

*** Edmond Rostand **19**, freundlich geführtes Logis-Hotel in einem Eckhaus, 1 km östl. des Vieux Port. Moderne Zimmer und Appartements mit Flat-Screen, je nach Saison und Ausstattung ab 85 €, einige gehen zum Garten hinaus. Frühstück 10 €. 31, rue Dragon. ☎ 049 1377495, http://hoteledmondrostand.com.

*mein*Tipp ** Mama Shelter **16**, dieses von Philippe Starck eingerichtete Designhotel besticht

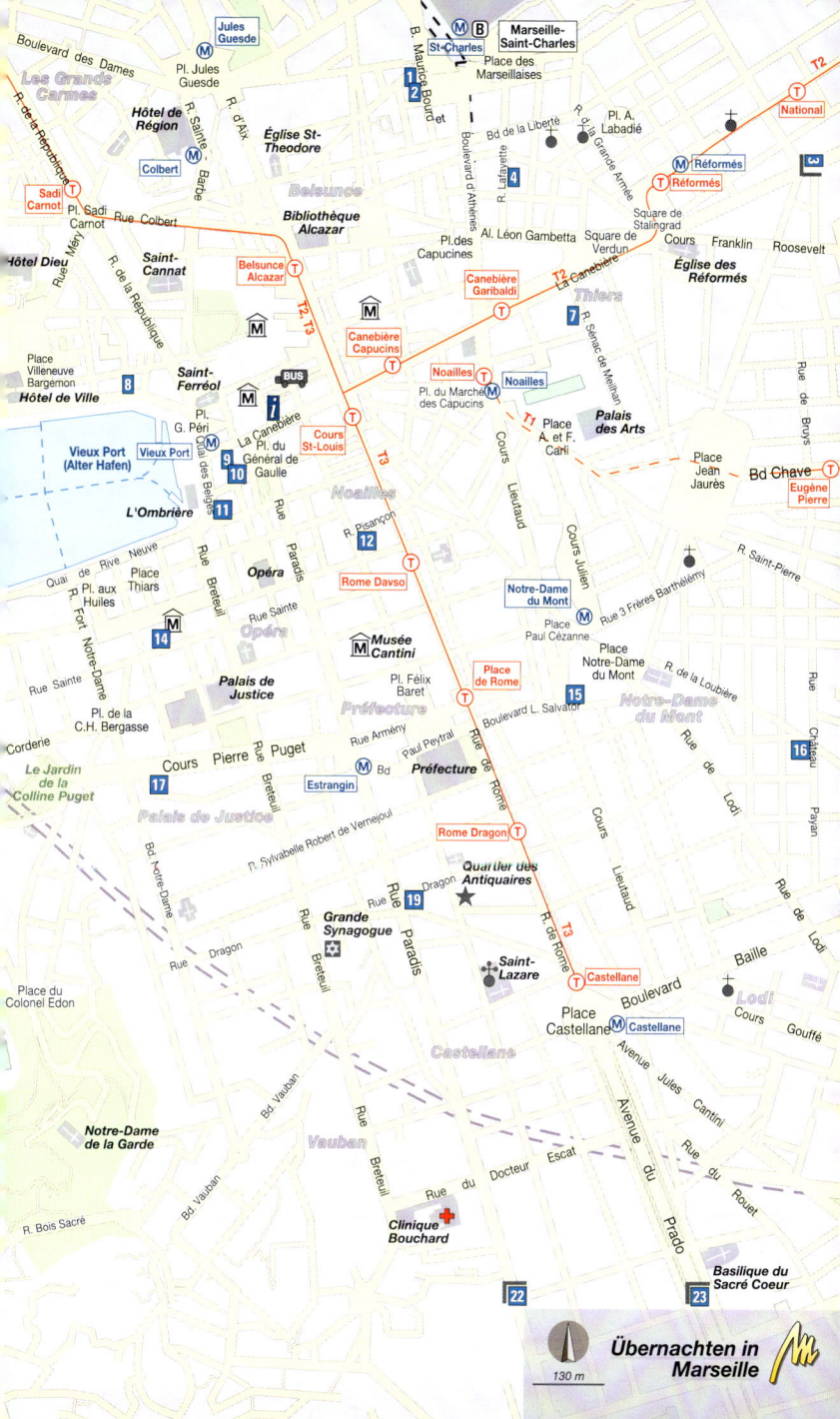

Übernachten in Marseille

durch sein gutes Preis-Leistungs-Verhältnis (günstige Internetangebote) und das ungewöhnliche Ambiente. Schon die Lobby begeistert! Herrliche Matratzen! Das Hotel ist zudem ein Paradies für Mac-Liebhaber. Jedes Zimmer ist mit einem iMac samt DVD- und CD-Player ausgestattet. Ein gutes Restaurant sowie eine Pizzeria sind vorhanden, im Sommer sitzt man auf der Terrasse hinter dem Haus. DZ je nach Saison und Ausstattung 83–169 €, teilweise Angebote inkl. Frühstück. 64, rue de la Loubière. ☏ 0484352000, http://mamashelter.com/de/marseille.

*mein*Tipp ** **Le Corbusier** 23, das Hotel, das im dritten Stock eines von Le Corbusier entworfenen Hauses (Cité Radieuse) untergebracht ist, besitzt fraglos ein ganz besonderes Flair. Trotz der dezentralen Lage oft ausgebucht. Frühstücksterrasse. Die Zimmer kosten je nach Größe 79–188 € für ein geräumiges Studio mit Meerblick; Frühstück 11 €. 280, boulevard Michelet. ☏ 0491167800, http://hotellecorbusier.com.

** **Péron** 20, verspieltes Hotel mit Meerblick, allerdings ist noch eine laute Straße dazwischen. Die inzwischen recht abgewohnten Zimmer mit Schallschutzfenstern kosten je nach Ausstattung 70–100 € und sind im Stil des „Gelsenkirchener Barocks à la Marseille" eingerichtet; (schlechtes) Frühstück 10 €. 119, corniche Kennedy (1,5 km östl. des Alten Hafens, Buslinie 83). ☏ 0491310141, http://hotelperon.com.

** **Le Richelieu** 18, dieses Hotel könnte unter dem Motto stehen „Einschlafen mit Meeresrauschen". Näher kann man in Marseille nicht am Meer wohnen und ins Zentrum ist es auch zu Fuß nicht allzu weit. Derzeit wird Le Richelieu luxussaniert und soll als Vier-Sterne-Hotel wiedereröffnen. Genaueres war bei Redaktionsschluss noch nicht bekannt. 52, corniche Kennedy. ☏ 0491310192, http://lerichelieu-marseille.com.

Alex Hotel 2, in der Nähe des Bahnhofs Saint-Charles gelegen, gefällt dieses Boutique-Hotel durch seine markante, aber dennoch dezente Farbwahl. Eine gelungene Mischung aus Design und Marseiller Klassizismus. So lässig wie modern, dazu viel Komfort. Schöne Frühstücksterrasse! 13–15, place des Marseillaises. ☏ 0413241325, http://alex-hotel.fr.

Le Ryad 7, in einer etwas unansehnlichen Seitenstraße der Canebière gelegen, in der abends auch ein paar Damen des käuflichen Gewerbes unterwegs sind, orientiert sich das Hotel mit seinem seltenen Innenhof im Stil und in den Farben der marokkanischen Architektur. DZ (zur Straße etwas laut) je nach Ausstattung 99–159 €; Frühstück (im Sommer im Innenhof) 6–13 €. 16, rue Sénac de Meilhan. ☏ 0491477454, http://leryad.fr/.

*mein*Tipp **Vertigo** 1, dieses in unmittelbarer Nähe des Bahnhofs Saint-Charles gelegene Hotel gefällt nicht nur wegen seiner lockeren, farbenfrohen Traveller-Atmosphäre im Stil der 1970er-Jahre. Eine Lounge-Bar sowie Küche stehen den Gästen zur Verfügung. Übernachtung im Mehrbettzimmer ab 19 €, im DZ 50–60 € pro Person, die teureren Zimmer mit Terrasse oder Balkon. Es gibt sogar zwei „Cabanons" im Innenhof. Eine Filiale gibt es beim Vieux Port (gleiche Homepage). 42, rue des Petites Maries. ☏ 0491910711, http://hotelvertigo.fr.

Ibis-Budget 14, die schlechte Nachricht zuerst: Dies ist ein langweiliges Kettenhotel ohne Balkon und spezielles Flair. Doch zur guten Nachricht: Die Lage (2 Fußminuten vom Vieux Port) und das Preis-Leistungs-Verhältnis sind mehr als in Ordnung! Für 10 € kann man außerdem das Auto in der Hotelgarage abstellen, was in Marseille kein Nachteil sein muss. Das Zimmer mit Bad/WC kostet für eine Person 65 €, für zwei oder drei Personen sind es annehmbare 68 oder 74 €; Frühstück 6,15 €. 46, rue Sainte. ☏ 0491547373, http://ibis.com.

Chambres d'hôtes

Villa Monticelli 22, wunderschöne Villa im 8. Arrondissement, in der vier anspruchsvolle Zimmer vermietet werden. Weitere Pluspunkte: ein traumhafter Garten und nur wenige Minuten vom Meer entfernt. Parkplatz vorhanden. 115–130 € inkl. Frühstück für 2 Pers., ab zwei Tagen 10 € pro Nacht günstiger. 6, rue du Commandant Rolland. ☏ 0491221520, http://villamonticelli.com.

Villa d'Orient 25, eine schmucke Villa mit Garten im Osten der Stadt hinter Port Mandrague, die uns von einer Leserin empfohlen wurde: „Das Haus, eingerichtet im orientalischen Flair, sehr ruhig in der Calanque de Saména gelegen, mit einem wunderschönen Garten, der zum Entspannen und Erholen einlädt, und gemütlichen Terrassen mit Blick aufs Meer und das Massiv der Calanques." Es gibt sichere Parkmöglichkeiten vor dem Haus, zudem hat man direkten Busanschluss in die Stadt und

Résidence du Vieux Port: Frühstück mit Hafenblick

nur einige Meter bis zum Wasser. Es werden vier Zimmer und ein Studio vermietet. Zimmer 75–120 €, Studio wochenweise ab 510 €. 30, boulevard de la Calanque de Saména. ℘ 0603671638, http://villadorient.com.

MeinTipp **Au Vieux Panier** **6**, mitten im Panier-Viertel wurde ein altes Stadthaus aus dem 17. Jh. in ein modernes Gästehaus umgewandelt. Studio ab 85 €, Aufenthalt mind. zwei Nächte. 13, rue du Panier. ℘ 0491912372, http://auvieuxpanier.com.

Un Mas en Ville **15**, unweit des Cours Julien öffnet sich hier die Welt zu einem provenzalischen Bauernhaus. Vermietet werden fünf überaus ansprechende Zimmer im landestypisch-rustikalen Stil. Zur Entspannung gibt es im Innenhof sogar einen kleinen Swimmingpool. EZ ab 68 €, DZ 88–125 € inkl. Bio-Frühstück. 7, rue des Bergers. ℘ 0672705871, http://un-mas-en-ville.com.

Pension Edelweiss **4**, hinter dem ungewöhnlichen Namen verbirgt sich eine charmante Unterkunft. Die fünf komfortablen Gästezimmer wurden im Stil der 1930er-, 1950er-, 1960er- und 1970er-Jahre eingerichtet. Ein Zimmer besitzt einen Balkon, ein weiteres eine Terrasse, die günstigsten gehen zur Straße. DZ je nach Ausstattung ab 85 € inkl. Frühstück, Familienzimmer ab 115 €. 6, rue Lafayette. ℘ 0951233511, http://pension-edelweiss.fr.

La Maison du Petit Canard **5**, kleine, von Stefanie Tönnies, einer Deutschen, die seit

rund 20 Jahren in Marseille lebt, betriebene Herberge mitten im Panier-Viertel. Das Zimmer und die vier Studios sind in einem bunten Stilmix mit orientalischem Flair eingerichtet. Abendessen 18 €. Familiäre Atmosphäre. EZ 50 €, DZ 60–80 € (inkl. Frühstück). 2, impasse Sainte-Françoise. ℘ 0491914031, http://maison.petit.canard.free.fr.

Jugendherbergen

Bois-Luzy **3**, Marseille besitzt zwei Jugendherbergen. Da ist einmal im Nordosten von Marseille die Herberge Bois-Luzy in einem schmucken Anwesen aus dem Jahr 1850. Vom Bahnhof aus mit der Métro 1 bis Frais Vallon, anschließend mit der Buslinie 6 bis Richard Py zu erreichen. 90 Betten. Zelten möglich. Ab 18 € im Schlafsaal inkl. Frühstück. Nov.–Febr. geschl. 58, allée des Primevères. ℘ 049149 0618, http://fuaj.org/marseille-bois-luzy.

Bonneveine **26**, im Osten von Marseille befindet sich die Herberge Bonneveine. Vom Bahnhof aus nimmt man zuerst die Métro 2 bis Rond-Point du Prado, dann die Buslinie 44 bis zur Haltestelle Place Bonnefon. Eine Nacht in einem der 150 Betten kostet ab 21,20 € inkl. Frühstück. Mitte Dez.–Mitte Jan. geschl. 47, avenue Joseph Vidal. ℘ 0491176330, http://fuaj.org/Marseille-Bonneveine.

In Marseille gibt es **keinen Campingplatz**, man muss daher nach Cassis oder La Ciotat ausweichen.

Gekacheltes Stadtbild

Marseille von A bis Z

Adressen

Die Franzosen geben grundsätzlich die Hausnummer vor dem Straßennamen an. Ein Beispiel: *55, rue de la Gare*. Besitzt das Haus zusätzlich einen Nebeneingang, so lautet dessen Anschrift *55bis, rue de la Gare*; ein zweiter Nebeneingang würde mit *55ter* markiert sein. Die gängige Abkürzung für Avenue lautet „av.", für Boulevard „bd.".

Ärztliche Versorgung und Apotheken

Zwischen Deutschland sowie zwischen Österreich und Frankreich besteht ein gegenseitiges Versicherungsabkommen. Bei einem Arztbesuch ist die Europäische Krankenversichertenkarte (EHIC) hilfreich; dennoch muss der **Arztbesuch** erst einmal bar bezahlt werden. Die Rechnung bzw. die Quittungen der Apotheke werden dann später der heimischen Krankenversicherung zur Erstattung vorgelegt. Wegen der umständlichen Prozedur und des hohen Eigenanteils – abgerechnet wird nämlich nach dem französischen System – empfiehlt es sich, vor der Reise zusätzlich eine Auslandskrankenversicherung abzuschließen, die auch einen Krankenrücktransport gewährleistet.

Apotheken (*pharmacie*) sind mit einem grünen Kreuz gekennzeichnet. Außerhalb der normalen Öffnungszeiten (ca. 9–12.30 und 14–18.30 Uhr) informiert ein Hinweisschild, welche Apotheke gerade Nacht- oder Sonntagsdienst hat. Die Not- und Nachtdienstapotheken sind auch auf der Webseite http://pharmacie-marseille.net/pharmacies-gardes.asp gelistet. Häufig findet man an der Apotheke auch einen **Kondom**-Automaten (*préservatifs*).

Barrierefreiheit

Wer mit einem Handicap unterwegs ist, steht in Marseille häufig vor – im wahrsten Sinne des Wortes – unüberwindbaren Hindernissen. Schwer wiegt auch die eingeschränkte Mobilität: Rollstuhlfahrer können ohne fremde Hilfe Métro und Busse nicht benutzen – nur die Trambahnen sind barrierefrei. Hilfe bei der Wahl eines geeigneten Hotels oder Restaurants bietet eine kostenpflichtige Broschüre, die von der Association des Paralysés de France (APF) herausgegeben wird. Auch der Verein Tourisme & Handicaps gibt auf seiner Internetseite nützliche Infos.

Personen mit Schwerbehindertenausweis sollten in Museen und eintrittspflichtigen Sehenswürdigkeiten ihren Ausweis vorzeigen. In den meisten Fällen gibt es einen reduzierten Eintrittspreis für die betreffende Person, manchmal auch für den Begleiter.

APF, 279, avenue de la Capelette. ☏ 049179 9999, http://apf.asso.fr.

Tourisme & Handicaps,   ☏ 0144111041, http://tourisme-handicaps.org.

Diplomatische Vertretungen

Deutschland: Deutsche Botschaft, ☏ 015383 4500, http://paris.diplo.de. Deutsches Konsulat, 10, place de la Joliette, 13002 Marseille Cédex 8. ☏ 0491167520, http://marseille.diplo.de.

Österreich: Österreichische Botschaft, ☏ 014 0633063, http://bmeia.gv.at/oeb-paris. Österreichisches Honorarkonsulat, 10, rue Stanislas Torrents, 13006 Marseille, ☏ 0642148558.

Schweiz: Schweizer Botschaft, ☏ 0125556700, www.eda.admin.ch/paris. Schweizer Generalkonsulat, 7, rue d'Arcole, 13006 Marseille Cédex 6. ☏ 0496101410.

Dokumente

Für Bürger aus der Bundesrepublik Deutschland und Österreich genügt ein gültiger Personalausweis, für Schweizer die Identitätskarte. Für Kinder unter 16 Jahren reicht ein Kinderpass. Mit dem internationalen Studentenausweis erhalten Berechtigte diverse Vergünsti-

Steile Wege führen zur Wallfahrtsbasilika

gungen. Bei Verlust kann es sich als nützlich erweisen, eine Kopie des Führerscheins oder Ausweises mitzuführen.

Feiertage

Banken, Büros und Geschäfte, aber auch fast alle Museen und Sehenswürdigkeiten haben an den beweglichen Feiertagen wie beispielsweise **Ostermontag**, an lokalen Festtagen sowie an folgenden Tagen geschlossen:

1. Januar: Neujahr

1. Mai: Tag der Arbeit

8. Mai: Waffenstillstand 1945

14. Juli: Nationalfeiertag

15. August: Mariä Himmelfahrt

1. November: Allerheiligen

11. November: Waffenstillstand 1918

25. Dezember: Weihnachten

Fußball

Das Herz der Stadt schlägt für **Olympique Marseille**, oft nur OM genannt. Die Heimspiele trägt der 1899 gegründete Verein im Stade Vélodrome aus.

Wer will, kann das vereinseigene Museum besuchen (→ Tour 6, S. 87). Ein Trost für alle, die keine Karten bekommen haben: Fast jede Kneipe zeigt die Liveübertragung der Spiele der *Ligue 1*.

http://om.net

Marseille im Kasten
Zizou aus La Castellane

Man kann nicht über Fußball in Marseille schreiben, ohne Zinédine Zidane, den berühmtesten Sohn der Stadt, zu erwähnen. Obwohl Zidane nie für Olympique Marseille – er spielte in einem Vorstadtverein und wechselte mit 16 Jahren auf das Fußballinternat vom AC Cannes – auf dem Platz stand, ist er bis heute eine große Identifikationsfigur.

Der 1972 in Marseille als Sohn algerischer Einwanderer geborene und im nördlichen Problemviertel La Castellane aufgewachsene „Zizou" soll mit kaputten Schuhen auf der Place de la Tartane seine ersten Bälle gekickt haben – der Beginn einer unglaublichen Erfolgsgeschichte: Der wohl beste französische Fußballer aller Zeiten spielte im Laufe seiner Karriere noch für Girondins Bordeaux, Juventus Turin und zuletzt für Real Madrid, wo er seit 2016 auch als Trainer arbeitet. Zidane war 108-facher französischer Nationalspieler, Fußballweltmeister 1996, Europameister 1998 und dreimaliger Weltfußballer.

Berühmt wurde Zinédine Zidanes Kopfstoß gegen den Italiener Marco Materazzi im Finale der Fußballweltmeisterschaft 2006. Zidane wurde mit der Roten Karte des Feldes verwiesen. Seine Herkunft hat er nie vergessen: Schon während seiner aktiven Spielerkarriere engagierte sich Zizou für soziale Projekte und unterstützte auch Kinder und Jugendliche aus La Castellane.

Fundbüro

Das *Bureau des objets trouvés* finden Sie unter folgender Adresse:

Service des objets trouvés, 41, boulevard de Briançon, 13003 Marseille. Métro 2 bis Bougainville. Tel. 0491502660. Mo–Fr 8.45–12 und 12.45–16.30 Uhr.

Geld

Zwar zahlt auch Frankreich mit dem Euro, die kleinere Einheit, der Cent, wird aber noch vielerorts wie zu den Zeiten des Franc „Centime" genannt. **Kreditkarten** – vor allem Mastercard und Visa – sind weit verbreitet; sie werden von den meisten, jedoch nicht von allen Hotels und Restaurants angenommen. Leider akzeptieren die Fahrscheinautomaten der SNCF oft keine deutschen Kreditkarten, das gleiche Problem stellt sich bei den Automaten der Tankstellen. Bei den immer seltener werdenden **Reiseschecks** beträgt die Tauschgebühr zumeist ein Prozent. Wegen der umständlichen Prozeduren am Bankschalter erweist sich eine **Bankkarte mit Geheimzahl** oder eine Kreditkarte als sehr hilfreich, denn Geldautomaten sind überall vorzufinden. Wer Geld mit seiner Kreditkarte abhebt, muss in der Regel mit 2 % des Betrags bzw. mindestens 5 € Gebühren rechnen. Inhaber von **Postsparbüchern** können mit der Postbank SparCard

3000plus zehnmal pro Jahr gebühren-
frei Geld im Ausland abheben.

Bei **Verlust der Bank- oder Kreditkarte**
sollten Sie diese umgehend unter folgender
Rufnummer in Deutschland sperren lassen:
☏ 0049/116116 bzw. 0049/030/40504050 (gültig auch für Mastecard und Visa; www.sperr-
notruf.de);   Diners: ☏ 0049/069/900150135;
American Express: ☏ 0049/069/97971000.

Golf

Wer will, kann im Parc Borély auch den
Golfschläger auf einer 9-Loch-Anlage
schwingen.

Golf Borély, 136, avenue Clôt Bey. Métro 2 bis
Rond-Point du Prado, dann Buslinie 44 bis Clôt
Bey Leau. ☏ 0426784120, http://jouer.golf/
borely. Tgl. 8–20 Uhr.

Hamam

Ein moderner, sehr komfortabler Ha-
mam ist **La Bastide des Bains**. Öffnungszeiten sind geschlechtsabhängig,
Eintritt 30 €.

19, rue Sainte. ☏ 0491333913, http://bastide-
des-bains.com.

Information

Die Touristeninformation hat Mo–Sa
9–19 und So 10–17 Uhr geöffnet. Es
gibt noch ein weiteres Büro am SNCF-
Bahnhof Saint-Charles, das im Sommer
Di–Sa von 10–17 Uhr geöffnet ist. Die
informative Website des Office de Tourisme kann auch bei der Vorplanung einer Marseille-Reise sehr hilfreich sein.

Office de Tourisme, 11, la Canebière (Métro
1: Vieux Port/Hôtel de Ville). ☏ 0826500500
(0,15 € pro Min.), http://marseille-tourisme.
com, auch auf Deutsch: http://marseille-
tourisme.com/de.

Informationen im Internet

Wer sich bereits vorab im Internet über
Marseille informieren möchte, kann
dies unter folgenden Adressen tun:

Eine Stadt, ein Verein

http://marseille.fr. Offizielle Homepage der
Stadt.

http://marseille.love-spots.com   Lieblings-
adressen.

http://marsenville.com. Ein gut gemachter Blog.

http://tourisme-marseille.com/de. Viele historische Hintergrundinformationen zu Sehenswürdigkeiten.

http://marseille-tourisme.com.   Die   offizielle
Seite des Office de Tourisme bietet viele Infos.

http://resamarseille.com.   Reservierungsplatt-
form für Hotels, Führungen und andere
Aktivitäten.

http://marseille-autrement.fr. Alternative französische Homepage für Veranstaltungen.

http://marseilleforum.com.   Ein französisches
Forum, das zur Erkundung und Entdeckung von
Marseille einlädt.

http://toutma.fr. Aktuelle Infos über Ausstellungen und Veranstaltungen in Marseille und
der Umgebung.

http://living.marseille.fr. Veranstaltungshinweise.

http://vieux-marseille.com. Eine wundervolle Homepage mit Bildern vom alten Marseille. Alte Postkarten werden modernen Ansichten gegenübergestellt.

http://chutmonsecret.com. Lifestyle & Mode in Marseille.

http://meteo.fr. Aktuelle Wettervorhersagen von Météo France.

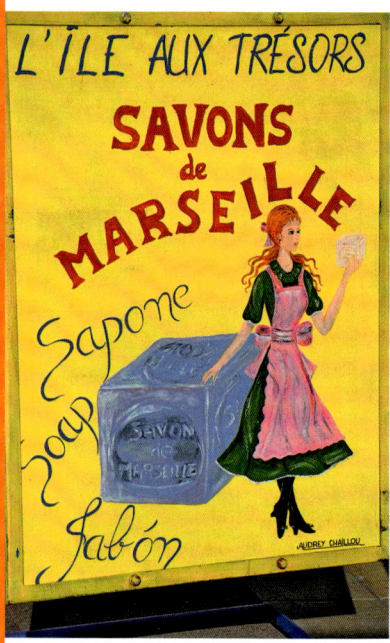

Die berühmte Seife von Marseille

Internet, WLAN und Apps

Inzwischen verfügen fast alle Hotels in Marseille über einen drahtlosen, fast immer kostenlosen Zugang zum Internet. In Frankreich spricht man dabei nicht von WLAN, sondern wie im Englischen von Wi-Fi (Wireless Fidelity). Fast alle Cafés und auch Restaurants bieten ihren Gästen inzwischen einen kostenlosen Zugang ins World Wide Web. Für City-Pass-Inhaber gibt es die praktische App „CityPass Marseille".

Joggen

Beliebte Joggingstrecken sind entlang der Küste auf der Corniche mit stetem Meerblick (→ Tour 5, S. 74) oder durch den Parc Borély (→ Tour 6, S. 89).

Kajak

Reizvoll ist es, den Parc National des Calanques mit dem Kajak zu erkunden. Halbtagestouren kosten 38 €.

Raskas Kayak, Impasse Docteur Bonfils. Métro 2 bis Rond-Point du Prado, dann Buslinie 44 bis Place Bonnefon. ✆ 0491732716, http://raskas-kayak.fr.

Active Road, 30, cours d'Estienne d'Orves. Métro 1: Vieux Port/Hôtel de Ville. ✆ 048844 4857, http://active-road.com.

Klima und Reisezeit

Die Provence und damit auch Marseille ist geprägt von einem milden, mediterranen Klima, selbst im Winter zeigt sich die Küstenregion von ihrer angenehmsten Seite, das Thermometer klettert hier häufig auf Werte über 10 °C, selbst 20 °C sind keine Seltenheit. Der **Frühling** beginnt schon Anfang März, dann kann man bereits in den Straßencafés in der Sonne sitzen. Der **Sommer** ist recht trocken, die letzten richtigen Regentage gibt es in der ersten Maihälfte. Der Herbst wird geprägt von plötzlich einsetzenden, heftigen Regenschauern, die des Öfteren zu Überschwemmungen führen. Glücklich können sich also schätzen, die an den passenden Regenschutz gedacht haben. Über das ganze Jahr gesehen, ist die Region Provence-Côte d'Azur aber ein von der Sonne verwöhnter Landstrich: Durchschnittlich scheint sie zwischen 2700 und 2900 Stunden pro Jahr, bis weit in den **Herbst** hinein sorgt ihre Kraft für angenehme Temperaturen. Erst im November kündet kühleres Wetter den Winter an. Der **Winter** selbst ist meist mild und trocken.

Märkte

Auf der Place des Capucins (südl. der Canebière) findet tgl. außer So der schöne, bunte **Marché des Capucins** mit Obst, Gemüse und Orientalischem statt (Métro 2: Noailles; der größte ist der **Marché du Prado**, er wird tgl. außer So zwischen der Place Castellane und der Avenue du Prado abgehalten (2 km südl. des Zentrums; Métro 1 und 2: Castellane). An ein paar Ständen direkt am **Vieux Port** werden zudem tgl. außer So fangfrische Fische feilgeboten (Quai des Belges). Wer alten Nippes sucht, sollte den **Marché à la Brocante** besuchen; er findet an jedem 2. Sonntag des Monats auf dem Cours Julien statt (Mi Gemüsemarkt; Métro 2: Notre-Dame du Mont/Cours Julien). Unweit davon wird Di, Do und Sa der **Marché de la Plaine** auf der Place Jean Jaurès abgehalten (Mi Blumenmarkt; Métro 2: Notre-Dame du Mont/Cours Julien). Nördlich vom Bahnhof Saint-Charles gibt es tgl. außer So von 6–13.30 Uhr noch den kleinen **Marché de la Belle de Mai** auf der Place Bernand Cadenat (Métro 2 bis Station National, dann Buslinie 88 bis Place Cadenat). Beliebt ist auch der **Marché Joliette** auf der Place de la Joliette (Mo–Fr 8–14 Uhr; Métro 2: La Joliette).

Notruf

Im Falle eines Falles gilt der in ganz Frankreich gültige Notruf: ✆ **17** für die **Polizei** (*police*) und ✆ **18** für die **Feuerwehr** (*sapeurs-pompiers*) sowie die in allen EU-Ländern geltende **Notrufnummer 112** (Polizei, Feuerwehr und Sanitäter).

Post

Auch in Frankreich wurde die alte Post (P.T.T.) aufgesplittet, *La Poste* widmet sich heute nur noch dem Brief- und Paketdienst. Briefmarken und Telefonkarten (*télécarte*) sind auf allen französischen Postämtern sowie in den **Bureaux de Tabac** erhältlich. Die hellgelben Briefkästen besitzen zumeist zwei Einwurfschlitze, einen für die jeweilige Stadt oder die nähere Umgebung, den anderen (*autres destinations*) für den Rest der Welt.

Individualität muss sein

Marseille im Kasten

Rap aus Marseille

Die ungekrönte Hauptstadt der Rapmusik ist Marseille. Die besten Rapper Frankreichs kommen aus der Stadt und ihren Problembezirken. Als Gegenentwurf zur Gewalt auf den Straßen und in den Drogenghettos steht die Rapmusik für den Stolz auf die städtische Herkunft. Der Rap aus Marseille ist mehr als eine lokale Kopie des US-amerikanischen Hip-Hops. Songs wie *Je danse le Mia* (1994) standen sogar wochenlang auf den französischen Hitlisten ganz oben. Der Rap wurde zu einem Marken- und Identifikationszeichen für die Jugendlichen – nicht nur in Marseille, sondern in ganz Frankreich.

Die bekanntesten Bands sind Massilia Sound System und IAM, aber auch Fonky Family, 3ème OEil, Psy4 de la Rime oder die Sopranos und Carpe Diem verstehen sich als Sprachrohr und haben sich weit über die Stadtgrenzen hinaus einen Namen gemacht. In den Texten wird die soziale Situation ebenso wie die Hoffnungslosigkeit und Armut thematisiert und gegen Gentrifizierung Stimmung gemacht. In den Erzählungen des Raps lässt sich die Wirklichkeit und die Lebenswelt der Stadt ablesen. Letztlich bilden die Songs und Musikvideos eine musikalische Topografie von Marseille ab.

Rauchen

Seit 2008 ist auch in Frankreich das Rauchen in Bars, Restaurants und Diskotheken verboten. Wer trotzdem raucht, muss 75 Euro Strafe zahlen, der Verantwortliche der betreffenden Einrichtung das Doppelte. Seit 2016 ist es zudem verboten, im Auto zu rauchen, wenn Minderjährige im Fahrzeug sitzen.

Santons

Das typische Beiwerk einer provenzalischen Weihnacht sind die *santons*, kleine, aus Ton gefertigte Krippenfiguren. Ihr Erfinder Jean-Louis Lagnel (1764–1822) begann an der Wende zum 19. Jh. – als sanfte Gegenbewegung zur antiklerikalen Französischen Revolution –, feinen Ton in zuvor gefertigte Gipsformen zu gießen. Anschließend wurden die Puppen liebevoll mit der Hand bemalt. Die Begeisterung für die kleinen Figuren war so groß, dass bereits 1803 in Marseille ein erster Puppenmarkt eröffnet wurde, dem bald andere folgten. Eine Besonderheit an den Santons ist, dass die Figuren nicht statisch wirken, sondern scheinbar in Bewegung sind. Aufgrund der durch den Tourismus zusätzlich angefachten Nachfrage haben in den letzten Jahren Kunstateliers die traditionelle Produktion wieder aufgenommen.

Schwule und Lesben

Die Agentur Gay Provence hat sich auf Reisen und Touren für Schwule und Lesben spezialisiert. Auf der ansprechenden Website gibt es auch Hotel- und Restauranttipps. Infos: http://gayprovence.org. Ebenfalls informativ ist die Website https://marseille.gaycities.com. Beliebte abendliche Adressen sind die Trash Bar (28, rue Berceau, http://letrashbar.com), das New Cancan (3, rue Sénac de Meilhan, http://newcancan.com) oder das Aux 3G beim Cours Julien (3, rue Saint Pierre, http://aux3g.com).

Schwimmen und Baden

Zum Stadtgebiet von Marseille gehört ein 57 km langer Küstenabschnitt, der sich bis zu den Calanques erstreckt. Marseille besitzt südlich des Zentrums mehrere gepflegte Strände mit erstaunlich klarem Wasser. Besonders stadtnah sind die **Plage des Catalans** sowie der Sandstrand **Plage du Prophète** an der Corniche Kennedy. Der längste Strandabschnitt ist die nahe dem Parc Borély gelegene **Plage du Prado**, eine künstlich aufgepeppte Freizeitwelt, die sich über 45 ha erstreckt. Die Strände sind vom Alten Hafen mit der Buslinie 83 gut zu erreichen. In der Gay-Szene und bei Naturisten beliebt ist die **Plage Mont-Rose** (Métro 1 und 2 bis Castellane, dann Buslinie 19 bis Madrague de Montredon). Lohnend ist selbstverständlich auch ein Abstecher zu den Calanques oder ein Schiffsausflug zu den Îles du Frioul, wo man in der Nebensaison relativ einsam baden kann.

http://marseilletourisme.fr/les-plages

Sprache

Mit Deutsch und Englisch kommt man in Marseille nicht sehr weit. Ein großer Teil der Bevölkerung besitzt entweder keine oder nur mäßige Fremdsprachenkenntnisse. Da erschwerend hinzukommt, dass sich Franzosen – auch wenn sie es können – im eigenen Land nur ungern des Englischen bedienen, ist es ratsam, sich zumindest Grundkenntnisse in Französisch anzueignen. Dies hilft bei der Suche nach einer Unterkunft und erleichtert die alltäglichen Einkäufe beim Bäcker und im Lebensmittelgeschäft ungemein. Allein der Versuch, sich in der Landessprache verständlich zu machen, wird wohlwollend zur Kenntnis genommen. Pluspunkte lassen sich auch durch den häufigen Gebrauch von *s'il vous plaît* sammeln. Denn im Gegensatz zu Deutschland gilt es in Frankreich als unhöflich, das Wörtchen „bitte" zu vergessen. Wer um eine Auskunft nachsucht, sollte ein freundliches *pardon*, dem ein *Madame* oder *Monsieur* folgt, nicht vergessen.

Badefreuden

Marseille mit der Fähre

Stadtführungen

Geführte Touren sind ideal, um eine Stadt kennenzulernen. Das **Office de Tourisme** bietet mehrere Themenführungen an. Ein Prospekt oder die Website informieren über das Programm. Täglich startet um 10.30 Uhr eine klassische Führung am Office de Tourisme (11, La Canebière). Kosten: ab 10 €.

http://marseille-tourisme.com

Alternativ empfiehlt sich das Angebot von **Marseille Greeters**. Mehrere Dutzend Freiwillige führen Touristen durch unbekannte Ecken der Stadt. Die Touren gehen nicht nur über den Cours Julien und durch das Panier-Viertel, sondern auch durch die Banlieues, in die sonst kaum ein Fremder einen Fuß setzt.

http://marseilleprovencegreeters.com/en.

Eine interessante Angelegenheiten sind **Segway-Touren** durch Marseille. Beispielsweise durch das Panier-Viertel (1 Std., 20 €) oder hinauf zur Wallfahrtskirche Notre-Dame de la Garde (2 Std., 40 €).

21 Jump, 1, quai de la Joliette. ℘ 0491907668, http://21jump.fr.

Stadtwappen

Das Wappen von Marseille ist ein himmelblaues Kreuz auf silberweißem Grund, flankiert von einem Stier und einem Löwen sowie der Devise: *Actibus immensis urbs fulget Massiliensis* („Die Stadt von Marseille glänzt durch ihre großen Taten"). Das Wappen soll auf die Zeit der Kreuzzüge zurückgehen und findet sich auf offiziellen Stadtdokumenten. Das Himmelblau der Stadtfarbe findet sich auch auf den Trikots des Fußballvereins Olympique Marseille.

Tauchen

Die Küste vor Marseille, insbesondere die Calanques, sind ein faszinierendes Tauchrevier. Tauchtouren und Tauchkurse organisiert das Tauchzentrum CIP Marseille, dessen Basis sich im Port de la Pointe Rouge befindet.

Centre International de Plongée (CIP), Port de la Pointe Rouge, Eingang 3. Métro 2 bis Rond-Point du Prado, dann Buslinie 19 bis Port de la Pointe Rouge). ℘ 0491724377, http://cip-marseille.fr.

Telefonieren

Die französischen Telefonnummern wurden vor Jahren auf ein zehnstelliges Nummernsystem umgestellt. Der Südosten Frankreichs bekam die Regionalziffer 04, die bei allen Telefonnummern in diesem Reiseführer angegeben sind. Bei einem Anruf aus dem Ausland nach Frankreich entfällt allerdings die „0" vor der „4": Man wählt also 00334 …

Vorwahlen aus Frankreich: 0049 (nach Deutschland), 0043 (nach Österreich), 0041 (in die Schweiz). Die Null der Ortskennzahl entfällt jeweils.

Vorwahl nach Frankreich: 0033.

Trinkgeld

Im Restaurant ist die Bedienung in der Regel im Preis inbegriffen (*service compris*). Dennoch sollte man je nach Zufriedenheit zwischen 5 und 10 Prozent Trinkgeld (*pourboire*) geben. Sich Minimalbeträge herausgeben zu lassen, gilt als unhöflich. Friseure, Taxifahrer, Fremdenführer und Zimmermädchen wissen Trinkgeld nicht nur zu schätzen, sondern sind teilweise auch darauf angewiesen.

Zeitungen/Zeitschriften

Die überregionalen deutschsprachigen Tages- und Wochenzeitungen (*SZ, FAZ, Spiegel, ZEIT*) sind in der Regel spätestens einen Tag nach Erscheinen in den gut sortierten Maisons de la Presse erhältlich. Dort liegen auch die renommierten überregionalen französischen Zeitungen aus. Umfassende politische und kulturelle Berichterstattung bietet *Le Monde*. *Le Figaro* wird vor allem vom rechts-konservativen Bürgertum gelesen, während sich *Libération* als linksorientierte Tageszeitung etabliert hat. Hinzu gesellen sich Wochenmagazine wie *L'Express*, *Le Point* und *Nouvel Observateur* sowie *Canard Enchainé*,

Hängende Gärten

eine satirische Wochenzeitung mit gut recherchierten Artikeln.

Die meistgelesene Tageszeitung der Region ist die linksliberale *La Provence* (http://laprovence.com), die in einer Auflage von 170 000 Exemplaren erscheint. Wer des Französischen mächtig ist, findet darin Hinweise zu aktuellen Veranstaltungen und bekommt einen Einblick in die Lokalpolitik.

Zollbestimmungen

Im privaten Reiseverkehr innerhalb der EU unterliegen Waren für den Eigenbedarf keinen Beschränkungen. Als Richtmenge gelten: 800 Zigaretten bzw. 400 Zigarillos, 200 Zigarren oder 1 kg Tabak, 10 l Spirituosen sowie 90 l Wein und 110 l Bier. Für Schweizer gelten die üblichen Mengenbeschränkungen: 50 g Parfüm oder 0,25 l Eau de Toilette, 1 l Spirituosen oder 2 l Wein, 200 Zigaretten bzw. 100 Zigarillos, 50 Zigarren oder 250 g Tabak.

Alle Museen

Ethnographisch

Musée des Civilisations de l'Europe et de la Méditerranée (MuCEM) (Tour 1) Dauerausstellung zur Mittelmeerzivilisation, interessante Wechselausstellungen, tolles Museumsgebäude. ▪ S. 25

Musée d'Arts Africains, Amérindiens et Océaniens (Tour 2) Totenmasken und mexikanische Volkskunst. ▪ S. 37

Maritime

Musée de la Marine & Economie (Tour 4) Schiffsmodelle und andere maritime Exponate, die an die Seefahrertradition Marseilles erinnern. ▪ S. 64

Naturgeschichte

Musée d'Histoire Naturelle (Tour 4) Eine geologische und eine zoologische Abteilung mit viel ausgestopftem Getier. ▪ S. 68

Historisch

Musée des Docks Romains (Tour 1) Die bei Grabungen entdeckten Grundmauern des römischen Hafens erinnern an die Bedeutung von Marseille in der antiken Welt. ▪ S. 25

Musée d'Archéologie Méditerranéenne (Tour 2) Einblicke in die Archäologie des Mittelmeers. ▪ S. 36

Mémorial de la Marseillaise (Tour 4) Ein Museum für die Revolutionshymne. Mit Hilfe moderner Technik werden die damaligen Geschehnisse ausführlich beleuchtet. ▪ S. 66

Musée d'Histoire de Marseille (Tour 4) 2600 Jahre Stadtgeschichte, sehr ansprechend präsentiert. Von den griechischen Anfängen bis zum Zweiten Weltkrieg wird ein breites Geschichtspanorama ausgebreitet. ▪ S. 64

Kunst

Musée Regards de Provence (Tour 2) Wechselausstellungen provenzalischer Kunst. ▪ S. 38

Frac (Tour 2) Forum für die zeitgenössische Kunst in einem ungewöhnlichen modernen Gebäude. ▪ S. 40

Musée Cantini (Tour 3) Picasso, Matisse, Miró und mehr. ▪ S. 48

Musée des Beaux-Arts (Tour 4) Französische, italienische und flämische Meister, von Breughel bis Rubens. ▪ S. 68

Musée Grobet-Labadié (Tour 4) Möbel, Wandteppichen und eine wertvolle Fayencensammlung. ▪ S. 68

Sakral

Musée Notre-Dame de la Garde (Tour 3) Votivgaben. ▪ S. 49

Seife

Le Musée du Savon (Tour 3) Privates Seifenmuseum. ▪ S. 51

Seifenträume

Kompakt Alle Restaurants

Ungewöhnliches Ambiente

La Passarelle (Tour 3) Unkonventionelles Restaurant mit einem eigenen Gemüsegarten ▪ S. 52

Les Arcenaulx (Tour 3) Die Mauern atmen Geschichte ▪ S. 53

De la Grotte (Tour 5) Wunderschönes Ausflugslokal ▪ S. 83

Le Ventre de l'Architecte (Abseits des Zentrums) Gutes Restaurant in der Cité Radieuse ▪ S. 89

Asiatisch

Dakao (Tour 2) Asian Street Food zu günstigen Preisen ▪ S. 43

Aussichtsreich

Le Sépia (Tour 3) Mm Rand des Jardin Pierre Puget ▪ S. 56

Le Chalet (Tour 3) Traumhafter Blick auf den Alten Hafen ▪ S. 56

La Baie des Singes (Tour 5) Direkt am Hafen von Goudes ▪ S. 83

Bio

Be Organic (Tour 2) Biokost mit einem angegliederten Feinkostladen ▪ S. 43

Green Bear Coffee (Tour 3) kleine Coffee-Bar mit Biogetränken ▪ S. 56

Le Cours en Vert (Tour 4) kleine Coffee-Bar mit Biogetränken ▪ S. 69

Café l'Écomotive (Tour 4) Bio und bunt ▪ S. 70

Bistros

Le Palais de la Major (Tour 2) Neubarockes Restaurant mit großer Terrasse ▪ S. 41

Bistrot L'Horloge (Tour 3) Ein kleines Bistro mit verspiegelten Wänden ▪ S. 53

Chez Vallès (Tour 3) Modernes Bistro mit guter Küche ▪ S. 55

Le Bistro du Cours (Tour 4) Biorestaurant am beliebten Cours Julien ▪ S. 69

Chez Ida (Tour 4) Bodenständige Kost ▪ S. 71

Bataille (Tour 4) Käseträume ▪ S. 71

Bistrot Georges (Tour 4) Nachbarschaftsbistrot mit neuseeländischem Koch ▪ S. 71

Bodenständig

Bar aux 13 Coins (Tour 2) Vorstadtkneipe mit Terrasse ▪ S. 40

Au Coeur du Panier (Tour 2) Im Herzen der Altstadt ▪ S. 40

Le Refuge (Tour 2) Französische Küche mit schöner Terrasse ▪ S. 41

Le 29 (Tour 3) Stimmungsvolles Restaurant ▪ S. 53

La Manne (Tour 4) Authentisches-gutbürgerliches Lokal ▪ S. 69

Le Goût des Choses (Tour 4) Kalbsnieren und mehr ▪ S. 71

Au Petit Nice (Tour 4) Ein Boxchampion als Wirt ▪ S. 72

Brasserien

Malthazar (Tour 3) Saisonale und kreative Küche ▪ S. 53

Cafés

Cup of Tea (Tour 1) Salon de thé und Buchhandlung ▪ S. 28

Starbucks (Tour 2 und Tour 4) Hier gibt es einen echten Latte Macchiato ▪ S. 43 u. 72

Café de l'Abbaye (Tour 3) Cafébar mit herrlicher Straßenterrasse ▪ S. 56

ID Fixe (Tour 4) Beliebt beim Szenepublikum des Cours Julien ▪ S. 72

Amandine (Tour 4) Leckere Törtchen ▪ S. 72

Chilenisch

El Santo Cachón (Tour 4) Leckere Ceviche ▪ S. 72

Eisträume

Vanille Noire (Tour 1) Hier gibt es schwarze Vanilleeis ▪ S. 28

Le Glacier du Roi (Tour 1 und Tour 5) Selbstgemachtes Eis und verführerische Desserts ▪ S. 28 u. 83

Amorino (Tour 3) So cremig wie lecker ▪ S. 56

Exotisch

Marafiki (Tour 2) Kongolesische Küche ▪ S. 41

Aux Antipodes (Tour 2) Leckeres Fusion-Food ▪ S. 54

Les Mets des Saintes (Tour 3) Exotisches von den Antillen, Réunion und Tahiti ▪ S. 55

Fisch und Meeresfrüchte

Le Miramar (Tour 1) Der Bouillabaisse-Tempel ■ S. 27

Au Bout du Quai (Tour 1) Mit Meerblick ■ S. 28

Entre Terre & Mer (Tour 2) Für Liebhaber von Meeresfrüchten ■ S. 40

Péron (Tour 5) Bouillabaisse mit Meerblick ■ S. 81

Chez Fonfon (Tour 5) Fisch direkt im Vallon des Auffes ■ S. 83

Gourmetküche

Une Table au Sud (Tour 1) Ludovic Turacs einfallsreiche Küche ■ S. 27

Le Relais 50 (Tour 1) Ein junger ambitionierter Koch am Herd ■ S. 27

Albertine Passédat (Tour 2) Die Filiale von Sternekoch Gérald Passédat ■ S. 43

La Table du Fort (Tour 3) Kein Stern, aber 13-Gault-Millau-Punkte ■ S. 53

Beliebt: Lokale mit Meerblick

Le Lauracée (Tour 3) Ansprechende französische Küche ■ S. 54

L'Aromat (Tour 3) Ausgezeichnetes Preis-Leistungs-Verhältnis! ■ S. 55

Les Trois forts (Tour 3) Gourmettempel mit Panoramablick ■ S. 56

L'Epuisette (Tour 5) Eines der besten Fischrestaurants in Südfrankreich ■ S. 81

Le Petit Nice (Tour 5) Drei Michelin-Sterne – Top! ■ S. 83

Hipp und cool

Rita & L'Encre Noire (Tour 2) Coworkingshop mit Café ■ S. 40

Ahwash (Tour 2) Cantine, Shop & Galerie ■ S. 41

Jogging (Tour 3) Sommerliches Hinterhofrestaurant ■ S. 54

Papa Poule (Tour 3) 1950er-Jahre-Flair ■ S. 55

Waaw (Tour 4) Ideal zum Chillen ■ S. 72

Italienisch

Etienne (Tour 2) Beliebte Pizzeria im Panier-Viertel ■ S. 41

Fuxia (Tour 3) Herrliche Straßenterrasse ■ S. 53

La Cantinetta (Tour 4) Gehobene italienische Küche ■ S. 69

Chez Jeannot (Tour 5) Pizzeria am Vallon des Auffes ■ S. 81

Imbiss

Maison Geney (Tour 1) Liebevoll geführter Imbiss ■ S. 28

Noodles Chôp (Tour 2) Asiatisches Fast-Food ■ S. 43

VEj (Tour 3) Veganes Streetfood ■ S. 56

Snack de la Plage by Le Richelieu (Tour 5) Häppchen am Strand ■ S. 83

Mexikanisch

Taqueira LoKa (Tour 3)
Quesadillas und Tacos
■ S. 55

Mediterran

Un Petit Cabanon (Tour 2)
Provenzalische Köstlichkeiten
■ S. 41

L'Oléas (Tour 4) Modern
interpretierte mediterrane
Küche ■ S. 69

Modern

Schilling (Tour 1) Zeitloses
Ambiente, guter Fisch
■ S. 28

Le Palais de la Major (Tour
2) Neubarockes Restaurant
mit großer Terrasse ■ S. 41

La Poule Noir (Tour 3)
Zeitgenössisches Ambiente,
ansprechende Küche ■ S. 54

Les Akolytes (Tour 5)
Flippiges Restaurant mit
modernen Tapas ■ S. 81

Museumscafé und -restaurants

Le Charité (Tour 2) Im
Innenhof der Vieille Charité
■ S. 43

Café Borély (Abseits des
Zentrums) Minimalistisches
Interieur, traumhafter
Innenhof ■ S. 90

Nordafrikanisch/ Orientalisch

La Kahéna (Tour 1)
Couscous in allen Varianten
■ S. 28

Nour d'Egypte (Tour 4)
Ägyptisch, wunderschöne
Dachterrasse ■ S. 70

Teavora (Tour 4)
Orientalischer Teesalon
■ S. 71

Restaurantterrasse im Panier-Viertel

Les Portes de Dames (Tour
4) Syrisches Restaurant
■ S. 72

Le Fémina (Tour 4)
Couscous seit 1921 ■ S. 72

Preiswert und gut

L'Effet Clochette (Tour 1),
Klein, aber fein ■ S. 28

Provenzalisch

Dayo (Tour 1) Bodenständig
und regional ■ S. 27

**Bouchon Provençale
(**Tour 3) Lamm aus Sisteron
■ S. 56

L'Arôme (Tour 4) Einfach,
aber nicht ohne Pepp ■ S. 69

Stylish

Le Poulpe (Tour 1)
Mediterrane Küche in einem
1950er-Jahre-Ambiente
■ S. 28

Madame Jeanne (Tour 3)
Hippes Lokal neben einer
Weinhandlung ■ S. 54

Mama Shelter (Tour 4)
Cool, von Philippe Starck
designed ■ S. 71

Tapas

Blonde & Brune (Tour 3)
Wunderschöner Innenhof
■ S. 54

La Cave à Jambon (Tour 3)
Langgestreckter Tresen mit
Empore ■ S. 55

Le Corto (Tour 3)
Internationale Tapas ■ S. 71

Viaghji di Fonfon (Tour 5)
Tapasbar im Vallon des Auffes
■ S. 83

Weingenüsse

L'Ave Maria (Tour 2)
Weinbar ■ S. 41

Chicoulon (Tour 3) Cave à
vin ■ S. 53

Le Bistrot à Vin (Tour 3)
Authentische Weinbar im
Bistrostil ■ S. 54

Les Bons Garçons (Tour 3)
Kleines Weinbistro mit
schönem Mobiliar ■ S. 55

Alle Shopping-Adressen

Accessoires

Black Butter (Tour 3) Concept-Store ■ S. 57

Bier

Victor Cave à bières (Tour 3) 300 *Craft beers* im Angebot ■ S. 57

Fjetje (Tour 4) Ein Paradies für Bierfreunde ■ S. 73

Bio

Naturalia (Tour 2) Großer Ökoladen ■ S. 43

Ma Terre (Tour 4) Bioladen mit lokalen Produkten ■ S. 72

Dame Farine (Tour 5) Tolle Biobäckerei ■ S. 83

Boutiquen

Tranquille (Tour 1) Mischung aus Boutique, Galerie und Slow-Food-Lokal ■ S. 28

Panier des Créateurs (Tour 2) Boutique mit Taschen und Modeaccessoires ■ S. 43

Essentiel Lifestore (Tour 2) Vegane Mode ■ S. 43

Le Marseillais (Tour 3) Maritime Kleidung ■ S. 56

Tata Zize (Tour 4) Boutique im Vintage-Style ■ S. 73

Lilou Vintage (Tour 4) Sweater, Blusen, Schuhe, Taschen und Accessoires ■ S. 73

Le Pois Chic (Tour 5) Witzig bedruckte Kissen und Shirts ■ S. 83

Bücher

Gibert Joseph (Tour 4) Gut sortierte Buchhandlung ■ S. 73

Dekoartikel

Boutique Ephémére (Tour 2) Mode, Kunst und Dekoartikel ■ S. 43

Wooden Gallery (Tour 2) Ein Laden für „schöne Dinge" ■ S. 43

Sophie Ferjani – la sélection (Tour 2) Ein Conceptstore für Dekoartikel ■ S. 43

Gilda Vintage (Tour 3) Pünktchen, Karos und Rüschchen ■ S. 57

Dans tes rêves (Tour 4) Deko-, Retro- und Vintageartikel ■ S. 73

Jolie Rouge (Tour 4) Vintage-Store mit angegliedertem Café ■ S. 73

Diverses

La Boutique Marcel Pagnol (Tour 1) Boutique für Pagnol Fans ■ S. 28

Les Docks de Marseille (Tour 2) Zahlreiche Geschäfte in den Speicheranlagen ■ S. 43

Le Labo (Tour 3) Klamotten, Accessoires und Möbel ■ S. 56

Greg & Co (Tour 3) Brocante-Laden ■ S. 57

Boutique OM (Tour 4) Fanartikel von Olympique Marseille ■ S. 73

Feinkost

Fiorentina (Tour 3) Wunderbarer italienischer Feinkostladen ■ S. 57

L'Épicerie l'Idéal (Tour 4) Käse, Wurst, Wein, Konfitüre ■ S. 73

Galerien

L'Image en Provence (Tour 3) Fotogalerie ■ S. 57

Gebäck

La Navette Marseillaise (Tour 1) Traditionelle Biscuits ■ S. 28

Four des Navettes (Tour 3) Gebäck in Schiffsform ■ S. 57

Heilpflanzen

Herboristerie Père Blaize (Tour 4) Historische Fundgrube für Kräuterliebhaber ■ S. 72

Käse

L'Art de la Fromagerie (Tour 4) Veredelte Käsespezialitäten ■ S. 73

Bataille (Tour 4) Feinkosthandlung mit hervorragendem Käseangebot ■ S. 73

Kaffee

Noailles (Tour 4) Alteingesessene Kaffeerösterei ■ S. 72

Keramik

Etoile Errante (Tour 2), Verspielte selbstproduzierte Keramik! ■ S. 43

Kaufhäuser

Galeries Lafayette (Tour 3) Umfassendes Angebot ■ S. 57

Küchenutensilien

Bazar de luxe (Tour 3) Tassen, Schalen und andere dekorative Dinge ■ S. 56

Maison Empereur (Tour 4)
Hochwertige Koch- und
Küchenprodukte ■ S. 73

Märkte

Marché Joliette (Tour 2)
Bunter Wochenmarkt ■ S. 43

Marché aux Puces (Tour 2)
Großer Trödelmarkt ■ S. 43

Marché de la Plaine (Tour
4) Bunter Markt mit
arabischem Flair ■ S. 73

**Marché des Capucins
(Marché de Noailles)**
(Tour 4) Exotische
Marktstraße ■ S. 73

**Marché du Cours Joseph
Thierry** (Tour 4) Bunter
Stadtteilmarkt ■ S. 73

Marché des Bouquinistes
(Tour 4) Second-Hand-Bücher
■ S. 73

Möbel

Becbunzen (Tour 4) Vintage-
Möbel und Industrail-Design
■ S. 73

Modeboutiquen & -
accessoires

Zadig & Voltaire (Tour 3)
Coole Designmarke ■ S. 57

Agnès B. (Tour 3) Beliebte
französische Modemarke
■ S. 57

Famethic (Tour 4)
Handgemachte Lederwaren
■ S. 72

La Chapellerie (Tour 4)
Traditioneller Hutmacher
■ S. 73

Tcheka (Tour 4) Modelabel
aus Marseille ■ S. 72

Musik

Fnac (Tour 4) Medien- und
Elektrokaufhaus ■ S. 73

Olivenöl

Comptoir ó Huiles (Tour 2)
Eine Olivenöl-Boutique
■ S. 43

Pastis

La Maison du Pastis
(Tour 1) Für alle Liebhaber

von Pastis und Absinth
■ S. 28

Santons

Santons Marcel Carbonel
(Tour 3) Provenzalische
Krippenfiguren ■ S. 57

Schokolade

**La Chocolatière de
Marseille** (Tour 4) Süße
Verführungen ■ S. 72

Seife

Savonnerie de la Licorne
(Tour 3) Seifen mit dem
berühmten Stempel ■ S. 56

Shopping-Center

Les Terrasses du Port
(Tour 2) Riesige Shopping-
Mall ■ S. 43

Taschen

Paul Marius (Tour 3)
Ledertaschen und –
accessoires im Vintage-Design
■ S. 57

Sonnenuntergang am Vieux Port

Speiselexikon

Allgemeines

S'il vous plaît, Madame! (Monsieur!)	*Bedienung!*
La carte, s'il vous plaît!	*Die Speisekarte, bitte!*
Je voudrais bien …	*Ich hätte gerne …*
Est-ce que vous avez …?	*Haben Sie …?*
L'addition, s'il vous plaît!	*Die Rechnung bitte!*
l'assiette	*Teller*
l'addition	*Rechnung*
l'auberge	*Landgasthof*
bien cuit	*gut durchgebraten*
bleu	*bei großer Hitze nur wenige Sekunden angebraten*
boire	*trinken*
la brasserie	*eigentlich Brauhaus; heute v. a. Bezeichnung für Cafés mit Mittags- und Abendtisch*
la carte	*Speisekarte*
… des vins	*Weinkarte*
… du jour	*Tageskarte*
le cendrier	*Aschenbecher*
chaud(e)	*heiß*
la commande	*Bestellung*
compris(e)	*inbegriffen*
le couteau	*Messer*
la cuillère	*Löffel*
cuit(e)	*gekocht*
le déjeuner	*Mittagessen*
demi-anglais	*fast durchgebraten (rosafarbener Kern)*
dur(e)	*hart, zäh*
l'entrée	*Vorspeise*
l'épice	*Gewürz*
la fourchette	*Gabel*
froid(e)	*kalt*
fumé(e)	*geräuchert*
le garçon	*Kellner, Ober*
en gelée	*gesülzt*
la glace	*Eis*
le glaçon	*Eiswürfel*
la goutte	*Tropfen*
le gratin	*Auflauf, Überbackenes*

les grillades	Gegrilltes
grillé(e)	gegrillt
les herbes de Provence	Kräuter der Provence
l'hors-d'œuvre	Vorspeise
l'huile	Öl
libre-service	Selbstbedienung
maigre	mager
manger	essen
mijoté(e)	geschmort
moulin à poivre	Pfeffermühle
la note	Rechnung
l'ouvre-bouteilles	Flaschenöffner
la peau	Haut, Schale
le petit déjeuner	Frühstück
le pichet	Weinkaraffe
la pincée	Prise
le plat	Gericht, Platte
... du jour	Tagesgericht
poêlé	in der Pfanne gebraten
à point	auf den Punkt gebraten (außen knusprig, innen gerade noch rosa)
le pot	Topf
le pourboire	Trinkgeld
prêt(e)	bereit, angerichtet
un quart	ein Viertel
quelle cuisson?	wie gebraten?
les quenelles	Klößchen, Röllchen
râpé(e)	geraspelt, gerieben
réchauffer	aufwärmen
recommandé(e)	empfohlen, empfehlenswert
le relais	Landgasthof
la rouille	scharfe rote Soße
saignant	nur kurz angebraten (blutig)
salé(e)	gesalzen
le salon de thé	Teesalon
service (non) compris	Bedienung (nicht) inbegriffen
servir	bedienen, auftragen
le sel	Salz

la soupe	Suppe
tendre	zart
la terrine maison	Pastete nach Art des Hauses
le thym	Thymian
tiède	lauwarm
la tranche	Schnitte, Scheibe

Fleisch, Wild und Geflügel

l'agneau	Lamm
les aiguillettes du canard	Fleischstreifen von der Ente
l'andouillette	Kuttelwurst
l'assiette anglaise	kalte Platte
la bavette	Lendenstück
le bifteck	Beefsteak
la blanquette de veau	weißes Kalbsfrikassee
le bœuf	Ochse oder Rind
le boudin	Blutwurst
la brochette	Spießchen
la caille	Wachtel
le canard	Ente
le carré d'agneau	Lammrückenstück
le cerf	Hirsch
la charcuterie	Wurstaufschnitt
le cheval	Pferd
la chèvre	Ziege
le chevreuil	Reh
le cochon	Schwein
le confit de canard	in Entenschmalz eingelegtes Entenfleisch
le coq	Hahn
le coq au vin	Hähnchen in Rotweinsoße
le coquelet	Brathähnchen
la côte	Rippenstück
... d'agneau	Lammkotelett
... de veau	Kalbskotelett
la cuisse de canard	Entenschlegel
la dinde	Pute
le dindon	Truthahn

l'entrecôte	*Zwischenrippenstück*
l'épaule d'agneau	*Lammschulter*
l'escalope	*Schnitzel*
les escargots	*Weinbergschnecken*
le faisan	*Fasan*
le filet	*Lendenstück*
le filet mignon	*kleines Steak aus dem schmalen Teil des Rinderfilets*
le foie	*Leber*
le gibier	*Wild*
le gigot	*Keule*
la goulache	*Gulasch*
la grenouille	*Frosch*
le jambon	*Schinken*
le jambonneau	*Schweinshaxe*
le jarret	*Haxe*
la joue de bœuf	*Ochsenwange*
la langue de bœuf	*Ochsenzunge*
le lièvre	*Hase*
le lapin	*Kaninchen*
le magret de canard	*Entenbrust*
le mouton	*Hammel, Schaf*
la noisette d'agneau	*Lammnüsschen*
l'oie	*Gans*
l'onglet	*Zwerchfell- oder Nierenzapfenstück vom Rind*
l'os	*Knochen*
le paleron braisé	*Geschmortes Bugschauffelstück (Rindsschulter)*
la paupiette	*Roulade*
le perdreau	*junges Rebhuhn*
la perdrix	*Rebhuhn*
les pieds de cochon	*Schweinsfüße*
le pigeon	*Taube*
le pintadeau	*Perlhuhn*
la poitrine	*Brust*
le porc	*Schwein*
le porcelet	*Spanferkel*
la poularde	*Masthuhn*
le poulet	*Brathähnchen*
la queue	*Schwanz*

les rognons	*Nieren*
le rôti	*Braten*

Meeresfrüchte/Fische

l'anchois	*Sardelle (Anchovis)*
l'anguille	*Aal*
le bar	*Barsch*
le barbeau (barbillon)	*Barbe*
la bargue	*Meerbutt*
la baudroie	*Seeteufel*
la bouillabaisse	*kräftige Fischsuppe mit mehreren Fischarten*
la brandade de morue	*pürierter Stockfisch*
le cabillaud	*Kabeljau*
la carpe	*Karpfen*
le congre	*Meer- bzw. Seeaal*
les coquillages	*Muscheln*
les crevettes	*Garnelen*
le denté	*Zahnbrasse*
les écrevisses	*Flusskrebse*
le flétan	*Heilbutt*
le gambas	*Garnelen, Krabben*
le grondin	*Knurrhahn*
le homard	*Hummer*
les huîtres	*Austern*
la lotte de mer	*Seeteufel*
le loup de mer	*Wolfsbarsch*
le maquereau	*Makrele*
la morue	*Stockfisch*
les moules	*Muscheln*
les noix de Saint Jacques	*Jabobsmuscheln*
le perche	*Seebarsch*
la plie	*Scholle*
le poisson	*Fisch*
... de rivière	*Flussfisch*
le poulpe	*Tintenfisch*
la praire	*Venusmuschel*
la raie	*Rochen*
la rascasse	*Drachenkopf*
le rouget	*Rotbarbe*

le sandre	*Zander*
les sardines à l'huile	*Ölsardinen*
le saumon	*Lachs*
la seiche	*Tintenfisch*
les seiches farcies	*mit Gemüse und Hackfleisch gefüllte Tintenfische*
la sole	*Seezunge*
le st-pierre	*St.-Petersfisch*
la tanche	*Schleie*
le thon	*Thunfisch*

Gemüse/Beilagen

les artichauts	*Artischocken*
les asperges	*Spargel*
le béchamel	*weiße Sahnesoße*
la blette	*Mangold*
les cèpes	*Steinpilze*
les chanterelles	*Pfifferlinge*
les pois chiches	*Kichererbsen*
le chou	*Kohl*
le chou-fleur	*Blumenkohl*
le chou vert	*Grünkohl*
la choucroute	*Sauerkraut*
le concombre	*Gurke*
les courgettes	*Zucchini*
les crudités	*Rohkost*
l'échalote	*Schalotte*
les épinards	*Spinat*
le fenouil	*Fenchel*
les fleurs de courge	*Zucchini-Blüten*
la garniture	*Beilage*
le gingembre	*Ingwer*
les girolles	*Pfifferlinge*
les haricots verts	*grüne Bohnen*
la laitue	*Kopfsalat*
les légumes	*Gemüse*
les lentilles	*Linsen*
la mâche	*Feldsalat*
le mesclun	*Salatmix (Chicorree, Rucola, Kerbel, Portulak)*
le millet	*Hirse*

les nouilles	*Nudeln*
les oignons	*Zwiebeln*
la pâte	*Teig*
les pâtes	*Nudeln*
le pain	*Brot*
les petits pois	*Erbsen*
le poireau	*Lauch, Porree*
la poirée	*Mangold*
les pommes de terre	*Kartoffeln*
le radis	*Rettich*
la ratatouille	*geschmortes Gemüse-allerlei zumeist aus Auberginen, Zucchini, Paprika und Tomaten*
la salade	*Salat*
la sauge	*Salbei*
la semoule	*Grieß*

Obst, Dessert, Gebäck und Käse

l'abricot	*Aprikose*
les amandes	*Mandeln*
le beignet	*Krapfen*
la brioche	*Hefegebäck*
la confiserie	*Süßwaren*
la crème brûlée	*Vanillecreme mit flambierter Karamellkruste*
doux, douce	*süß*
le flan	*Pudding*
la figue	*Feige*
le fromage	*Käse*
la framboise	*Himbeere*
les fruits	*Früchte, Obst*
le gâteau	*Kuchen*
l'île flottante	*Eischnee in einer crème anglaise schwimmend*
la macédoine de fruits	*Obstsalat*
les myrtilles	*Heidelbeeren*
la noisette	*Haselnuss*
la noix	*Walnuss*
la pâtisserie	*Konditorei, Gebäck*
la pêche	*Pfirsich*

le pélardon	Ziegenkäse
le petit gâteau	Teegebäck
le pignon	Pinienkern
la poire	Birne
la pomme	Apfel
les primeurs	Obst und Gemüse
le pruneau	Back- oder Dörrpflaume
la pulpe	Mark, Fruchtfleisch
les raisins	Weintrauben
le ramequin	kleiner Käsekuchen
le plateau de fromage	Käseplatte
le sablé	Sandgebäck
le sorbet aux fruits	Früchtesorbet
le soufflé	Eierauflauf
le sucre	Zucker (sucré: gesüßt)
le sirop	Sirup
la tarte	Kuchen
la tartelette	Törtchen

Diverses

l'aïoli	Knoblauch-Mayonnaise
le beurre	Butter
la ficelle	sehr dünnes, langes Weißbrot
la graisse d'oie	Gänseschmalz
le jaune d'œuf	Eigelb
la menthe	Pfefferminz
le miel	Honig
la moutarde	Senf
l'œuf brouillé	Rühri
l'œuf dur	hart gekochtes Ei
le persil	Petersilie
la poivrade	Pfeffersoße
la pissaladière	mit schwarzen Oliven, Zwiebelscheiben und Sardellen bedeckter Brotteig
le potage	Suppe
la potée	Eintopf
les rillettes d'oie	Gänsepastete
la soupe au pistou	mit Basilikum, Knoblauch und Olivenöl verfeinerte Gemüsesuppe

la tapenade	ein mit Anchovis und Kapern verfeinertes Olivenpüree (Brotaufstrich)
les truffes	Trüffel
le velouté	Crèmesuppe
le vinaigre	Essig
le yaourt	Joghurt

Getränke

l'alcool	Alkohol
la bière (brune) blonde	helles (dunkles) Bier
(la biere à) la pression	Bier vom Fass
la boisson	Getränk
la bouteille	Flasche
le café	Kaffee
… crème (au lait)	Milchkaffee
le digéstif	Verdauungsschnaps
demi	halb
demi-sec	halbtrocken
l'eau	Wasser
… gazeuse	Mit Kohlensäure
… naturelle	natürliches Mineralwasser
… de vie	Branntwein
le génépy	Kräuterlikör
l'infusion	Kräutertee
le jus	Saft
le lait	Milch
… entier	Vollmilch
le pastis	Anisschnaps, der mit Wasser zu einer gelblichen Flüssigkeit verdünnt wird
les rafraîchissements	Sammelbegriff für Erfrischungsgetränke
le thé	Tee
le verre	(Trink-)Glas
le vermouth	Wermut
le vin	Wein
… blanc	Weißwein
… de pays	Landwein
… de table	Tischwein
… du pays	einheimischer Wein
… rouge	Rotwein

Etwas Französisch

Zahlen

1	un	15	quinze	90	quatre-vingt-dix
2	deux	16	seize	100	cent
3	trois	17	dix-sept	200	deux cents
4	quatre	18	dix-huit	1000	mille
5	cinq	19	dix-neuf	*einmal*	une fois
6	six	20	vingt	*zweimal*	deux fois
7	sept	21	vingt et un	*der erste*	le premier
8	huit	22	vingt-deux		(la première)
9	neuf	30	trente	*der zweite*	le deuxième
10	dix	40	quarante	*die Hälfte*	la moitié
11	onze	50	cinquante	*von …*	de …
12	douze	60	soixante	*ein Drittel*	un tiers
13	treize	70	soixante-dix	*ein Viertel*	un quart
14	quatorze	80	quatre-vingt	*ein Paar …*	une pair de …

Konversation

Grüße

guten Tag	bonjour
guten Abend	bonsoir
gute Nacht	bonne nuit
auf Wiedersehen	au revoir
bis bald	à bientôt
bis gleich	à toute à l`heure

Minimalwortschatz

danke	merci
bitte (!)	s`il vous plaît
Entschuldigung	pardon
ja	oui
nein	non
vielleicht	peut-être
und	et
oder	ou
schön	beau (bel, belle)
groß/klein	grand(e)/petit(e)

viel	beaucoup de
wenig	peu de
es gibt/es gibt nicht	il y a/il n'y a pas
wo/wohin	où
wann	quand
wie viel/wie viele	combien
warum	pourquoi
…, bitte! (Aufforderung)	…, s'il vous plaît!

Fragen und Antworten

Wie geht es dir?	Comment vas-tu?
Wie geht es Ihnen?	Comment allez-vous?
Mir geht es gut, und dir (Ihnen)?	Je vais bien, et toi (vous)?
Wie heißen Sie?	Comment vous appelez-vous?
Wie heißt das auf Französisch?	Comment cela se dit en français?
Ich bin …	Je suis …

Deutsche/r	Allemand/Allemande
Österreicher/in	Autrichien/Autrichienne
Schweizer	Suisse/Suissesse
Deutschland/deutsch	l'Allemagne/allemand/e
Sprechen Sie Deutsch	Parlez-vous allemand?
(Englisch, Italienisch)?	(anglais, italien)?
Kennen Sie ...?	Connaissez-vous ...?
Ich habe nicht verstanden	Je n'ai pas compris
Ich weiß (es) nicht	Je ne (le) sais pas
Ich suche	Je cherche
Geben Sie mir ..., bitte!	Donnez-moi ..., s'il vous plaît!
einverstanden! o.k.!	d'accord!

Unterwegs

Ich suche ...	Je cherche ...
Wo ist ...?	Où est ...?
Ich möchte ...	Je voudrais ...
Ich möchte nach ... gehen	Je voudrais aller à ...
Wann kommt ... an?	A quelle heure arrive ...?
Wann fährt/fliegt ... nach ...?	A quelle heure il y a-t-il ... pour ...?
Um wie viel Uhr?	A quelle heure?
um (4) Uhr	à (quatre) heures
Weg	le chemin
Straße	la rue
Überlandstraße	la route
Autobahn	l'autoroute
Kreuzung	le carrefour
Kreisel	le rond-point
Ampel	les feux, le feu rouge
abbiegen	tourner
links	à gauche
rechts	à droite
geradeaus	tout droit
Abfahrt, Abflug	le départ

Ankunft	l'arrivée
Information	l'information
Fahrkarte	le billet
einfach	aller simple
hin und zurück	aller retour
Flughafen	l'aéroport
Flugzeug	l'avion
Hafen	le port
Schiff	le bateau
Fährschiff	le ferry-boat
Bahnhof	la gare
Zug	le train
Bus	le bus
Busbahnhof	la gare routière

Unterkunft

Haben Sie ...?	Avez-vous ...?
ein Zimmer reservieren	réserver une chambre
Doppelzimmer	la chambre double
Einzelzimmer	la chambre single
Wie viel kostet das?	Combien ça coûte?
Das ist zu teuer.	C'est trop cher.
ein billigeres Zimmer	une chambre moins cher
mit Dusche mit Bad	avec douche/avec salle de bain
für eine Nacht	pour une nuit
für (3) Tage	pour (trois) jours
voll (alle Zimmer belegt)	complet
Vollpension	pension complète
Halbpension	demi-pension
Frühstück	le petit déjeuner
Ich nehme es (das Zimmer).	Je la prends.
Zeltplatz	le camping
Zelt	la tente
im Schatten	à l'ombre
elektrischer Anschluss	le branchement électrique
Dusche	la douche
Waschmaschine	le lave-linge

Verzeichnisse

Marseille im Kasten

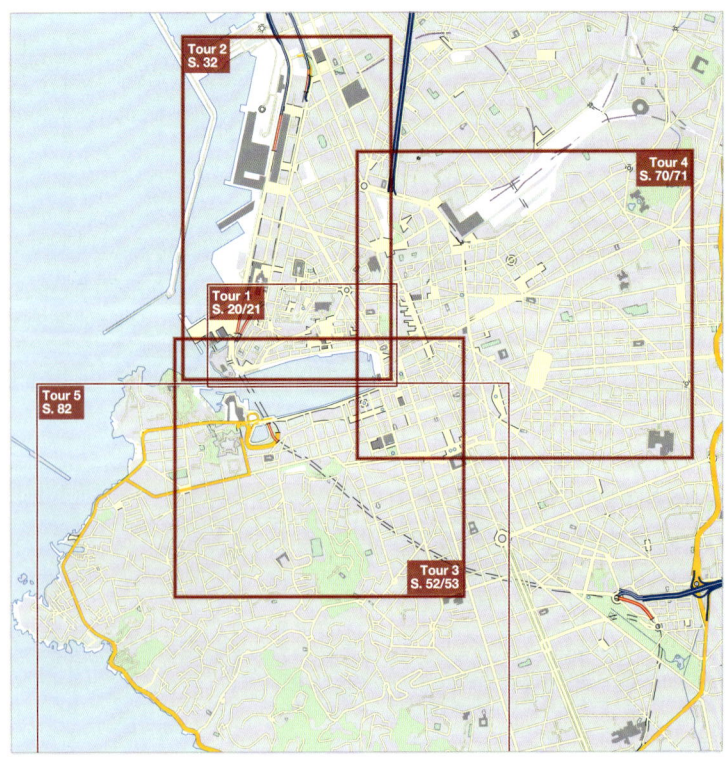

Zeichenerklärung für die Karten und Pläne

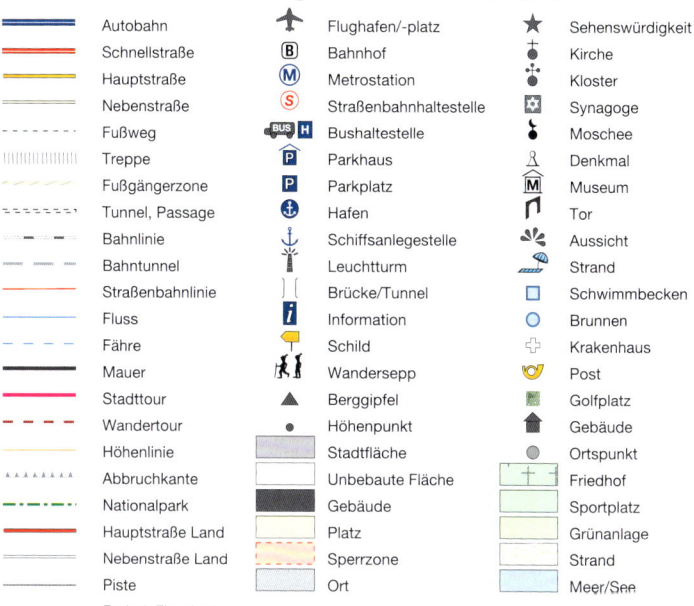

	Autobahn		Flughafen/-platz	★	Sehenswürdigkeit
	Schnellstraße	B	Bahnhof		Kirche
	Hauptstraße	M	Metrostation		Kloster
	Nebenstraße	S	Straßenbahnhaltestelle		Synagoge
	Fußweg	BUS H	Bushaltestelle		Moschee
	Treppe	P	Parkhaus		Denkmal
	Fußgängerzone	P	Parkplatz	M	Museum
	Tunnel, Passage		Hafen		Tor
	Bahnlinie		Schiffsanlegestelle		Aussicht
	Bahntunnel		Leuchtturm		Strand
	Straßenbahnlinie		Brücke/Tunnel		Schwimmbecken
	Fluss	i	Information	O	Brunnen
	Fähre		Schild		Krakenhaus
	Mauer		Wandersepp		Post
	Stadttour	▲	Berggipfel		Golfplatz
	Wandertour	•	Höhenpunkt		Gebäude
	Höhenlinie		Stadtfläche		Ortspunkt
	Abbruchkante		Unbebaute Fläche		Friedhof
	Nationalpark		Gebäude		Sportplatz
	Hauptstraße Land		Platz		Grünanlage
	Nebenstraße Land		Sperrzone		Strand
	Piste		Ort		Meer/See
	Period. Flugolauf				

Kartenverzeichnis und Zeichenerklärung

Vielen Dank!

Der Autor dankt dem About France, dem Comité Régional du Tourisme Provence-Alpes-Côte d'Azur sowie dem Office de Tourisme von Marseille für ihre Hilfe und Unterstützung, insbesondere Ralph Schetter, Monika Fritsch, Manon Chaussende und Marion Fabre. Ein ganz besonderer Dank geht auch an Lara Ladik für ihre wertvollen Tipps.

Was haben Sie entdeckt?

Haben Sie ein besonderes Restaurant, ein neues Museum oder ein nettes Hotel entdeckt? Wenn Sie Ergänzungen, Verbesserungen oder Tipps zum Buch haben, lassen Sie es uns bitte wissen!

Schreiben Sie an: Ralf Nestmeyer, Stichwort „Marseille" |
c/o Michael Müller Verlag GmbH | Gerberei 19, D – 91054 Erlangen |
ralf.nestmeyer@michael-mueller-verlag.de

Impressum

Text und Recherche: Ralf Nestmeyer | **Lektorat:** D&M Services GmbH: Karen Dengler | **Redaktion:** Annette Melber | **Layout:** D&M Services GmbH: Christiane Bauer, Jana Dillner, Claudia Hutter | **Karten:** Janina Baumbauer, Hans-Joachim Bode, Theresa Flenger, Judit Ladik, Markus Lambracht | **Fotos:** Ralf Nestmeyer | **Covergestaltung:** Karl Serwotka | **Covermotive:** vorne: MuCEM (Musée des Civilisations de l'Europe et de la Méditerranée) und die Cathédrale de la Major © mauritius images / Hemis.fr / COLIN Matthieu / hemis.fr; hinten: Alter Hafen © Ralf Nestmeyer.

ISBN 978-3-95654-564-1

Newsletter

Aktuelle Infos zu unseren Titeln, Hintergrundgeschichten zu unseren Reisezielen sowie brandneue Tipps erhalten Sie in unserem regelmäßig erscheinenden Newsletter, den Sie im Internet unter **www.michael-mueller-verlag.de** kostenlos abonnieren können.

Abruzzen ▪ Ägypten ▪ Algarve ▪ Allgäu ▪ Allgäuer Alpen ▪ Altmühltal & Fränk. Seenland ▪ Amsterdam ▪ Andalusien ▪ Andalusien ▪ Apulien ▪ Australien – der Osten ▪ Azoren ▪ Bali & Lombok ▪ Barcelona ▪ Bayerischer Wald ▪ Bayerischer Wald ▪ Berlin ▪ Bodensee ▪ Bretagne ▪ Brüssel ▪ Budapest ▪ Chalkidiki ▪ Chiemgauer Alpen ▪ Chios ▪ Cilento ▪ Cornwall & Devon ▪ Comer See ▪ Costa Brava ▪ Costa de la Luz ▪ Côte d'Azur ▪ Cuba ▪ Dolomiten – Südtirol Ost ▪ Dominikanische Republik ▪ Dresden ▪ Dublin ▪ Düsseldorf ▪ Ecuador ▪ Eifel ▪ Elba ▪ Elsass ▪ Elsass ▪ England ▪ Fehmarn ▪ Franken ▪ Fränkische Schweiz ▪ Fränkische Schweiz ▪ Friaul-Julisch Venetien ▪ Gardasee ▪ Gardasee ▪ Genferseeregion ▪ Golf von Neapel ▪ Gomera ▪ Gomera ▪ Gran Canaria ▪ Graubünden ▪ Hamburg ▪ Harz ▪ Haute-Provence ▪ Havanna ▪ Ibiza ▪ Irland ▪ Island ▪ Istanbul ▪ Istrien ▪ Italien ▪ Italienische Adriaküste ▪ Kalabrien & Basilikata ▪ Kanada – Atlantische Provinzen ▪ Karpathos ▪ Kärnten ▪ Katalonien ▪ Kefalonia & Ithaka ▪ Köln ▪ Kopenhagen ▪ Korfu ▪ Korsika ▪ Korsika Fernwanderwege ▪ Korsika ▪ Kos ▪ Krakau ▪ Kreta ▪ Kreta ▪ Kroatische Inseln & Küstenstädte ▪ Kykladen ▪ Lago Maggiore ▪ Lago Maggiore ▪ La Palma ▪ La Palma ▪ Languedoc-Roussillon ▪ Lanzarote ▪ Lesbos ▪ Ligurien – Italienische Riviera, Genua, Cinque Terre ▪ Ligurien & Cinque Terre ▪ Limousin & Auvergne ▪ Limnos ▪ Liparische Inseln ▪ Lissabon & Umgebung ▪ Lissabon ▪ London ▪ Lübeck ▪ Madeira ▪ Madeira ▪ Madrid ▪ Mainfranken ▪ Mainz ▪ Mallorca ▪ Mallorca ▪ Malta, Gozo, Comino ▪ Marken ▪ Mecklenburgische Seenplatte ▪ Mecklenburg-Vorpommern ▪ Menorca ▪ Midi-Pyrénées ▪ Mittel- und Süddalmatien ▪ Montenegro ▪ Moskau ▪ München ▪ Münchner Ausflugsberge ▪ Naxos ▪ Neuseeland ▪ New York ▪ Niederlande ▪ Niltal ▪ Norddalmatien ▪ Norderney ▪ Nord- u. Mittelengland ▪ Nord- u. Mittelgriechenland ▪ Nordkroatien – Zagreb & Kvarner Bucht ▪ Nördliche Sporaden – Skiathos, Skopelos, Alonnisos, Skyros ▪ Nordportugal ▪ Nordspanien ▪ Normandie ▪ Norwegen ▪ Nürnberg, Fürth, Erlangen ▪ Oberbayerische Seen ▪ Oberitalien ▪ Oberitalienische Seen ▪ Odenwald ▪ Ostfriesland & Ostfriesische Inseln ▪ Ostseeküste – Mecklenburg-Vorpommern ▪ Ostseeküste – von Lübeck bis Kiel ▪ Östliche Allgäuer Alpen ▪ Paris ▪ Peloponnes ▪ Pfalz ▪ Pfälzer Wald ▪ Piemont & Aostatal ▪ Piemont ▪ Polnische Ostseeküste ▪ Portugal ▪ Prag ▪ Provence & Côte d'Azur ▪ Provence ▪ Rhodos ▪ Rom ▪ Rügen, Stralsund, Hiddensee ▪ Rumänien ▪ Rund um Meran ▪ Sächsische Schweiz ▪ Salzburg & Salzkammergut ▪ Samos ▪ Santorini ▪ Sardinien ▪ Sardinien ▪ Schottland ▪ Schwarzwald Mitte/Nord ▪ Schwarzwald Süd ▪ Schwäbische Alb ▪ Schwäbische Alb ▪ Shanghai ▪ Sinai & Rotes Meer ▪ Sizilien ▪ Sizilien ▪ Slowakei ▪ Slowenien ▪ Spanien ▪ Span. Jakobsweg ▪ St. Petersburg ▪ Steiermark ▪ Südböhmen ▪ Südengland ▪ Südfrankreich ▪ Südmarokko ▪ Südnorwegen ▪ Südschwarzwald ▪ Südschweden ▪ Südtirol ▪ Südtoscana ▪ Südwestfrankreich ▪ Sylt ▪ Teneriffa ▪ Teneriffa ▪ Tessin ▪ Thassos & Samothraki ▪ Toscana ▪ Toscana ▪ Tschechien ▪ Türkei ▪ Türkei – Lykische Küste ▪ Türkei – Mittelmeerküste ▪ Türkei – Südägäis ▪ Türkische Riviera – Kappadokien ▪ USA – Südwesten ▪ Umbrien ▪ Usedom ▪ Varadero & Havanna ▪ Venedig ▪ Venetien ▪ Wachau, Wald- u. Weinviertel ▪ Westbohmen & Bäderdreieck ▪ Wales ▪ Warschau ▪ Westliche Allgäuer Alpen und Kleinwalsertal ▪ Wien ▪ Zakynthos ▪ Zentrale Allgäuer Alpen ▪ Zypern

Reisehandbuch   MM-City   MM-Wandern

Register

Die in Klammern gesetzten Koordinaten verweisen auf die beigefügte Marseille-Karte.